趣读哲学丛书

西方哲学大师的命题

胡兴松　编著

·广州·

版权所有　翻印必究

图书在版编目（CIP）数据

西方哲学大师的命题/胡兴松编著．—广州：中山大学出版社，2015.11
（趣读哲学丛书）
ISBN 978-7-306-05444-9

Ⅰ.①西…　Ⅱ.①胡…　Ⅲ.①哲学家—思想评论—西方国家　Ⅳ.①B5

中国版本图书馆 CIP 数据核字（2015）第 224446 号

出版人：	徐　劲
策划编辑：	徐诗荣
责任编辑：	徐诗荣
封面设计：	曾　斌
责任校对：	廖丽玲
责任技编：	何雅涛
出版发行：	中山大学出版社
电　　话：	编辑部 020-84110283，84113349，84111997，84110779
	发行部 020-84111998，84111981，84111160
地　　址：	广州市新港西路 135 号
邮　　编：	510275　传　真：020-84036565
网　　址：	http://www.zsup.com.cn　E-mail: zdcbs@mail.sysu.edu.cn
印　刷　者：	佛山市浩文彩色印刷有限公司
规　　格：	787mm×1092mm　1/16　18.75 印张　315 千字
版次印次：	2015 年 11 月第 1 版　2015 年 11 月第 1 次印刷
定　　价：	39.80 元

如发现本书因印装质量影响阅读，请与出版社发行部联系调换

总序

哲学是鲜活的，可以趣读

在古希腊神话中，有这样一个故事，狮身人面的女妖司芬克斯站在路旁向行人提出了一个谜语：早晨四脚走路，中午两脚走路，黄昏三脚走路。这是什么？猜不出谜语者都要被其吃掉。后来，聪明的王子俄狄浦斯从此路过，说出了谜底，女妖即跳崖而死。这条司芬克斯之谜的谜底就是"人"。其实，人之谜，是一个猜不破的永恒之谜。世上最伟大的杰作是人，最难读懂的也是人。这不仅是因人的形形色色，更是因人的变化多端。要写好大写的"人"字，要读懂"人"这部天书，无论自觉与否，都离不开哲学思维与方法，因为"哲学就是人学"、"哲学的秘密就在于人"。

人们初入哲学殿堂，常会产生哲学语言晦涩难懂、哲学理论枯燥乏味的感觉。其实，在现实生活中，我们不能"跟着感觉走"，因为人的感觉往往是不可靠的。哲学绝不是学究式的教条，哲学始终都是鲜活的。这是因为：其一，哲学"是自己时代的精华"、"是文明的活的灵魂"（马克思语），具有鲜活的内容；其二，"哲学无定论"，它不可能一劳永逸地破译世界的奥秘，在哲学的殿堂里并不存在绝对正确、至善至美的真理，哲学的发展是鲜活的；其三，就哲学的表达形式而言，虽然在哲学史上曾出现过像赫拉克利特这样的哲学家为免被民众所轻视而故意将哲学著作写得晦涩难懂的情况，但从哲学总的发展史来看，哲学书籍一般都是形象生动、有血有肉的。而哲学的晦涩难懂和枯燥乏味，则往往产生于呆板、僵化的表述。正因为哲学是鲜活的，需要趣读，也可以趣读，所以，本套丛书以"趣读哲学丛书"命名。

西方哲学大师的命题

正因为立足于趣读，本套丛书舍弃了完善哲学理论体系的追求，因为我欣赏克尔凯郭尔的《宫殿旁的狗窝》这一则哲学寓言故事。请允许我复制如下："一位思想者建立了一座庞大的建筑，一个体系，一个包容万有及世界历程等等一切的体系，然而，假如我们考察他的个人生活，会发现一个可怕而荒唐的事实：思想家本人并不居住在这座恢宏、高大的宫殿之中，而是住在旁边的马厩里，或者在一个狗窝里，或至多住在脚夫的草屋里。假如有人提醒他注意这个事实，他就会发怒，因为他并不惧怕生活在幻想之中，只要他能够完成这一体系——这也同样借助于幻想。"① 正因我不愿居住在"宫殿旁的狗窝"里，所以我在本套丛书中力求另辟蹊径，以生动活泼的形式和新颖别致的角度来阐释哲学道理，反映哲学鲜活的本质。主观愿望与客观实际效果是否一致，读者自有评说。

我们不奢望培养出千千万万的"哲学王"，然而，一个人不能没有哲学头脑，一个民族不能没有哲学思想。在"经济繁荣"的条件下出现"哲学贫困"，绝对是民族与国家的悲哀。为此，我们必须变革"贫困的哲学"，使哲学兼容并蓄、与时俱进，使哲学走出书斋、走近大众，使哲学通俗易懂、深入人心。我企盼本套丛书在这一方面有所促进与推动。

哲学是"爱智"之学，哲学是"爱思"之学，哲学青睐充满智慧与思维的头脑。古希腊哲学家亚里士多德说："每一个人在本性上都想求知。"英国著名哲学家毛姆则说："人人都可以成为哲学家！"最早的哲学家就是出于对普通人习以为常的事情感到"诧异"，进而通过思辨来提出自己的一孔之见，从而形成独特的哲学学说的。努力吧，也许你就是未来的哲学家！

我喜爱鲜活的哲学，也期望大家能喜爱我用此种方式来阐释和解读哲学。"我爱"与"爱我"的和谐统一，是本人追求之目标。

"路漫漫其修远兮，吾将上下而求索。"

胡兴松
2015 年 5 月 12 日于前海湾畔

---

① 杨玉功编译：《克尔凯郭尔哲学寓言集》，商务印书馆 2000 年版，第 37 页。

目录

古希腊罗马哲学命题 …… 1

1. 泰勒斯：水是万物的本原 …… 3
2. 毕达哥拉斯：数是万物的本原 …… 6
3. 赫拉克利特：人不能两次踏进同一条河流 …… 11
4. 德谟克利特：一切事物的始基是原子和虚空 …… 14
5. 普罗泰戈拉：人是万物的尺度 …… 17
6. 苏格拉底：人啊，你要认识你自己 …… 20
7. 柏拉图：认识就是回忆 …… 24
8. 亚里士多德：我爱我师，我更爱真理 …… 28
9. 伊壁鸠鲁：快乐是最高的善 …… 32

中世纪时期哲学命题 …… 35

10. 奥古斯丁：基督教是真正的哲学 …… 37
11. 安瑟尔谟：上帝既存在于心中，又存在于现实之中 …… 41
12. 托马斯·阿奎那：哲学是神学的奴仆 …… 44
13. 罗吉尔·培根：一切都必须经验来证实 …… 47

14. 威廉·奥康：如无必要，切勿增加实体数目 …………… 50

文艺复兴时期哲学命题 …………… 53

15. 但丁：先思而后行 …………… 55
16. 蒙田：我思考我自己 …………… 58
17. 达·芬奇：科学是将帅，实践是士兵 …………… 62
18. 布鲁诺：宇宙不仅是无限的，而且是物质的 …………… 65

英国经验论哲学命题 …………… 69

19. 弗兰西斯·培根：知识就是力量 …………… 71
20. 霍布斯：物体是不依赖于我们思想的东西 …………… 75
21. 洛克：心灵如白板 …………… 78
22. 贝克莱：存在就是被感知 …………… 81
23. 休谟：我们应该对一切持怀疑态度 …………… 84

大陆唯理论哲学命题 …………… 87

24. 笛卡尔：我思故我在 …………… 89
25. 斯宾诺莎：自由是对必然的认识 …………… 94
26. 莱布尼茨：单子是自然界真正的原子 …………… 98

法国启蒙主义哲学命题 …………… 101

27. 伏尔泰：即使上帝不存在，也要创造一个 …………… 103

28. 孟德斯鸠：自由就是做一切法律所许可的事的权利 …………… 107

29. 卢梭：人生而自由，却无处不在桎梏之中 ………………………… 110

30. 拉美特利：人是机器 …………………………………………………… 113

31. 狄德罗：感受性是物质的基本性质 ………………………………… 117

32. 爱尔维修：人是环境的产物 ………………………………………… 121

33. 霍尔巴赫：人是自然的产物，决不能越出自然一步 …………… 124

德国古典哲学命题 …………………………………………………… 127

34. 康德：人为自然立法 …………………………………………………… 129

35. 费希特：只有你的行动才决定你的价值 ………………………… 133

36. 谢林：自然与精神的同一 …………………………………………… 137

37. 黑格尔：合理的就是现实的，现实的就是合理的 …………… 141

38. 费尔巴哈：上帝是人的本质的异化 ………………………………… 145

马列主义哲学命题 …………………………………………………… 149

39. 马克思：哲学家们只是用不同的方式解释世界，而问题在于
    改变世界 ……………………………………………………………… 151

40. 恩格斯：无限的东西既可以认识，又不可以认识 …………… 154

41. 列宁：物质是标志客观实在的哲学范畴 ………………………… 157

42. 斯大林：离开革命实践的理论是空洞的理论，而不以革命理论
    为指南的实践是盲目的实践 …………………………………… 160

现代西方哲学命题

43. 密尔：自由就是用自己的方式寻求自己的利益，并不因此而剥夺他人的利益 ………………………………… 165

44. 叔本华：世界是意志和表象的世界 ………………………………… 170

45. 尼采：重新估价一切价值 ………………………………… 175

46. 克尔凯郭尔：个人的伦理的实在是唯一的实在 ………… 180

47. 文德尔班：哲学只有作为具有普遍价值的价值科学才有生命力 ………………………………… 185

48. 狄尔泰：生命是一个基本事实，它必须形成哲学的起点 … 189

49. 柏格森：纯粹的变化，真正的绵延，是精神的或充满了精神性的东西 ………………………………… 196

50. 詹姆斯：真理就是有用，有用就是真理 ……………… 201

51. 杜威：经验就是生活，而生活就是应付环境 ………… 205

52. 怀特海：现实世界是现实实有的生成过程 …………… 211

53. 罗素：逻辑是哲学的本质 ………………………………… 216

54. 维特根斯坦：一个词的意义就是它在语言中的用法 … 220

55. 卡尔纳普：拒斥形而上学 ………………………………… 226

56. 胡塞尔：意向性表现了意识的基本性质，全部现象学问题都与之密切相关 ………………………………… 231

57. 海德格尔：只有自由地去死，才能够赋予存在以至高无上的目标 ………………………………… 235

58. 雅斯贝尔斯：存在是指无所不包的大全所代表的那个至大无外的空间 ………………………………… 239

59. 萨特：存在先于本质 ………………………………………… 245

60. 加缪：真正严肃的哲学问题只有一个：自杀 …………… 250

61. 弗洛伊德：人的全部行为都受无意识的本能和欲望推动 …… 255

62. 霍克海默：哲学的真正社会功能，在于批判现存的东西 …… 261

63. 阿多诺：矛盾即是非同一性 ………………………………… 267

64. 马尔库塞：技术越进步，人们受奴役越深 ………………… 273

65. 哈贝马斯：科学技术已成为第一生产力 …………………… 280

后 记 ……………………………………………………………… 287

古希腊罗马哲学命题
GUXILA LUOMA ZHEXUE MINGTI

趣读哲学

万事开头难。古希腊罗马哲学命题是幼稚的、朴素的,甚至是粗糙的。但是,它们都具有原创性,是伟大和具有深远历史意义的。现代哲学需要开拓创新、与时俱进,但绝不可数典忘祖。

在希腊哲学多种多样的形式中,差不多可以找到以后各种观点的胚胎、萌芽。

——(德)恩格斯

如果像我们今天那些道学市侩所想象的,当时的希腊人不过是冷静世故的技匠和乐天善感的人,或者像无知的空想家所津津乐道的那样,他们是沉溺在自我的迷雾中,深深吐纳而深有所感,那么,哲学的源头就决不会在他们身上得以昭示;他们身上最多只有顷刻流失沙滩或蒸发成雾的小溪,决不会再有翻涌着骄傲的浪花的波澜壮阔的江河,而在我们眼里,希腊哲学正是这样的江河。

——(德)尼采

如果我们对希腊人有家园之感,就应该对他们的哲学特别有家园之感,不过哲学并不只是在希腊人那里有如故乡,因为哲学本身正是人的精神的故乡;我们在哲学里所从事的,乃是思想,乃是我们内在的东西,乃是摆脱一切特殊性的自由精神。……要了解希腊哲学,我们必须亲身流连于希腊人的精神生活之中。

——(德)黑格尔

1

泰勒斯：水是万物的本原

水产生一切，一切又复归于水。

——泰勒斯

那些最早的哲学研究家们，大都仅仅把物质性的本原当作万物的本原。因为在他们看来，一样东西，万物都是由它构成的，都是首先从它产生、最后又化为它的（实体始终不变，只是变换它的形态），那就是万物的元素、万物的本原了。

——亚里士多德

西方哲学大师的命题

  西方哲学发源于古希腊，古希腊哲学乃至西方哲学的第一人为米利都学派的泰勒斯。"哲学是从泰勒斯开始的"，"每本哲学史教科书所提到的第一件事都是哲学始于泰勒斯"。[①] 尼采在《希腊悲剧时代的哲学》一书中也如是说："希腊哲学似乎是从一个荒谬的念头开始的，它始自这个命题：水是万物的本原和母腹。真的有必要重视和认真对待这个命题吗？是的，有三个理由：第一，因为这个命题就事物本原问题表达了某种看法；第二，因为它的这种表达并非比喻或寓言；第三，因为其中包含着——尽管是萌芽状态的——'一切是一'这个思想。"[②] 在哲学上，泰勒斯第一个把哲学从宗教、神话中分离了出来，提出了"什么是世界本原"这个极富意义的哲学问题，并以提出"水是万物的本原或始基"这一唯物主义的哲学命题（也是西方哲学的第一个命题）而闻名。

  本原或始基的希腊文是 Arche，英语译作 Beginning。Arche 主要有两重含义：一是指开始、发端、起源；二是指政治上的权力、统治、国王等。显然，在泰勒斯那里是指第一层含义。"水是万物的本原"意为：世界上的万事万物产生于水，最后又复归于水。水是万物的元素，万物都由它所构成。

  "水是万物的本原"这一命题，标志着人类认识的巨大飞跃。古希腊时代是人类认识刚刚从神话传说向哲学思维过渡的时代。从千姿百态的具体事物、现象之中抽象和概括出共同、一般东西的思维能力，是人类进行哲学思维的基础。泰勒斯的"水"是"思辨的水"。"水是万物的本原"这个命题从字面上看是简单的，但在人类认识的长河中，能够从多种多样的事物中抓住一个本原性的东西，从丰富多彩的世界中抽象出一个"一"来，则不能不说是人类认识水平的一次飞跃。泰勒斯之所以被认为是西方哲学的开山鼻祖，正是因为他是第一个用抽象、凝练的哲学语言提出万事万物唯一本原问题，并给予解答的第一人。

  "水是万物的本原"这一命题是在感性经验基础之上做出的超经验的概括。泰勒斯提出这一哲学命题，与他的生活经验密切相关。对他为什么偏偏提出"水是万物的本原"这一问题，后人做过一些猜测与解释。有人认为可能是因为他看到了万物都要靠水来滋润；有人认为可能是因为水对希腊人特别宝贵；有人认为可能是与希腊人对海上贸易的依赖有

[①] （英）罗素：《西方哲学史》，何兆武、李约瑟译，商务印书馆1996年版，第26、54页。
[②] （德）尼采：《希腊悲剧时代的哲学》，周国平译，商务印书馆1994年版，第17页。

4

关；还有人提出可能是与当时人们将海神和水神当作万物祖先的神话传说有关。凡此种种，我们今天无从考证，也许上述因素对泰勒斯的影响都存在。但有一点是不能否定的，这就是：泰勒斯的哲学命题是古代人们生活经验和生产实践经验的概括和总结。泰勒斯第一次将纷繁复杂的世界看成一个统一体，一个由某种物质构成的统一体，并且致力于寻求世间一切事物变化发展的规律，寻求千变万化的世间万事万物中的不变的东西。这是从理性出发对世界的思考，它既不同于神学宗教对世界的解释，也不同于神话史诗对世界的形象描述，它是一种逻辑思维，一种理性思维。因此，后世的哲学家们称这一哲学命题是在感性经验基础之上做出的超经验的概括。

"水是万物的本原"这一命题，闪烁着朴素唯物主义的思想。泰勒斯的这个命题，用自然来解释自然，而不是用神来说明自然，以"水"这一具体的物质形态取代了虚无缥缈的神。这是一种朴素的唯物主义。这一命题的提出，使人们的眼光从神学转向自然，从愚昧转向智慧，冲击了神学世界观，也表明了科学精神的萌芽。

当然，"水是万物的本原"这一命题也存在明显的局限性。它的局限性就在于将世界的本原归结为某种物质的具体形态。因为事物的共性（普遍性）或共同本质寓于个性（特殊性）之中，并通过个性而表现出来，但共性是个性的抽象与概括，它不同于个性，与个性不能画等号。作为世界本原的是物质（万事万物共同本质的抽象与概括），而不是物质的具体形态。泰勒斯将"水"这样的特殊物作为普遍物来看待，用一种特殊的感性事物来解释说明其他事物，将世界的本原归结为"水"这一种物质的具体形态，是存在极大的局限性的。后来，他的朋友和学生阿那克西曼德曾提出世界的本原不是"水"，而是一种物质性的东西——"无限"，将泰勒斯的思想向前推进了一步。

泰勒斯的哲学很粗糙，但却能激发人们的思想与观察。"水是万物的本原"这一命题，对以后的哲学乃至近现代科学都产生了深远影响。现代许多大物理学家（如海森伯）在论及自然科学基础，尤其是原子物理学或基本粒子物理哲学问题时，总要回顾泰勒斯的"水"的本原思想，认为它是原子物理学的"第一块烧饼"。"从泰勒斯到德谟克利特的有关物质概念的发展，对解释物质基本性质乃是一个巨大进步。"海森伯如是说。

❧ 2 ❧

毕达哥拉斯：数是万物的本原

在这个时候，甚至更早些时候，所谓毕达哥拉斯派曾经从事数学的研究，并且第一个推进了这个知识部门。他们把全部时间用在这种研究上，进而认为数学的本原就是万物的本原。

——亚里士多德

毕达哥拉斯（Pythagoras，约公元前590—公元前500年）是古希腊哲学家和数学家，毕达哥拉斯学派的创始人，古代最早的唯心主义者。他出生于伊奥尼亚海域的萨摩斯岛，曾师从泰勒斯，结识阿拉克西曼德，最后移居意大利的克罗顿，并办起了相传为欧洲历史上第一所学校，也是一个集政治、宗教、哲学和科学研究于一体的组织——毕达哥拉斯同盟。毕达哥拉斯首次提出了"毕达哥拉斯定理"（即"勾股定理"），第一个发现昏星与晓星是同一颗星，第一个指出"心灵和表象是在脑子里"，在宇宙学和音乐理论方面都有较大贡献。黑格尔称毕达哥拉斯是"全球第一位大师"。

在哲学上，毕达哥拉斯第一个使用了"哲学"即"爱智慧"（philosophia）这个词，提出了"数本原说"和"灵魂不死与轮回"的思想。在"数本原说"中，他提出了"数是万物的本原"的哲学命题。

"数是万物的本原"是毕达哥拉斯哲学的基本命题，它的基本含义为：万物的本原是数，数是构成一切事物的元素，一切事物都由数派生出来，数是众多的、不变的。这是一般性的表述。

数本身又有本原，数的本原就是"1"。他认为，"1"是一切自然数的起点，其他数都可以由"1"逐次相加"1"而成（如 1 + 1 = 2，2 + 1 = 3，……）；"1"这个数兼有奇数和偶数的双重性质，因为"1"加奇数就成了偶数，"1"加偶数又可以成为奇数，奇偶两类数在"1"这个数上得到了统一。所以，"1"是绝对的和谐，"1"就是万物和数的最后本原或元素。

那么，"1"和数是怎样产生万物的呢？毕达哥拉斯是依靠他所精通的几何学来解决这一问题的。他认为，世界上的万物都是有"形"和"体"的，它们都可以分解为几何学上的形与体，而一切几何学上的形与体都可以用数来表示。例如，"1"形成点，"2"形成线，"3"形成面，"4"形成体，而体形成万物，如三面体形成土，四面体形成火，八面体形成气，二十四面体形成水，等等。可见，这种哲学主要是从数学的角度来解释万物的产生。

毕达哥拉斯在"数是万物的本原"的基础上，还赋予了各种数以不同的特性，并用以解释各种自然现象和社会现象。例如，他用"1"表示"理性"，因为它是万物不变的本原；"2"是意见，因为它包含了矛盾冲突；"4"和"9"是正义和公平，因为它是"相等的数对相等的数"（2

×2＝4或3×3＝9）；"5"是婚姻，因为它是奇数和偶数的结合（1＋4或2＋3）；"7"是死亡，因为它既无因数，又非倍数；"8"是爱情，因为八度音最和谐；"10"更是一个极其玄妙的、神圣的、完满的数，因为"10"是点、线、形、体的总和（即1＋2＋3＋4＝10）。他甚至说"10"的完美性不仅适合人间，还适合天上，天体的数目也应当是10个。但我们只看见9个天体，为了使之符合这个完满的"10"，他竟臆造出了第10个天体——"对地"，这显然是十分荒谬的！

毕达哥拉斯还把"数"和音乐结合起来，从中引出了"秩序"与"和谐"的观点。他研究出琴音的高低是由琴弦长短的数量关系决定的，有了一定数量比例关系的弦，按一定的秩序进行演奏，才能出现和谐、优美而动听的音乐。由此推论，整个宇宙秩序与和谐也是由"数"的比例关系决定的，整个宇宙也是按照数量之间的比例关系构成的，宇宙中的天体是由这种数量关系支配并排列的，由此造成了宇宙的和谐，形成了一曲宇宙大合唱。因此，人们要保持和遵守"祖传下来的秩序"，以求得社会生活的"和谐"。

毕达哥拉斯所理解的"数"，与我们今天所理解的"数"是不同的。在毕达哥拉斯看来，数具有反无定形性，即数本身就是有定形的。这是针对米利都学派认为始基是无定形的这一观点提出来的。在他看来，如果无定形是事物的本质和始基的话，那么如同气的每个部分都是气那样，无定形的每个部分都是无定形的。首先，每个部分是无定形的，就无法计算；其次，如果始基都无定形，那么具体事物就无法从中产生出来，因为具体事物都是有定形的。因此，如果认为始基是无定形的，就无法解决从无定形到有定形的转化问题。

现代数学里的数是抽象的数，它们完全脱离了具体的、感性的事物。但毕达哥拉斯所理解的"数"是具体的，还没有和感性事物分开。一方面，数是一种占有空间的实体性的自然元素，一切事物都由数构成，又复归于数，从这一角度来看，他的数概念没有完全脱离具体的感性事物，具有物质性的特点，是一种唯物主义观点；另一方面，他又认为数是一切事物的范型，数先于事物而存在，事物按照数与数之间的比例关系来组合，这是一种唯心主义观点。所以，对于毕达哥拉斯所说的数，有人认为它是唯物主义的，也有人认为它是唯心主义的，还有人认为它是两者的结合体。难怪罗素曾评价毕达哥拉斯是"世界上最有趣味而又最难理解的人之一"。

毕达哥拉斯还提出了对立面统一的思想，这主要体现在他所列的"范畴表"中。这个"范畴表"中共有10组对立范畴：

	（正）	（反）
1	有规定者（有限）	无规定者（无限）
2	奇	偶
3	一	多
4	右	左
5	阳	阴
6	静	动
7	直	曲
8	明	暗
9	善	恶
10	正方	长方

其中，最重要的是第1组对立范畴：有规定者和无规定者。其他9组对立范畴都是从这一组对立范畴中产生出来的。这正反两类对立范畴分别具有不同的性质：左边是正面的、肯定性的，是有规定的；右边是反面的、否定的东西，是没有规定的。从价值方面来说，左边是善的、光明的、好的，右边的是恶的、黑暗的、坏的。两者之间既彼此对立，又相互结合、密不可分。按毕达哥拉斯的观点来推断，左边的更深刻、更本质一些，似乎也更主动，右边则相反。

毕达哥拉斯认为，这10组对立范畴可称为10个始基，也就是说这10组对立范畴是万物的本原，因此，他有时也说"对立是万物的本原"，因为这10组对立范畴贯穿于事物的各个方面，贯穿于一切事物。不过，毕达哥拉斯关于对立面统一的思想是与现代的辩证法有差异的。由于他强调有规定性、数量关系，所以他理解的对立是僵化、静止、机械的；由于他将事物归结为数和数的关系，而数本身只是些静止的外在规定，因而无法说明事物的生灭运动。他特别强调事物的统一，认为和谐才是善，没有认识到斗争性的意义。这是与后来的赫拉克利特哲学不同的一个重要特征。

毕达哥拉斯把"数"看作抽象的精神存在,并将它视为万物的本原,将事物的数量关系与从数量关系中概括出来的数学之数混为一谈,用数来牵强附会地解释各种自然现象和社会现象,是其唯心主义哲学的不足之处。但是,他首次把万物的本原看作一个抽象普遍的数,不能不说是人类认识史上的一大进步。恩格斯曾肯定了毕达哥拉斯的哲学贡献,他指出:"数服从于一定的规律,同样,宇宙也是如此。于是宇宙的规律第一次被说出来了。"[①] 毕达哥拉斯哲学在哲学史上的地位和意义在于:在哲学史上,它实现了从质到量、从"无规定者"到"有规定者"的转变——由米利都学派强调事物的运动性发展到强调事物的确定性、稳定性,这种稳定性是由事物的数量关系决定的;由米利都学派强调"质"的流动性、可变性发展到强调"量"的稳定性、确定性。毕达哥拉斯哲学开辟了哲学向抽象化发展的新方向,即抛弃事物具体的质,只从形式上来考虑始基问题。因此,从哲学史的角度来看,毕达哥拉斯哲学是从米利都学派到赫拉克利特哲学的过渡。同时,他所讨论数与数之间的比例关系,也孕育着规律性的思想,这对后来科学的发展更产生了重要的启迪作用。

---

① 《马克思恩格斯全集》(第20卷),人民出版社1972年版,第527页。

赫拉克利特：人不能两次踏进同一条河流

> 人不能两次踏进同一条河流。因为流向你的水永远是不同的水，而第二次踏进河流的你也不是过去的你。
>
> ——赫拉克利特

西方哲学大师的命题

　　赫拉克利特（Heraclitus，约公元前530—公元前470年）是爱非斯学派的著名代表。他生于爱非斯王族，但他将王位让给了兄弟，隐居山间，成了第一个职业哲学家。在哲学上，他继承了米利都学派的传统，发展了辩证法，不仅提出了"火是世界万物的本原"的本原说，而且还提出了"万物皆变"的生成辩证法和逻各斯学说。因此，列宁称他为辩证法的奠基人之一。黑格尔称赞说："思想深邃的赫拉克利特将哲学的开端推向完美。"他著有《论自然》一书，现仅存残篇。因著作用语晦涩，故人们称他为"晦涩的哲学家"。

　　赫拉克利特的巨大贡献在于不仅提出了"世界是一团永恒的活火"的哲学命题，而且他比米利都学派前进了一步，提出了万物皆变的理论，即认为作为世界本原的物质不是永恒不变的，而是处于永无止息的运动变化之中。在这一方面，他留下了许多至今为人们乐于传诵的至理名言。例如："太阳每天都是新的"、"万物皆变，无物常住"、"人不能两次踏进同一条河流"。

　　"人不能两次踏进同一条河流"是他对事物永恒变化的形象描述。"你不能两次踏进同一条河流，因为流向你的水永远是不同的水，而第二次踏进河流的你也不是过去的你。"① 赫拉克利特的这种动态哲学观，后人常将它称之为"变化的哲学"、"流动的哲学"。

　　在"人不能两次踏进同一条河流"这一命题中，也暗含着对相对静止的承认。赫拉克利特承认人们能踏进同一条河流，只是由于河水的流动和变化，人不能两次踏进同一条河流。他说："我们跨进，又没有跨进同一河流；我们存在，又不存在。"这就是辩证法，这就是事物的对立统一。他还列举出了一系列生活中的例子来解说"对立面统一"的道理："上坡的路和下坡的路，是同一条路。""在圆周上，终点就是起点。""疾病使健康成为愉快，坏事使好事成为愉快，饥饿使饱食成为愉快，疲劳使休息成为愉快。"赫拉克利特用简短的语言阐发了他的辩证法思想。

　　赫拉克利特对相对静止的承认，更表现在他对运动规律的恒常不变性的承认。在他看来，世间万物生生不已，运动不止，然而，它们所遵循的规律不仅是永恒存在的，而且是不变的。他将这种规律称为"逻各斯"（Logos）。在希腊文中，"逻各斯"具有多重含义，它既指"语言"、

---

① 北京大学哲学系外国哲学史教研室编译：《西方哲学原著选读》（上），商务印书馆1999年版，第23页。

"话语",又指"原理原则",同时又含有"命运"和"必然性"的意思。赫拉克利特用"逻各斯"来代表事物的运动规律,正是充分活用了"逻各斯"这个概念的多重含义。"逻各斯"不仅是世界万物运动变化的基本原理原则,而且是人们通过语言和理性思维所把握的事物的规律,是决定一切事物变化运动的必然性。在他看来,"逻各斯"既存在于自然物中,又是人人所共有的东西。万物皆变,但万物的变化必须遵循"逻各斯"是不能变的,"逻各斯"本身也是不变的。在这里,他表达了关于事物本质和规律是稳定的、不变的思想。

古代哲学是走向自然或荒野的哲学。奔腾不息的河水,正如其他自然现象一样,曾触发了众多哲人"生生不已"的感叹。中国的孔子曾经站在河边,望着川流不息的河水,感叹地说:"逝者如斯夫,不舍昼夜!"在这里,孔子将抽象的时间变化转化为具体的河水流逝。如果沿着这条思路走下去,同样能得到赫拉克利特的结论。

赫拉克利特的万物皆变的理论虽然始终不曾成为希腊哲学的主流,但他在思想史上的地位则是无法否定的。德国古典哲学家黑格尔就是用被改造和完善了的辩证方法来建构其哲学理论大厦的。马克思主义经典作家曾对于赫拉克利特的朴素辩证法思想给予了高度评价。恩格斯指出:"当我们深思熟虑地考察自然界或人类历史或我们自己的时候,首先呈现在我们眼前的,是一幅由种种联系和相互作用无穷无尽地交织起来的画面,其中没有任何东西是不动的和不变的,而是一切都在运动、变化、产生和消失。这个原始的、朴素的但实质上正确的世界观是古希腊哲学的世界观,而且是由赫拉克利特第一次明白地表述出来的:一切都存在,同时又不存在,因为一切都在流动,都在不断地变化,不断地产生和消失。"[1] 列宁也十分重视赫拉克利特的朴素辩证法思想,他指出:"如果恰如其分地阐述赫拉克利特,把他作为辩证法的奠基人之一,那是非常有益的。"[2] 现代德国哲学家尼采也极力赞赏赫拉克利特的辩证法思想。他说:"在人类中间,作为一个人,赫拉克利特是令人难以置信的。""世界永远需要真理,因而永远需要赫拉克利特!"[3] 20世纪的英国哲学家怀特海所构造的"过程哲学",也许算是赫拉克利特学说的一个现代变种。

---

[1] (德)恩格斯:《反杜林论》,人民出版社1999年版,第18页。
[2] (苏)列宁:《哲学笔记》,人民出版社1998年版,第407页。
[3] (德)尼采:《希腊悲剧时代的哲学》,周国平译,商务印书馆1994年版,第48、49页。

❧ 4 ❧

德谟克利特：一切事物的始基是原子和虚空

在一种民主制度中受贫穷，也比专制统治下享受所谓幸福好，正如自由比受奴役好一样。

——德谟克利特

从泰勒斯到德谟克利特的有关物质概念的发展，对解释物质基本性质乃是一个巨大进步。……从泰勒斯到德谟克利特这些希腊自然哲学家的系统思想，最后必然会提出物质的最小组成单位的问题。

——海森伯

德谟克利特（Democritus，公元前460—公元前370年）是原子论学派的主要代表人物，经验的自然科学家和希腊人中第一个百科全书式的学者，阿那克萨戈拉的学生。

在哲学上，德谟克利特闻名的主要是唯物主义的"原子论"与"快乐论"伦理学思想。他的"原子论"是早期自然哲学的最高成就，是古代哲学繁荣的标志之一。"一切事物的始基是原子和虚空"是德谟克利特提出的一个著名哲学命题，其中心意思是：原子和虚空是构成世界的两大基本要素，是世界万物的共同本原或本质。

在希腊文中，"原子"的原意是"不可分割性"。德谟克利特所说的"原子"，是指极其细微的、不可再分的物质微粒。他认为，原子是绝对的充实，即原子没有空隙，没有部分，而且十分坚硬。在这个意义上，他将原子叫作"存在"。宇宙中的原子在数量上是无穷多的，这些无穷多的原子在性质上完全相同，相互独立，它们之间只有形状、大小、排列次序和位置的区别。

"虚空"是绝对的疏松，是空空荡荡的一片空白，虚空并不是真的不存在，它只是不够充实而已。也可以说，原子是存在，而虚空是非存在；但是虚空这种"非存在"自身却是真实存在的，在真实性上丝毫不亚于作为"存在"的原子。

德谟克利特在西方哲学史上首次提出"虚空"概念，引入"空间"范畴，用以说明事物的运动，是他对哲学的一大贡献。他认为，虚空是原子运动的场所，没有虚空就没有运动。无数的原子在广袤的虚空中不断运动，不可避免地要产生碰撞并进而形成一个"漩涡"运动，使原子彼此结合在一起，从而形成宇宙中千差万别的具体事物。这一堆原子撞在一起，便产生了一座山；那一堆原子撞在一起，便产生了一棵树。人，同样是由一堆原子组成的，甚至人的灵魂也是一堆原子，不过是一堆较为精细的原子罢了。当构成事物的原子分崩离析、各奔东西时，具体事物也就走向了毁灭。原子结合，就是具体事物的产生；原子分离，就是具体事物的消亡。原子是永恒的，不会毁灭，它们永无休止地在虚空中运动；毁灭的只是感觉范围以内的具体事物，它们有生有灭、变动不居。

德谟克利特还利用"原子论"解释了许多人们以为奇异的复杂现象。例如，磁石之所以能够吸引铁，是因为构成磁石的原子极为精细，有强大的活动能力，而且磁石比较松弛，有较大的空隙，这样磁石的一部分

原子能够离开磁石，打进铁的物质结构中去，使铁的原子活动起来，向外扩散，而流向磁石，因而发生了磁石吸铁的现象。他还解释说，灵魂也同太阳、月亮一样由极精细的、光滑的圆状的原子组成，因此灵魂有很强的活动能力，它可以渗透和存在于一切物体之中，从而使一切物体都具有各种感觉。由于空气中有大量灵魂原子，随着人的呼吸进入人体，从而维持人的生命，一旦呼吸停止，灵魂原子无法进入体内，生命也就停止了。这种用物质自身的原因来说明物质运动和变化的思想，是对古希腊自发的唯物主义和辩证法的丰富与发展。

德谟克利特在"原子论"的基础上还提出著名的"影像说"。他认为，外界物体时常发出一种波流，这种波流保持着和事物形状相似的影像，它通过空气而作用于人的感官，再渗透人的心灵，导致身体状况的改变，从而产生对该事物的感觉和思维。作用于感官的影像产生感性认识，即"暗昧的认识"，它只能触及事物的表象，不可能认识事物的本质——原子和虚空，而要获得"真理性认识"，必须依赖思维。德谟克利特也许是西方哲学史最早专门研究认识论的哲学家。不过，令人遗憾的是，为了摆脱"感性的困扰"、全心全意追求"真理"，据说他在晚年竟特意将自己的双眼弄瞎了。这是过分陶醉于自己的理论而走火入魔，还是立志献身于哲学而置生死于不顾，读者自有评说。

德谟克利特的"原子论"是他那个时代所能达到的对于宇宙形成原因的最好的说明。马克思、恩格斯曾说，德谟克利特的原子论是一种物理假设，是用以解释事实的辅助工具。这种"原子论"在当时缺乏实验科学的论证（这是时代的局限性），但它是一种科学的抽象，立足于经验科学知识，在当时堪称比较合理、完善的物质结构假说，从哲学意义上说，"原子"是循着探索物质结构方向，寻求自然物质自身的共同始基、一般本质，达到了在当时比较高的抽象思维阶段。德谟克利特的"原子论"，是前苏格拉底自然哲学的终结，它使德谟克利特登上了希腊唯物主义思想的高峰。德国著名哲学史家 E. 策勒尔也说：德谟克利特"在知识的渊博方面要超过所有古代的和当代的哲学家，在思维的尖锐性和逻辑正确性方面要超过绝大多数的哲学家"。

德谟克利特的"原子论"不仅在哲学上为100年后的希腊哲人伊壁鸠鲁和300年后的罗马诗人卢克莱修所发扬光大，而且给近代实验科学家以极大启发，为以后物理学的发展奠定了基础。

5

普罗泰戈拉：人是万物的尺度

人是万物的尺度，是存在者存在的尺度，也是不存在者不存在的尺度。

——普罗泰戈拉

至于神，我既不能说它们存在，也不能说它们不存在；因为要认识这一点困难很多，问题太晦涩，人生太短促。

——普罗泰戈拉

西方哲学大师的命题

普罗泰戈拉（Protagoras，公元前490—公元前421年）是"智者学派"最著名的代表人物，阿布德拉人。在伯里克利时期，他曾为大希腊殖民地忒利起草了一部法典。他是第一个自称"智者"的人，也是古希腊第一个收取学费的职业教师和第一个运用苏格拉底式讨论方法的人。柏拉图因"智者"收取学费而谑称他们为"精神商品的零售商"。

在哲学上，普罗泰戈拉提出了"人是万物的尺度"这一哲学命题，写了不少著作，其中有《论神》、《论真理》、《矛盾论》等，现已全部失传。

普罗泰戈拉作为古希腊哲学"智者学派"（也称为"诡辩学派"）最著名的代表人物，提出的最著名的一个命题是："人是万物的尺度。它存在时，事物存在；它不存在时，事物不存在。"

"人是万物的尺度"这一命题是一个感觉主义的命题。在这里，"尺度"即"标准"，而"万物"乃是我们面对的"对象"。整个命题的意思就是：判定事物的真假、是非的标准是"人"，是人的感觉。他举例说：同样一阵风刮来，对于感觉冷的人来说是冷的，对于感觉不冷的人来说就是不冷的，概括地说就是"事物之呈现（也可以说存在）于每一个人，就是像他感觉到事物的样子"。因此，这一命题是一个感觉主义的命题。这一点从他主张"知识就是感觉"的说法中也可得到印证。承认感觉是认识的来源，这一点具有唯物主义的因素。因为人的认识是从感觉开始的，但是，从这一点开始既可以走向唯物主义（承认感觉只有接触客观事物才能产生，感觉来源于客观世界），又可以走向唯心主义（认为主观感觉决定客观事物，或认为感觉是主观自生的）。普罗泰戈拉的失误就在于他没有找出主观感觉的客观来源，而是将主观感觉强加于客观事物，得出了事物的性质是由每个人的主观感觉决定的错误结论，滑进了唯心主义的泥坑。

"人是万物的尺度"这一命题也是一个相对主义甚至唯我论的命题。按照"人是万物的尺度"的命题，世界上也不存在永恒不变的绝对的衡量事物的尺度。一切都以人、人所处的环境以及人的需要的变化为转移，因而衡量事物的尺度是相对的、变化的。而且在这一命题中，"人"指的不是作为类的人，而指的是作为个体的人（即"个人"）。这样，每个人的感觉就成了判定事物性质的标准。对某一事物，"我"认为它存在，它就存在；"我"认为它不存在，它就不存在。一切以"我"的主观感觉为转移。因此，这一命题就成了哲学史上一个相对主义的甚至唯我论的哲学命题。

"人是万物的尺度"这一命题是对"万物皆由神灵决定"观念的强烈冲击。在古希腊，宗教神学严重禁锢了人们的思想观念。"人是万物的尺度"体现了一种新的反对传统神学的人本主义思想倾向。在他看来，神不再是衡量一切事物的尺度，唯有人才是权衡一切的准绳。"人是万物的尺度"这一命题的提出，将人的作用提到了至高无上的地位，实际上否定了神灵作为尺度的可能性，这在当时是具有积极意义的。确实，在神灵的问题上，普罗泰戈拉采取了怀疑主义和不可知论的态度。他曾在一部书的开头写道："至于神，我既不能说它们存在，也不能说它们不存在；因为要认识这一点困难很多，问题太晦涩，人生太短促。"[1] 他对神的怀疑是大胆的，他虽然没有直接否认神的存在，但无神论的倾向是十分明显的。正是由于他不敬神，才被雅典当局驱逐出境，其著作也遭到焚毁。

"人是万物的尺度"这一命题的提出，是人类认识发展的一大进步。早期的希腊哲学家们大多侧重于探寻世界的本原问题，他们论述了世界的本原是什么以及自然界是如何存在与变化发展的。普罗泰戈拉不仅继承了早期哲学家关于事物运动变化的观点，而且将这一观点引申到了人与自然、人与万物的关系上，移到了人的认识领域。从本体论到认识论，这不能不说是人类认识发展的新阶段，是人类思想发展史上的一朵智慧之花。

普罗泰戈拉一生主要研究治国齐家的学问，使哲学由面向自然转为面向人与社会，为哲学和社会科学的发展做出了重要贡献。现代哲学家波普曾评价说："他认识到有必要区分人类的两种不同性质的环境，即他们的自然环境和社会环境"，因而"社会科学的开端至少应追溯到普罗泰戈拉的诞生"。[2]

---

[1] 北京大学哲学系外国哲学史教研室编译：《古希腊罗马哲学》，生活·读书·新知三联书店1961年版，第138页。

[2] （英）波普：《开放社会及其敌人》，山西高校联合出版社1992年版，第69页。

❧ 6 ❧

苏格拉底：人啊，你要认识你自己

公民们，我尊敬你们，我爱你们，但我宁愿听从神，而不听从你们；只要一息尚存，我就永不停止哲学的实践，要继续教导、劝勉我所遇到的第一个人。

——苏格拉底

苏格拉底（Socrates，公元前469—公元前399年）出生于雅典，是第一位自学成才的哲学家。他不从业，不办学，每天到处与人交谈，在其周围形成了一个组织松散的以贵族子弟为主的学术团体。公元前399年，他被雅典城邦政府判处死刑，饮鸩而亡。

苏格拉底是第一个将哲学从天上拉回人间的人，他提出了"人啊，你要认识你自己"等命题，其"助产术"也影响深远。他没有任何著作，其行为和学说主要是通过学生柏拉图和色诺芬的记载流传下来。他是一位划时代的人物，后人将他以前的哲学称为"前苏格拉底哲学"，将昔尼克学派、昔勒尼学派和麦加学派统称为"小苏格拉底学派"，将柏拉图学园派和亚里士多德学派称为"大苏格拉底学派"。

"认识你自己"，这是一条镌刻在德尔斐的阿波罗神庙上的箴言。也许是因为这古老格言的启示，苏格拉底提出了"人啊，你要认识你自己"这一哲学命题。

"人啊，你要认识你自己"这一命题反映了古希腊哲学研究的转向，在哲学发展史上具有重大的历史意义。苏格拉底年轻时对于自然哲学怀有极大兴趣。后来，他发现自然哲学过多关注天上的事情而无视人类自身，而哲学的研究对象不应是自然，而应是人的心灵和理性。于是，他开始探讨人的问题，研究与人类社会有关的事情。他在哲学研究上的这种转向，使得人及人类社会、人类社会的道德生活进入到哲学中来，从而改变了哲学家只研究自然、研究人以外的对象的缺陷。我们似乎可以说，在西方哲学史上，苏格拉底是对本体论发起攻击的第一人。

"人啊，你要认识你自己"这一命题标志着哲学史上一个全新时代的到来。苏格拉底把哲学从天上带到了人间，带到了家庭中和市场上，带到了人们的日常生活中。德国哲学家恩斯特·卡西尔曾给予苏格拉底以高度的评价，他说道："我们发现，划分苏格拉底和前苏格拉底思想的标志恰恰是在人的问题上。苏格拉底从不攻击或批判他的前人们的各种理论，他也不打算引入一个新的哲学学说，然而在他那里，以往的一切问题都用一种新的眼光来看待了，因此这些问题都指向一个新的理智中心。希腊哲学和希腊形而上学的各种问题突然被一个新问题所遮蔽，从此以后这个新问题似乎吸引了人的全部理论兴趣。在苏格拉底那里，不再有一个独立的自然理论或一个独立的逻辑理论，甚至没有像后来的伦理学体系那样的前后一贯和系统的伦理学说。唯一的问题只是：人是什么？

西方哲学大师的命题

……他所知道以及他的全部探究所指向的唯一世界，就是人的世界。他的哲学（如果他具有一个哲学的话）是严格的人类学哲学。"[1]

苏格拉底的哲学是建立在怀疑主义的基础之上的。他曾认为："我只知道一件事，那就是我一无所知。"他已经开始对那些未曾经过自己深思而从外界植入脑中的观念进行反思，从而直面自己，审视自己的心灵和理性。于是，他顺理成章地提出了"认识你自己"的主张。认识自己，就是要把自我作为一个对象来加以探讨和研究，去理解人的心灵、理性，理解人类的知识。这样，才能明辨是非，做真正有道德的人。这种主张表明，在哲学史上，苏格拉底第一次发现了真正哲学意义上的"自我"，发现了研究人本身的重要性。这标志着古希腊哲学的一个新转折：探求宇宙本体的自然哲学被束之高阁，哲学从天上回到了人间，人的知识和伦理问题开始进入哲学家们的视野。苏格拉底认为，哲学研究的对象应该是人事，即关于人自身及其心灵、理性的有关问题，至于自然界的起源、深化及其发展规律这些"天上的事"是人所力不胜任的，研究这些问题是没有意义的。只有人才是重要的，了解自己才是哲学的真正目的。黑格尔曾说："'认识你自己'，这个在德尔斐的阿波罗神庙上的箴言，表达了精神本性的绝对命令。意识在本质上包含着这样的意义：我是自为的，我是我自己的对象。"按照黑格尔这样的意思来理解"认识你自己"，那么，"哲学家的工作只在于把潜伏在精神深处的理性揭示出来，提到意识前面，成为知识——哲学的工作实在是一种连续不断的觉醒。"这样，从"认识你自己"出发，就引申出以人自身及其心灵和理性为研究对象的认识论。

苏格拉底对人类自身的探讨是从理性主义原则出发的，它主要探求的是人的道德本质。如何认识自己？苏格拉底认为，认识自己应该从区分好与坏、善与恶这些理念入手。在他看来，善的理念绝不是一种外在于人类并强加于人类的东西，而是合乎理性、内在于人的灵魂的东西，是理性本身的必然要求。因此，认识自己就是认识其心灵和理性，"照顾自己的灵魂"。在论及苏格拉底的这一命题时，黑格尔曾说："智者们说，人是万物的尺度，但这还是不确定的，其中还包含着人的特殊规定……在苏格拉底那里，我们也发现人是尺度，不过是作为有思维的人。"[2] 在

---

[1] 转引自胡军著：《哲学是什么》，北京大学出版社2002年版，第39页。
[2] （德）黑格尔：《哲学演讲录》（第2卷），商务印书馆1960年版，第62页。

此，黑格尔把普罗泰戈拉的"人是万物的尺度"与苏格拉底的"人啊，要认识你自己"作了一个比较，认为苏格拉底的这个命题和普罗泰戈拉的命题具有同样的意义，区别只在于在普罗泰戈拉那里，人还只是个体的感性的人，而在苏格拉底这里，人则成为具有普遍性的理性思维的人，这当然是一个进步。

苏格拉底"人啊，你要认识你自己"这一命题的提出，也具有深刻的社会历史原因。苏格拉底出生在雅典城邦强盛的时期，他的前半生是在雅典帝国的辉煌中度过的，雅典帝国的太平盛世给他留下了深刻的印象。然而，从伯罗奔尼撒战争开始，强盛的雅典帝国开始崩溃了。这样，苏格拉底又亲眼看见了雅典帝国的衰落。作为一个以生在雅典城邦为荣的人，苏格拉底不可能坐视祖国的衰落而无动于衷。要拯救自己的母邦于灾难之中，作为一个思想家，他所能做的就是寻找雅典城邦衰落的原因，提出改进的方案，呼吁人们行动起来，认真地认识自己，对自己的灵魂进行反思，从而拯救自己的灵魂，恢复已经失落的德性。因为苏格拉底认为导致雅典帝国衰落的根本原因在于人们的灵魂和德性的堕落。苏格拉底"人啊，你要认识你自己"的呼声没有唤醒雅典人，反而给自己带来了杀身之祸，他最终被自己的同胞以渎神和败坏青年的罪名判处了死刑。

然而，苏格拉底以人类自身为本体、以认识自我为途径、以探求符合人类理性原则的"善"为目的的哲学，对后世的哲学产生了深远影响。从柏拉图、亚里士多德直到近代的黑格尔，他们将苏格拉底哲学中的"理念"和理性精神的内涵加以深化和扩展，提升为统摄自然、社会和人类自身在内的一种普遍的本质。在20世纪，专注于对人的问题进行研究的哲学家们从不同的角度对主体——"人"展开探讨，终于形成了一股国际性的人本主义潮流。

7

柏拉图：认识就是回忆

　　只有哲学家的心灵长着翅膀，因为他时时刻刻尽可能地通过回忆与那些使神成为神的东西保持联系。一个正确地运用这种回忆的人，不断地分享着真正的、完满的神秘，只有这样的人才成为真正完善的人。

——柏拉图

柏拉图（Plato，公元前427—公元前347年）是古代哲学家中最有影响的人，生于雅典贵族家庭，是苏格拉底最有才华的弟子。他曾三下西西里岛，最终未能实现建立"理想国"的政治理想。他返回雅典后创立阿卡德穆学园，收徒授业达40年之久，遂形成柏拉图学派。

柏拉图是古代唯心主义哲学的最大代表，其哲学思想主要有：乌托邦理论、理念论、灵魂不朽说、宇宙起源论和回忆的知识观。

柏拉图师承苏格拉底，又是亚里士多德的老师。柏拉图读中学时，体育老师见他肩宽背阔，就给他起了个绰号"柏拉图"，意为身体宽阔。没曾想，这个绰号流传很广，以至于他的原名"阿里斯托克勒"反倒鲜为人知。

今天，人们提起柏拉图，除了论及他是"精神恋爱"的发明者、"理想国"的倡导者，不能不提到他的"灵魂回忆说"。而"灵魂回忆说"的中心命题是："认识（或学习）就是回忆。"

要理解柏拉图的"灵魂回忆说"，首先必须了解他的"理念论"。"理念论"是柏拉图哲学的基础。

柏拉图将世界分为不等的可见世界和可知世界。前者再分为肖像（事物的影子或事物的映像）和实际事物（我们周围的生物以及一切自然物和人造物）；后者再分为数学对象（某些假设，未经证明的公理和图形）和理念（那些绝对的第一原则）。认识这些对象的方法是：认识实际事物是通过第一手印象；认识映像是通过第二手印象；认识数学对象是依靠假设并利用实际东西；认识理念要凭借辩证法逐步上升到理念。与此相应有猜测、相信、了解、理解等认识活动，由此所获得的认识分别是：文学艺术、常识、数学与自然科学、辩证法。前两种形成以变化不居、可见的现实世界为对象的感性知识，即意见；后两种构成以永恒不变的可知世界为对象的理性知识，即知识。太阳是最高最真实的东西，善是处于最高地位和最完美的理念。

柏拉图认为，把"可见世界"（即现实世界）作为认识对象的人，也就像洞穴中那些被束缚的囚徒一样，只能认识事物的影子。认识的真正对象，应当是作为真实存在的理念世界。而理念是感官无法感触的，人们只有通过理性灵魂才能认识到理念，这种理念才算是真正的知识。然而，人的灵魂被禁锢在肉体之中，又如何去认识作为真实存在的、存在于另一个世界的理念呢？为回答这一问题，柏拉图采取了毕达哥拉斯的

灵魂转世说，并据此提出了"回忆说"。

太阳 ↓ 可见世界		善 ↓ 可知世界	
肖像 猜测 文学艺术	事物 相信 常识	数学对象 了解 数学与自然科学	理念 理解 辩证法
意 见		知 识	

　　柏拉图认为，灵魂是不灭的，它在进入人的肉体之前，本来是生活在理念世界中的，在那里认识了许多理念。只是由于灵魂进入肉体之后，受肉体的蒙蔽，把原来关于理念的知识忘记了。后来，由于感觉经验刺激和理性的沉思，灵魂才又逐渐将从前在理念世界中获得的知识回忆起来。因而所谓认识，并不是去获得灵魂中原来没有的新知识，而是回忆它所忘掉的旧知识。所以，"认识就是回忆"。

　　为了证明"回忆说"的正确性，柏拉图在《美诺篇》中描写了苏格拉底与美诺的小奴仆的对话。这个奴仆虽然从来没有学过代数、几何学，但通过苏格拉底的启发，居然能回答出"比边长为2的正方形大1倍的面积为多少"这一问题。为什么这个奴仆能做出正确解答呢？柏拉图认为，原因在于这些知识是奴仆本来就有的，即奴仆在出生前其灵魂中就已经具备了这些知识。

　　关于回忆说，柏拉图自己有一段很精彩的说明，他说："既然心灵是不死的，并且已经投身了好多次，既然它已经看到了阳间和阴间的一切东西，因此它获得了所有一切事物的知识，因此人的灵魂能够把它以前得到的关于美德及其他事物的知识回忆起来，是不足为奇的。因为既然一切东西都是血脉相通的，而灵魂也已经学会了一切，因此就没有理由说我们不能够通过对于一件事情的记忆——这记忆我们称为学习——来发现一切其他的事物，只要我们有足够的勇气和在研究中不昏乱的话，因为一切研究、一切学习只不过是回忆罢了。"①

---

　　①　北京大学哲学系外国哲学史教研室编译：《古希腊罗马哲学》，生活·读书·新知三联书店1961年版，第191页。

既然人们的灵魂在人们出生之前就具有了知识，那么，为什么不同的人具有不同的知识呢？柏拉图认为，灵魂先天认识理念多少的差别是人们知识多少不一的先天原因，而灵魂投身后是沉醉于感官享受，还是注重思想、学习和努力回忆则是人们知识多少不一的后天原因。他还认为，不同的灵魂在理念世界中的地位和待遇是不同的。人在理念世界中可分为九等，不同等级的人在理念世界中所见的理念是不同的，因而也就具有不同的知识。

可见，柏拉图的"回忆说"是一种典型的唯心主义的先验认识论，而且他在西方哲学史上第一个系统地建立了其唯心主义的先验论的认识论体系。他将认识的对象设定为精神性的实体——理念，将认识过程看作只是对先天知识的回忆，而否定后天经验的作用，这些都属于唯心主义认识论。当然，柏拉图对知识的分类、将人类认识视为一个过程、肯定经验刺激在回忆中的作用，则具有其合理因素和积极意义，对促进认识论的发展是具有一定价值的。

柏拉图的"理念论"在古希腊哲学对于本体论的探讨中具有集大成的意义，对后世的哲学也具有深远的影响。有哲学家说过：整个西方哲学都在为柏拉图作注释。在哲学史上，从柏拉图的"理念论"通过中世纪的唯实论到黑格尔的"绝对精神"，是一条一脉相承的哲学路线。以至爱默生说："时至今日，一般思想家们研讨和著述的课题仍然跳不出柏拉图思想的圈子。"可见，柏拉图的哲学是何等的博大精深，又是多么的影响深远。难怪著名的英国哲学家罗素说："柏拉图对（西方）哲学的影响可能比任何其他人都大。"这虽不无夸张，但大体上是言而有据的。在为哲学提供发展的张本，在塑造西方世界的学术风格方面，没有人胜过柏拉图。"柏拉图就是哲学，哲学就是柏拉图。"爱默生这样评价柏拉图。

❧ 8 ❧

亚里士多德：我爱我师，我更爱真理

柏拉图（左）和亚里士多德（右）

在没有服务契约的地方，那些为其他同伙而放弃某些事情的人不能抱怨，因为这是合乎友谊的德行的，而且回过头来，他们必是说这是基于他们的目的，因为这种目的正是友谊和德行的特点。以传授哲学为生的师生之间也同于此，因为哲学的训示是不能用金钱来计算的，也不能由别的东西来测量。所以学生欲报答他的老师，正如敬祀上帝、孝养父母，只要尽到自己的心力就行了。

——亚里士多德

亚里士多德（Aristotle，公元前384—公元前322年）生于色雷斯的斯塔吉拉，大约在18岁的时候，他来到雅典成了柏拉图的学生，在学园里一直居留近20年，直到柏拉图逝世为止。公元前343年，他成了亚历山大大帝的老师。公元前335—公元前323年，他居住在雅典，建立吕克昂学园，并写出了他的绝大部分著作，创立了亚里士多德学派（又称逍遥学派）。公元前323年亚历山大大帝去世，他逃到加尔西斯，于次年因胃病逝世。

亚里士多德被称为古希腊最博学的哲学家，是西方文化中的巨人，几乎是各门学科的开山鼻祖，为后世留下了上百部著作（也有人说是1000部），是当之无愧的百科全书式的人物。在西方，有人说："苏格拉底给人以哲学，亚里士多德给人以科学。"也有人说："在亚里士多德的著作里，太阳下每一个问题都有其一席之地。"

公元前366年的一天，17岁的亚里士多德到雅典开始就学于柏拉图，在柏拉图学园中生活了20年之久，一直到柏拉图去世后才离开。作为柏拉图的学生和助手，亚里士多德被柏拉图称为"学园之魂"。亚里士多德也十分崇敬自己的老师，他曾写过一首诗表达了对亡师柏拉图的赞美和怀念：

　　在众人之中，
　　他是唯一的，也是最初。
　　在自己的生活中，
　　在自己的作品里，
　　清楚而又明显地指出：
　　唯有善良才是幸福。
　　这样的人啊，
　　如今已无处寻觅！

亚里士多德虽然十分崇拜自己的老师，但他并不是一个为了尊师而放弃真理的人。在追求真理的过程中，一旦发现老师学说中的缺陷和错误，他就会毫不犹豫地指出来，并进行大胆的批评。据说，当时有人指责亚里士多德的做法，认为他背叛了老师柏拉图的学说。亚里士多德对此回敬了一句至今仍为世人所传颂的千古名言："我爱我师，我更爱真理！"

亚里士多德的哲学是对柏拉图哲学的继承和发展，但这种继承首先

是立足于对柏拉图学说的反省和批判。

"理念"是柏拉图哲学的核心概念,亚里士多德对柏拉图哲学的批判最集中、最突出的是对柏拉图的"理念论"的批判。柏拉图将世界分为可感知的、不断变化的、有缺陷的感性世界和无法感知的、静止不变的、完美无缺的理念世界,并认为前者只是对后者的粗糙的模仿。亚里士多德一针见血地指出,理念论的错误在于:它割裂了个别事物与一般概念的关系,把一般概念虚幻地变成可以脱离具体事物而独立存在的东西,就仿佛在高楼大厦、平房别墅这些具体的房屋之外,还存在某种一般性的房屋那样。亚里士多德对柏拉图理念论的批评主要见之于《形而上学》,有人将这种批评归纳为十个要点。列宁曾高度评价了亚里士多德对柏拉图理念论的批评,他说:"亚里士多德对柏拉图'理念'的批判,是对唯心主义,即一般唯心主义的批判。"[①]

相对于柏拉图的"理念论",亚里士多德提出了他的"实体论"。亚里士多德的实体论由以下三个主要问题构成:①对实体定义进行探讨的狭义的"实体学说";②对实体原因进行探讨的"四因学说";③对实体生成问题进行探讨的"潜能与现实"的理论。

柏拉图以理念为实体,而在亚里士多德看来,所谓实体是不依赖于其他事物(例如理念)而独立存在的具体物,即有形状、大小、重量、体积的个体事物。他将具体和个别的事物称为"第一性实体",而将人对这些实体的感觉和概念归结为"第二性实体",并认为"第二性实体"不能脱离"第一性实体"而存在,它是从属于后者的。这样,亚里士多德的实体论也就倾向于自然的唯物主义。

关于实体存在的原因(即实体中所包含的要素,而非因果联系中的原因),他提出了"四因说"。这四种原因是:质料因、形式因、动力因和目的因。例如,人们建造房屋时,房屋的质料因是木材、砖瓦、沙石,房屋的形式因是房屋的设计蓝图或模型,房屋的动力因是造房屋的建设师和他们的技艺,房屋的目的因是为了建造一座房屋。在这些原因中,最主要的只有质料因和形式因。质料因是事物的基础,形式因是事物的本质,两者是密不可分的。这基本上属于唯物主义观点。他还认为,在质料追求形式的无穷系列的尽头,存在着一个没有任何质料的形式,它

[①] 《列宁全集》(第38卷),人民出版社1956年版,第313页。

以世界万物为质料，又是世界万物追求的目的，它是一切形式的形式，即"纯形式"。纯形式本身无所追求，不变不动，但它却是促使万物追求各自目的而运动的推动者，即第一推动力。这样一个玄乎的玩意儿，说穿了就是"神"的代名词。因此，亚里士多德从批判柏拉图的理念论开始，最后走到"纯形式"，他也从朴素唯物主义落入了神学唯心主义的窠臼。

在实体生成问题上，亚里士多德提出了"潜能与现实"的理论。他认为质料在尚未具有形式的时候，即未成为个体的时候，它只是一种"潜能"，而当质料具有形式的时候，它就成为现实的东西了。质料与形式的关系就是潜能和现实的关系，从质料到形式的过程，就是从潜在的质发展成为现实的质的过程，这一过程就是运动。因此，亚里士多德的"潜能与现实"的理论包含着可贵的辩证法思想。

相对于柏拉图的"灵魂回忆说"的先验论，亚里士多德提出了他的"蜡块说"的感觉认识论。他认为，知识并非是天赋而来的，不可能由回忆获得，而只能来源于感觉，感觉是认识的基础。人的心灵就像一块"蜡块"，而事物就像一只金戒指，金戒指印在蜡块上的印痕就是感觉。然而，感觉只能感受到事物的形式，而不能认识事物的质料。因此，感性认识必须发展到理性认识。不过，由于他割裂了形式与质料的关系，所以，他认为人只能认识事物的形式而不能认识事物的质料，即不可能认识事物的本质。显然，亚里士多德的唯物反映论是不彻底的，甚至是自相矛盾的。由此可见，亚里士多德虽然继承了柏拉图的不少东西，但他的思想却有许多与老师是大相径庭的。如果说柏拉图是个理想主义者，那么，亚里士多德则是一个现实主义者。

亚里士多德是古希腊百科全书式的人物，他所提出的"人是政治的动物"的政治学命题、"中庸即美德"（或"美在适中"）的伦理学命题以及"人的天性就是求知"的命题，至今仍广为流传。

柏拉图和亚里士多德的哲学虽大相径庭，但它们构成了希腊哲学的两座高峰。他们在西方哲学史上的地位犹如中国的孔子和老子，后来的哲学探险者面对着这两座高峰，如果想有所创新的话，只能勇敢地攀登上去。有人说：一部没有亚里士多德的哲学史是不配称之为哲学史的。黑格尔也说：就是亚里士多德的哲学就够一个人研究一辈子了。亚里士多德的哲学思想统治了西方哲学千年之久。

9

伊壁鸠鲁：快乐是最高的善

当幸福存在时，我们便拥有一切，而当幸福不在时，我们便尽力来谋得它，所以一个人思虑到产生幸福的事物是应该的。

——伊壁鸠鲁

伊壁鸠鲁（Epicurus，公元前 342—公元前 270 年）是古希腊晚期杰出的唯物主义哲学家。在哲学上，伊壁鸠鲁提出了自己的原子论自然观和快乐主义的伦理学，创立了伊壁鸠鲁学派。

在古希腊哲学史上，有许多哲学家都对"善"或"美德"这一伦理学问题给予了特别的关注。在此，我们不论毕达哥拉斯的"和谐就是一种美德"、苏格拉底的"知识即美德"，也不谈柏拉图关于最高的"善"的理念就是神、皮罗的"最高的善就是不作任何判断"，而只论伊壁鸠鲁的"快乐是最高的善"。

伊壁鸠鲁是德谟克利特的忠实信徒，他对德谟克利特的原子论作了补充和发展，但使他留名青史的首先是他的快乐主义伦理观。伊壁鸠鲁哲学体系的中心是伦理学，而他的伦理学的中心则是"快乐"。他认为，淡泊是不可能的，禁欲是不必要的，快乐是生命和行为的唯一可以想象、完全正当的目的，幸福生活是人天生的最高的善。人生来就是一种追求快乐的动物，快乐像一块磁石，不断吸引着人们朝它所指引的方向奔跑。"快乐是最高的善"并不是说，对任何快乐都要拼命追求。伊壁鸠鲁既不赞成禁欲主义，也不赞成享乐主义。他认为，快乐是欲望的满足，但人们真正的快乐是使自然的、无害的欲望（如适度的饮食和性爱、对知识的追求）得到满足，而使那些有害的欲望（如权力欲、贪财心）得到克制。

伊壁鸠鲁将快乐分为肉体快乐和精神快乐，这两种快乐都具有静态和动态两种形式。静态的快乐是神所喜爱的快乐，是由感官中稳重、和谐、有秩序的原子运动产生的，表现为肉体完全无痛苦，精神完全无烦恼，这是一种完满的快乐。而动态的快乐则是一种不完满的快乐，是剧烈运动的原子产生的现时快乐。完满的快乐境界是人无法完全达到的，人们所能追求的快乐都是动态的，离开了这些动态的快乐，就无法感受到善。人们应以静态的快乐为目的，以获得动态的快乐为手段，因为静态的快乐高于动态的快乐，它们能给人带来持久的幸福。

每一种快乐都是善，趋乐避苦是人的本性，但人们要正确地选择快乐。对快乐的选择是一种理智的道德选择。为了达到快乐，必须将希腊传统的四种美德——智慧、公正、节制、勇敢作为人的行为准则。美德与愉快的生活并存，快乐是道德生活的目标，美德则是达到快乐的手段。只有在生活中身体力行四大美德而得到的快乐才是最大的快乐，才是最

高的善。

伊壁鸠鲁认为，在现实生活中，人们心灵上的痛苦主要是恐惧神灵和死亡。其实，神灵并不可怕，它也是由原子构成，是一种永生的幸福实体。许多人恐惧神灵，是由于无知而不了解他们。再者，死亡也不可怕，因为死亡与我们并没有什么关系。当我们活着的时候，死亡还没有来到，没有来到的东西当然不值得害怕。当我们去世之后，构成我们的那一堆原子就散开了，我们自身也就不存在了，不存在的东西又怎么会让人害怕呢？普通人对死亡的恐惧完全是由于缺乏理性思维的缘故。

伊壁鸠鲁的快乐主义因为突出了精神的愉悦而非感性的享乐，故而不能等同于鼓励人们纵情声色的享乐主义，它是一种积极向上的社会伦理道德学说，对斯多亚学派的宿命论、悲观主义、神秘主义和禁欲主义进行了有力地批判。伊壁鸠鲁言行一致、积极健康的快乐主义被誉为西方伦理史上的光辉典范。他在临终之时，平静地写完遗嘱和给朋友的信，然后洗了一个热水澡，喝下一杯甜酒，对身边的学生们说："再见了朋友们，请牢记我传授给你们的真理吧！"

中世纪时期哲学命题
ZHONGSHIJI SHIQI ZHEXUE MINGTI

公元 5 世纪到 15 世纪是西欧的中世纪,是一个以黑暗和武断著称的时代。在这一时期,神学即哲学,理性泯灭,科学失色,信仰高扬,宗教独行,其哲学命题也是围绕神学这一主题而展开的。然而,它毕竟是人类新经历的千年王国,是古希腊罗马与现代欧洲文明的界碑与纽带,黑暗之中总会闪烁出智慧的火花,信仰之中蕴藏着执着的追求。对此,我们绝不能全盘肯定或者全盘否定。

在长达一千年的时间里，凭借万古不变的教义的魔力，它团结了这个大陆上的大多数民族。……严明的信条像一个绳套牢牢套住了中世纪还未成熟的欧洲思想。正是由于这个绳套的束缚，经院哲学局促地在信仰与理性之间兜圈子，而始终原地踏步，只是在一大堆未经批判的假设和先验预定的结论中漫无目的地徘徊着。

——（美）威尔·杜兰特

中世纪的世界观本质上是神学世界观。

——（德）恩格斯

我们必须对经院哲学家下一个判断，做出一种估计。他们研究了那样崇高的对象、宗教，他们的思维是那样地锐敏而细致，他们之中也有高尚的、好学深思的人和学者。但经院哲学整个讲来却完全是野蛮的抽象理智的哲学，没有真实的材料、内容。

——（德）黑格尔

10

奥古斯丁：基督教是真正的哲学

哲学指引人们获得有福的生活，爱神的人由于享有神而是有福的人。

——奥古斯丁

我再看看其他存在的事物，我认为它们的存在都归功于"你"，所有有限的存在都属于"你"，但是，这种属于不在于是在空间意义上的属于，而是以另一种不同的方式，即"你"是以"你"的存在和"你"的真理之手拥抱着万物，所有事物就其存在而言，都是真实的，如果某物被认作不存在，它就是虚假的。

——奥古斯丁

奥里留·奥古斯丁（Aurelius Augustinus，354—430年）是古罗马基督教思想家、拉丁教父的主要代表、早期基督教哲学体系的集大成者。

在哲学著作中，奥古斯丁宣称基督教是真正的哲学。因此，称奥古斯丁为哲学家，倒不如首先称他为神学家。他的神哲学体系几乎是面面俱到，对当时的所有问题都进行了阐述，对人们心中所有的疑问都给予了解答。

奥古斯丁对"哲学"概念的理解来自伏洛所写的哲学手册。这本书列举了288种哲学，它们都是关于"如何取得幸福生活"这一问题的不同回答。由此奥古斯丁将基督教理解为"真正的哲学"，因为它与其他哲学一样以幸福为目标，并且知道什么是真正的幸福以及如何达到幸福的生活。他认为，世俗哲学家将人类智慧视为幸福，以为依靠个人才能和前人的知识遗产才能获得最高幸福。事实上，哲学家的智慧只能产生各种意见的纷争，远离幸福状态。基督教将幸福视为上帝赐予的福分，只有被上帝拯救的人才会有幸福。上帝的智慧已经被铭刻在《圣经》之中，《圣经》的作者才是"哲学家、圣者、神人和先知、正直和虔诚的教师"。当然，他并没有完全否定现实哲学的价值，而且其哲学的一个特点就是将柏拉图的哲学与宗教思想共冶一炉。他曾说："如果那些被称为哲学的人，特别是柏拉图主义者说出的一些确实为真、与我们的信仰相一致的话，我们不应害怕，而要把这些话从他们不正当的主人那里拿回来，为我们所用。"① 真理不是哲学家的发明，而是上帝恩赐给人类的财富，却被"邪恶、不正当地奉献给恶魔"，基督教"应该取回它们，用于传授福音"。这样，奥古斯丁的哲学理论往往是前半截为哲学，后半截为神学，不能自圆其说之时，便来个"顿悟走近上帝"，或者"上帝只能信仰，不能认识"。

奥古斯丁可以被看作是理性神学的先驱。他对神学教义的沉思实际上涉及了许多哲学问题。

——创世说中的哲学思维。奥古斯丁的创世说基本上来自《圣经》中的"创世记"，但他吸收了新柏拉图主义的"'无'中创造世界"的思想。在他看来，上帝创世时一无所有，上帝是"一言而万物之始，你是用你的'道'——言语——创造万有"。用言语创造万有，这就是奥古斯

---

① （古罗马）奥古斯丁：《基督教学说》，第2卷，第40章，第60节。

丁的概括。上帝用语言创造万有，这就赋予了语言以本体论的地位，使之成为万物之本原或始基。

——时间学说。在论述创世说时，他提出了自己的时间学说。他认为，时间不是忘怀的，而是上帝创世时一起创造的，创世之前无所为时空。流逝的时间只能被知觉的运动所度量。"正是在我的心灵里，我度量时间。"时间分为过去、现在和将来是不确切的。"妥当的说法似应是：有这样三种时间，关于过去事物的现在，关于现在事物的现在和关于将来事物的现在。""过去事物的现在"便是记忆，"现在事物的现在"便是直接感觉，"将来事物的现在"便是期望。这样时间的三维性也就变成了现在的一维性，变成了记忆、直观和期望这三种心理状态。"时间是心灵自身的延伸。"这里的心灵不是专指人的心灵，而是上帝的心灵。时间的理念"现在"是上帝心灵的瞬间创造。上帝心灵中的"现在"是一切时间的原型，人所知觉到的流逝的时间是对时间原型的模仿。因此，上帝能在瞬间创造出连绵不断的时间。

——上帝存在的知识论证明。在奥古斯丁之前，基督教对上帝存在的证明是通过宗教体验和奇迹来达到的，也就是说是用神秘主义的、非理性的方式来进行的。奥古斯丁试图用理性的方式来证明上帝的存在。他认为，人的知识是由有形事物、外感觉、内感觉和理性所构成的一个由低到高的等级。人的理性所拥有的真理来源不可能低于理性，也不可能来自理性之中。在人类知识等级之上，存在一个处于最高级地位的真理，它赋予人类理性以确定的规则，使人的心灵认识真理。这一最高的、外在于人类知识的真理就是上帝。上帝是真理自身和人类真理的来源，真理是上帝之光，"光照"（illuminatio）是人的理性获得真理的途径。一切有理性的人都或多或少地拥有真理，但只有那些信仰和热爱上帝的人才能自觉地、充分地接受真理，把这些真理集中起来，最后认识作为真理之源的上帝。奥古斯丁说："谁认识上帝就能认识这光；谁认识这光，就能认识永恒者，唯有爱才能认识他。"[1] 这实际上是让人通过信仰，靠超自然的上帝之光来认识真理，认识永恒。信仰是高于一切的。

——神正论。所谓神正论是奥古斯丁对恶的起源和性质的解释，它的意思是：面临着恶的存在而显示出上帝的正义。他认为恶是"背离本

---

[1] （古罗马）奥古斯丁：《忏悔录》，第22卷，第10章，第10节。

性，趋向非存在……倾向于存在的中断"。一切被称为恶的东西可以分为三类：物理的恶、认识的恶和伦理的恶。物理的恶（事物的自然属性造成的损失和伤害）源于事物缺乏完善性；认识的恶（认识秩序的颠倒）源于人类理智的不完善；伦理的恶（人的意志的反面，无视责任，沉湎于有害的东西）产生于人类意志的缺陷或者说是人类的原罪。总之，恶不是上帝的创造，上帝只是赋予了人以自由的意志，即人的意志有行善或作恶的选择自由，上帝并不干预人的选择，但对人的选择的后果进行奖惩。上帝的恩典主要表现为赏罚分明的公正，而不在于帮助人择善弃恶。人类面临的善恶选择也就是做基督徒或异教徒的选择。

——世俗之城与上帝之城。在《上帝之城》中，奥古斯丁提出了圣城与俗城相区别的社会观。这里所谓的"城"是"社会"意思。他认为，社会是按照一定协议组成的人的群体。"爱自己并进而藐视上帝者组成地上之城，爱上帝并进而藐视自己者组成天上之城。"这是按基督教伦理学标准做出的圣城与俗城的区分。

奥古斯丁的神学理论达到了教父哲学的顶峰，为基督教建立了第一个百科全书式的完整体系。他的宗教思想统治了基督教近十个世纪，一直到基督教哲学的另一个巨人托马斯·阿奎那的出现。他的许多著名言论对世界产生了广泛而深远的影响。例如，有人认为，奥古斯丁反驳怀疑论者所提出的"我怀疑，故我存在"的命题和论证方式，似乎可以说是17世纪近代哲学奠基者笛卡尔的"我思故我在"的先声。

11

安瑟尔谟：上帝既存在于心中，又存在于现实之中

我们信仰所坚持的与被必然理性所证明的是同等的。

——安瑟尔谟

圣主啊，我并不求达到你的崇高的顶点，因为我的理解力，决不能和你的崇高相比拟，但我却切望在某种程度上能够理解你的那个为我所信仰所爱的真理。因为我绝不是理解了才能信仰，而是信仰了才能理解。因为我相信："除非我信仰了，否则我决不会理解。"

——安瑟尔谟

西方哲学大师的命题

安瑟尔谟（Anselmus，约1033—1099年）是中世纪基督教哲学家、神学家，经院哲学奠基人之一。

在哲学上，安瑟尔谟最著名的学说是他在《宣讲》中提出的关于上帝存在的本体论证明，最主要的贡献是将辩证法推广应用于神学，与贝伦伽尔和阿伯拉尔等人共同创建了辩证神学的新形式。

安瑟尔谟被人们称为"最后一个教父和第一个经院哲学家"。作为一个经院哲学家，他主张理性应当服从信仰。他说：我绝不是理解了才信仰，而是信仰了才能理解，也就是说，基督教应该先信仰后理解，信仰是理解的前提、范围和目的。当然作为一个哲学家，他并不主张只信仰不理解。他说，当我们有了坚定的信仰时，对于我们所信仰的东西，不力求加以理解，乃是一种很大的懒惰。我们的理性必须服务于信仰，我们必须用理性去维护信仰，以反对不信仰上帝的人。"信仰，然后理解"就是他的口号。用唯实论的一套看法去证明上帝的存在，就是他使理性服务于信仰的具体体现。

安瑟尔谟面对"能否找到一个独立的充足的关于上帝存在的证明"这一问题，经过长期的考虑，提出了上帝存在的"本体论证明"。在他看来，人人都有"上帝"的观念，只要弄清这一观念的意义，就能理解上帝必然存在的道理。他在《宣讲》中的证明表述为下面一个推理：

因为：上帝不仅是可设想的无与伦比的东西，也是不可设想的无与伦比的东西。

又因为：可设想的无与伦比的东西存在于人们的心中，不可设想的无与伦比的东西，不仅存在于人们的心中，而且也存在于心外（即存在于现实中）。

所以：上帝是最伟大的存在者。

对于证明的关键步骤，安瑟尔谟做了这样的论辩："某一个不能被设想为不存在的东西，既是可能被设想为存在的，那么，这个存在就比那种可以设想为不存在的东西更为伟大。所以，如果那个不可设想的无与伦比的伟大东西可以被设想为不存在，那就等于说'不可设想的无与伦比的伟大东西'和'可以设想的无与伦比的伟大东西'是不相同的，这是荒谬的说法。因此，有一个不可设想的无与伦比的伟大东西，是真实存在，这个东西，甚至不能被设想为不存在。而这个东西就是你，圣主啊，我的上帝。"① 这一推论省略了一个前提：被设想为仅在心中存在的东西，不如被设想为同时在心中与现实中存在的东西伟大。因此，一个人心中具有"无与伦比的东西"的观念，逻辑上就会使他同时承认这个东西的实际存在。并且，不管他把这个东西称作什么，这个东西的实际意义只能是上帝。

安瑟尔谟因为"本体论的证明"而名重一时，不过，他从"上帝"观念分析出上帝必然存在的证明方式从一开始就遭到了人们的反对。法国僧侣高尼罗写了《就安瑟尔谟〈宣讲〉的论辩为愚人辩》的文章，指出安瑟尔谟这样的证明并不能使不信仰上帝的愚人信服。他的依据是："真实的东西（或真理）是一回事，而把握真实东西（真理）的理解力又是一回事。"② 也就是说，存在于思想（理解力）之中的东西并不见得存在于现实之中。一个画家在作画之前构思的观念与实际画出的图画是不同的两件事。传说有一个谁也没有去过的最完美的海岛，人们可以理解传说中一切美好的东西，但却不能由此推论出传说中的海岛必定存在。

高尼罗与安瑟尔谟之间的争论是在观念与存在关系问题上的对立。高尼罗认为，观念与存在是两个不同的序列，不能做出从观念到存在的跳跃。安瑟尔谟则认为，能够解释一切的最高原则必定达到了观念与存在的同一性。在哲学史上，围绕上帝存在的"本体论证明"展开的争论延续不绝。笛卡尔、莱布尼茨和黑格尔赞同并修改了这一证明，托马斯·阿奎那对它不以为然，洛克、康德则否定了这一证明的有效性。康德曾说：一百个存在于思想之中的塔勒并不比一百个实际上的塔勒少，只不过是实际中的塔勒多了个实际存在这一特点罢了。而实际存在并不是一个怎么具有说服力的特点，不能说明有了存在，事物就会无与伦比。

---

① 北京大学哲学系外国哲学史教研室编译：《西方哲学原著选读》（上），商务印书馆1999年版，第242页。

② 同上书，第246页。

托马斯·阿奎那：哲学是神学的奴仆

神学可能凭借哲学来发挥，但不是非要它不可，而是借它来把自己的义理讲得更清楚些。因为神学的原理，不是来自其他科学，而是凭启示直接来自上帝。所以，它不是把其他科学作为它的上级长官来依赖，而是把它们看成它的下级和女仆来使用。

——托马斯·阿奎那

托马斯·阿奎那（Thomas Aquinas，约 1225—1274 年）是西欧中世纪最重要的经院哲学家、基督教神学家。

托马斯·阿奎那的神学和哲学观点于他在世时被传统神学家和哲学家所反对，但 13 世纪以后，托马斯主义逐渐成为西欧思想领域中占统治地位的学说。罗马教皇曾封他为"圣徒"，并将其神学和哲学体系定为天主教与官方的神学和哲学。

理性与信仰、哲学与神学的关系问题，是中世纪经院哲学家特别关注的一个问题。早期的希腊教父奥里根曾提出"哲学是神学的婢女"的论断。他的原话是这样说的："如果俗界的智人的儿子们说，几何学、音乐、文法、论辩术、天文学是哲学的婢女，那么，关于哲学和神学的关系，我们也可以说同样的话。"① 这就是"哲学是神学的婢女"的来历。

被封为"圣师"的托马斯·阿奎那将亚里士多德哲学引入基督教神学，将理性神学推向了一个新阶段。他在采用亚里士多德学说论证基督教教义的时候，继承和发展了奥里根提出的"哲学是神学的婢女"的哲学命题，进一步论证了哲学与神学的关系。

为什么说"哲学是神学的奴仆"呢？托马斯·阿奎那认为：

首先，哲学与神学的地位不同。哲学与神学是两种不同的学科，哲学研究的是人的智慧，神学研究的是神，是最高的知识，最高的真理。一切哲学研究的最终目的和结果都必然归结于神，哲学之地位低于神。哲学乃神学之奴仆就像人乃神之奴仆一样。

其次，哲学与神学的可靠性不同。哲学所研究的理性毕竟是属于人的，其确定性是源于人的本性之光，是有限的，也是可能犯错误的，而神学的确实性来源于神的启示，是绝对的、至高的真理，是永远正确的。

最后，哲学与神学的研究方式不同。哲学只注意人的理性所能把握的东西，其目的在于国家政治一类，而神学所探究的是超出人类理性的优美至上的东西，其目的则在于永恒的幸福。神学不是把其他科学视为其上司，而是把它们视为其下属和奴仆。

尽管哲学与神学有各自的作用范围，但是，托马斯·阿奎那认为："我们也不应该禁止用上帝启示的学问去讨论哲学家用理智去认识的理论。"反过来，"神学可能凭借哲学来发挥，但不是非要它不可，而是借

---

① 转引自苗力田等编：《西方哲学史新编》，人民出版社 1990 年版，第 145 页。

它来把自己的义理讲得更清楚些"①。哲学对于神学主要有以下三种作用：哲学可用来证明信仰中的某些道理，如"上帝存在"；神学可用哲学类比信仰，如用哲学来解释"三位一体"等神学教义；哲学可用来批驳异端和无神论者的言论。神学确实要利用哲学，但那只是纯粹的"利用"而已，是居高临下的使唤，一句话，哲学是神学的婢女。由此可见，托马斯·阿奎那一方面认为哲学是神学的奴仆，另一方面又在有限的范围内给哲学以一定的地位，肯定了哲学的作用，这就为哲学的独立存在与进一步发展提供了理论前提。

总之，托马斯·阿奎那适应着当时思想文化领域内理性主义影响日渐扩大、双重真理说（即同时承认神学真理和理性真理的学说）正在兴起的形势，充分运用从阿拉伯文化回流过来的亚里士多德学说和方法，用一套更巧妙的办法来说明神学高于哲学、哲学必须为神学服务的信仰主义观念，从而为自己的神学唯心主义奠定了地基。在这个地基上，他建立起了博大庞杂的哲学体系，这一思想体系集经院哲学几百年发展之大成，将中世纪经院哲学推上了顶峰。人们通常把托马斯·阿奎那这一庞大的思想系统称为托马斯主义，托马斯·阿奎那因此与奥古斯丁并列为基督教哲学的两大台柱。尽管在开始时，托马斯主义曾因突出理性、区别哲学与神学而受到教会指责，但很快就得到教会承认，一举成为罗马教会的官方学说，并被钦定为经典。1879年，罗马教皇再次颁布命令，确认托马斯主义为天主教唯一真正的哲学，并且加封托马斯·阿奎那为"经院哲学和神学之王"。

---

① 北京大学哲学系外国哲学史教研室编译：《西方哲学原著选读》（上），商务印书馆1999年版，第260～261页。

13

罗吉尔·培根：一切都必须经验来证实

没有经验，就没有任何东西可被充分认识。因为获得认识有两种方法，即通过推理和经验。

——罗吉尔·培根

凡是希望对于在现象背后的真理得到毫无怀疑的欢乐的人，就必须知道如何使自己献身于实验。

——罗吉尔·培根

罗吉尔·培根（Roger Bacon，约 1214—1294 年）是英国经院哲学家、近代科学思想的先驱和积极倡导者。曾就读和任教于牛津大学和巴黎大学。1257 年入法兰西斯会，因被教会总会长疑为不合正统，曾长期被秘密监禁，出狱不久后谢世。直到 14 世纪末，他才获得应有的声誉。主要著作有《大著作》、《小著作》、《第三著作》、《哲学研究纲要》、《神学研究纲要》等。

罗吉尔·培根在《大著作》中提出了全面、系统改造经院学术现状的计划，主张发展科学知识，扫除知识发展的四种障碍，强调实验科学，其思想对弗兰西斯·培根具有直接影响。

英国中世纪经院哲学家罗吉尔·培根是一个不幸的天才。他的不幸在于其思想的超前，他比同时代人更早地认识到实验和数学的重要性和科学应有的实用价值，要以实用科学的精神全盘改造经院哲学。他是第一个使用"实验科学"概念的人，并提出了"一切事物都必须被经验证实"的命题。

罗吉尔·培根在《大著作》中将人类认识错误的根源归结为四大障碍，这就是：①靠不住的、不适当的权威的榜样；②习俗的长期性；③无知民众的意见；④以虚夸的智慧掩饰无知。这"四障碍说"是对经院哲学的尖锐批评。崇拜权威是以圣徒和教父言论定是非的教条主义，因袭守旧是恪守传统的保守主义，服从一般人信念是盲目的信仰主义，夸夸其谈是不学无术的文字游戏。要想发展科学，就必须扫除这四大障碍。为此，必须用理性去取代习俗和偏见，以经验和知识去取代愚昧无知。当然，罗吉尔·培根对经验的理解并没有摆脱经院哲学的影响。他认为，除了日常经验即感官所获得的经验之外，还有一种内在启示的经验，特别是宗教感情与特殊体验，即神圣主教和先知们的经验。

罗吉尔·培根认为，知识有三个来源：确实的权威、理性和经验。确实的权威来自"上帝的认可"，来自"某些圣者、哲学家和科学家所具有的优越与尊严"，而权威必须以理性为基础，经验则是用来证明理性所获得的结论的东西。要获得知识，仅靠不完善的自然经验是不够的，作为科学家应该善于进行实验，实验高于思辨与艺术，实验科学是科学之王。

罗吉尔·培根认为，实验科学是最有用、最重要的科学。实验科学具有如下三个方面的优越性：一是实验科学的实证性，它能够证明科学的结论。"推理和经验是两种获得知识的途径，推理达到结论并使我们认可这一结论但并没有给我们摆脱一切怀疑的确定性。只要结论没有通过实验的途径，心灵就得信赖对真理的直观。""没有经验，就没有任何东西可被充分认识"，"一切事物都必须被经验证实"①。二是实验科学的工具性。没有实验的帮助，其他科学便达不到目的。因为实验可以窥测自然奥秘，发现过去和未来，谁掌握了实验科学，谁就有了制造奇妙科学的力量。三是实验科学的实用性。实验不仅是其他科学的工具，而且是达到人为目的的工具。

在经院哲学占统治地位的中世纪提倡科学实验，无疑在沉闷的学术空气中吹来一阵春风。但当时的人们将他看作是一个能够"呼风唤雨的魔法师"，是离经叛道的"危险分子"，宗教当局前后将他囚禁了十多年。14世纪末，罗吉尔·培根才获得应有的声誉。17世纪时，人们才普遍接受他的思想观念。

---

① （英）罗吉尔·培根：《大著作》，第6部，第1章。

14

威廉·奥康：如无必要，切勿增加实体数目

　　一个单纯的抽象认识并不是关于个别事物的真正认识，而合成的认识才是对于一个个体事物的真正的认识。

——奥康·威廉

威廉·奥康（William Ockham，约 1290—1349 年）又译作奥卡姆，英格兰哲学家，晚期经院哲学家中唯名论的创立者及奥康主义的奠基人。

奥康哲学的主要目标是调和亚里士多德和基督教教义，他主张唯名论，反对唯实论，提出了著名的"奥康剃刀"。主要著作有《逻辑大全》、《箴言集》、《神学百谈》等。他的哲学思想对批判经院哲学的神学唯心主义、促进科学技术发展和社会进步具有积极作用，对 17 世纪英国唯物主义也产生了直接影响。

奥康站在自然科学的立场上，对"指称"（符号自身具有的代表功能）和"指代"（符号在命题中才具有的代表功能）进行了区分，对科学研究的普遍性进行了唯名论的解释，但真正使奥康扬名哲学史的不是这些，而是他那把锋利的思想"剃刀"。

针对经院哲学家们"化简为繁"的做法，奥康提出了一个著名的哲学命题："切勿浪费较多的东西去做较少的东西同样可以做好的事情。"这句话后来被转述为——"如无必要，切勿增加实体数目"，形成了一条与经院哲学直接对立的影响深远的思维经济原则。

在一般与个别的关系上，奥康认为，只有个别事物才是最终的存在，一般后于个别而存在，人类的一切知识也是从个别事物开始的。一般只是"标志"个别事物的符号，一般存在于个别之中，没有所谓纯粹的形式和本质。实在论者在个别事物之外增加了许多共相，提出了所谓"隐蔽的质"、"实体的形式"之类的东西，实在是对精神的一种浪费。在他看来，个别事物是知识的第一对象，只有从感性知觉对个别事物的认识中，才能抽象出一般认识，才能获得科学知识。鉴于经院哲学家们热衷于虚构，热衷于"化简为繁"，必须将他们所提出的"隐蔽的质"、"实体的形式"等普遍概念全部抛弃，因为这些东西都是不必要的。我们切勿浪费较多的东西去做较少的东西同样可以做好的事情。对于那些无用的东西，为了节约时间，我们应当像用快刀剃头发那样，统统剃掉。这就

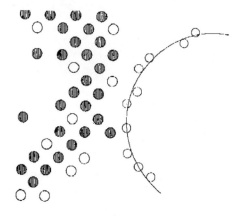

"奥康剃刀"

是哲学史上人们津津乐道的"奥康剃刀"。

"奥康剃刀"锋芒所向，直指实在论所设立的普遍实质，它不仅剃掉了经院哲学家们许许多多烦琐无聊的观念垃圾，而且剖开了经院哲学的胸膛，直捣其理论基础——实在论的老巢。得益于这把"剃刀"的开路，奥康哲学曾风靡一时，在14世纪形成了强大的奥康学派，其唯名论思想得到了广泛传播，它的经验论方法也引起了人们对传统信仰的怀疑和对神学的蔑视，促进了科学和唯物主义的发展。

"奥康剃刀"不仅是对中世纪经院哲学烦琐教条的抨击，而且也能够用来对付人类思想史上所有的烦琐教条。因此，"奥康剃刀"一直传承至今。

文艺复兴时期哲学命题
WENYI FUXING SHIQI ZHEXUE MINGTI

　　文艺复兴时期是一个激动人心的时代，是近代欧洲文化的转折点。文艺复兴时期的哲学是一大批仁人志士向封建统治阶级造反的哲学，是为资本主义新世界的诞生摇旗呐喊的哲学。在这一时期，哲学研究的对象已经从神转向了人，哲学命题的主旨是"人的发现与世界的发现"。

作为一个创造的时代，文艺复兴在开端与结局上都有着巨大的混乱的特征，同时伴随着人对一个虽不安定但却令人心醉神迷的境界的狂热。……这是一个英雄的时代，它突破了种种禁忌，迈进一个开放的世界，在这个世界里没有倒退。

—— （美）G. 桑迪拉纳

哥白尼和伽利略的发现，推翻了经院哲学家的宇宙论，开启了构建另一种科学宇宙论的漫长历程。在这种图式中，宇宙不再被视为根据道德原则建立起来的神圣天体，而被看作一个机械的体系，只是遵从严格、客观的数学原理。这就产生了一种新的社会原则，在一些重要方面与以前宗教尊崇的原则迥然不同。

—— （英）内尔·腾布尔

15

但丁：先思而后行

　　封建的中世纪的终结和现代资本主义纪元的开端，是以一位大人物为标志的。这位人物就是意大利人但丁，他是中世纪最后一位诗人，同时又是新时代的最初一位诗人。

——恩格斯

西方哲学大师的命题

但丁（Alighjeri Dante，1265—1321年）是欧洲文艺复兴初期意大利人文主义思想家和哲学家、诗人。

文艺复兴是指对古希腊罗马文艺的复兴，其实复兴"文艺"只是一个旗号，真正要复兴的是古希腊罗马时代的理性精神和人的尊严。作为人文主义者的但丁，其思想中最突出的表现就是他对人的现世生活和人本身的肯定，对人的理性的赞扬，对个性解放的渴求。他说："人的高贵，就其许许多多的成果而言，超过了高贵的天使。"那么，人的高贵为何能超过天使的高贵呢？他认为，人"首先能实行思想，以辨别是非，其次则能将其所认定之是非为目的，而以行动达此目的。简单地说，就是先思而后行"①。

"先思而后行"是但丁提出的一个著名哲学命题，它的中心意思是：人的高贵之处在于人能够根据理性进行判断，然后以此为依据进行行动，创造自己的事业，争取人类的幸福。在这里，他高扬的是合乎理性的判断，即人的意志自由。

在但丁的思想中，"先思而后行"强调的是人首先要"思"，而这种"思"是一种合乎理性的判断，即人的意志自由。他认为，人之异于禽兽，在于人具有自由意志。而这种自由意志，就是人所具有的理性的自由判断能力。人合乎理性的判断或自由是至关重要的。他说：自由的第一原则是意志自由。只有意志自由，才有行动上的自由。而意志自由，最根本的就是合乎理性。在但丁的思想中，理性原则就是爱的原则。但丁的"意志自由"的思想与他的"爱"的思想是紧密联系在一起的。

但丁的《神曲》是一部百科全书式的鸿篇巨制，几乎包罗中世纪的一切学问。研究但丁的学者 A. F. 奥扎南说："《神曲》是中世纪文学、哲学之总汇，而但丁就是诗界的圣·托马斯。"《神曲》采用了梦幻文学的形式，描写了但丁本人在梦境中游历三界（即地狱、炼狱和天堂）的过程。在《神曲》中，他将古罗马最伟大的诗人维吉尔作为自己灵魂道路上的智慧之光，带领自己穿越黑暗的地狱和布满烈火的炼狱，最后到达了天堂的门口，然后让圣洁的贝德丽采引入天堂，也就是通过智慧（维吉尔）走出迷谷，再通过爱（贝德丽采）到达天堂。

因爱而进入天堂，这是诗歌给我们的重要启示之一。"爱"的思想不

---

① 北京大学哲学系外国哲学史教研室编译：《西方哲学原著选读》（上卷），商务印书馆1982年版，第31页。

仅在但丁的思想中，而且在整个文艺复兴时期不断地得到充实与发挥，成为文学、艺术等领域中的主题。到了18世纪，它就演化成了欧洲启蒙思想家响亮的"博爱"口号。

文艺复兴是要冲破中世纪教会的黑暗统治，还人的尊严与自由理性，把人从上帝手中解放出来。在中世纪的基督教中，"爱"被提升到了绝对的地位，但丁思想中的"爱"与基督教中的"爱"是有所不同的。基督教是以神为中心，强调"爱"首先是爱上帝，其次才是爱自己的邻居。但丁的《神曲》虽然在形式上保留了对神的爱，但在精神上是侧重于人间的爱。他认为，爱是统摄宇宙的力量，是人的现实生活和相互之间关系的本质。宇宙犹如一些分散的纸张，是"爱"把这些合订成一册书，主张以人对人的"爱"去代替中世纪的人对神的"爱"。他将人的价值放在首位，崇尚人的理性，提倡人的尊严，追求人的解放，注重人的要求。总之，他用对人的"爱"代替了对神的"爱"，以人权代替了神权，强调的是首先根据对人爱的原则进行思维判断，然后以此为依据来采取行动。

当然，作为封建社会与资本主义社会交替的哲学家、思想家和诗人，但丁尚未摆脱中世纪宗教神学的束缚，他强调人的意志自由，但认为这种意志自由是"上帝的馈赠"。他说："上帝在创造的时候，最大的赠品，最伟大的杰作，最为他所珍贵的，就是意志自由。"

不过，但丁毕竟是从中世纪的深渊中缓步走出来的思想家，他代表着那个整整沉默了10个世纪的声音重回大地，其启示意义的确非常巨大。但丁以文学为载体，第一个提出了个性解放、理性觉悟的思想，并大胆反对宗教桎梏，成了资产阶级人文主义思想的第一位开拓者，对意大利和欧洲各国的人文主义运动的发展起到了推动作用。恩格斯在评价但丁在欧洲文化史上的地位时说："封建的中世纪的终结和现代资本主义纪元的开端，是以一位大人物为标志的。这位人物就是意大利人但丁，他是中世纪的最后一位诗人，同时又是新时代的最初一位诗人。"① 作为两个时代断代标志的但丁，必将是不朽的，他已存于永恒的庙堂之上，并随时间而永存。他提出了"先思而后行"的命题，而且以自己的行动张扬了人的个性，还为我们留下了耐人寻味的名言："走自己的路，让他人去说吧！"

---

① 《马克思恩格斯选集》（第1卷），人民出版社1995年版，第249页。

16

蒙田：我思考我自己

我知道什么呢？我们知道的东西再多，也只是我们不知道的东西中的极小的一部分。

——米歇尔·德·蒙田

在大多数作品中，我看到了写书的人；而在这一本书中，我却看到了一个思想者。

——孟德斯鸠

米歇尔·德·蒙田（Michel de Montaigne，1533—1592年）又译蒙台涅，是法国文学家、评论家和法国文艺复兴后期人文主义最重要的代表人物。

在哲学上，蒙田以怀疑论者而闻名于世。他以怀疑论为思想武器，描写了人的理想生活即自然生活。在《随笔集》中，他提出的一个哲学命题是："我思考我自己。"其中心意思是：我们要关注人自身，要追求人性的解放。

"我思考我自己"这一命题，主张怀疑一切，反对盲目迷信权威，重在审视自己。蒙田认为，研究认识问题，要从研究作为认识主体的人开始；人要认识他物，必须首先认识自己。他以"认识自己"和"我知道什么？"作为其哲学的根本原则，从许多方面论证了人的知识的相对性，从而论证怀疑的必要性。首先，他认为感觉是知识的源泉，而理性是依赖感性并在感性知识的基础上形成的。但感觉是虚假的，会欺骗我们，对于同一事物，不同的人就有不同的感觉。既然感觉不是绝对可靠的，那么，由感觉所获得的感性知识以及在感性知识基础上形成的理性知识也不是绝对可靠的，而只是相对的。因此，对任何事情都必须加以怀疑，不能予以确定，更不能自以为是。其次，他从事物的变化性论证了知识的相对性。在他看来，一切事物都处在不断的变化运动之中，人关于事物的知识也是不断变化的、相对的。而人们总把现在已有的知识作为绝对不变的知识，这是一种无知和傲慢，它阻碍人的认识发展。他主张，对任何事情都必须经过自己的思考和鉴别，反对盲目追随别人，盲目迷信权威。我们无法相信绝对真理——当然，这种真理是不存在的。蒙田告诉我们说，"我不知道"。或者，用他自己的话说："我知道什么呢？"他还反复问道："假如我们连自己都不知道，我们还能知道什么呢？"正是这种对外在真理的悬疑态度，促使他回头来审视自己，思考自己，进行自我探索。

"我思考我自己"这一命题，是冲决封建教会精神藩篱的投枪和匕首。蒙田是文艺复兴后期主要的思想家，在反对经院哲学和禁欲主义的斗争中，他和所有人文主义者一样，也找到了"自我"这一思想武器。他认为，"在一切形式中，最美的是人的形式"。因此，他反复强调："我研究自己，这就是我的形而上学和物理学。"他的整部《随笔集》就是描绘他自己，叙述其生平和事迹的。他说，在人的一切过错中，最野蛮的

过错莫过于轻视自己,"真正的哲士是自己幸福的主人"。因此,他号召人们要重视自己,要努力去创造自己的命运,要"以本身的品质为标准"来衡量人的价值。

把"我自己"作为思考的对象,这在当时是一个了不起的进步。因为,在一千多年的封建神学统治之下,人的地位、价值、利益、尊严等等,一律都是被视为邪恶而被横加挞伐的。为了推崇全知全能的上帝,人只能轻视自己、作践自己,哪能去思考自己呢?

蒙田以怀疑论为思想武器,同当时的迷信、偏见、基督教神学和经院哲学进行了针锋相对的斗争。他否定灵魂不朽和神创奇迹的教义,认为灵魂依赖于肉体,随肉体的死亡而消灭;灵魂不朽找不到经验的或理性的根据,证明它的不朽是徒劳无益的。他对宗教神学采取了怀疑和批判的态度,宣称不是神创造人,而是人创造了神。他的怀疑论本身就是对以绝对真理自居的基督教神学和经院哲学的独断论的否定。

"我思考我自己"这一命题,强调的是"自我",关注的是"人性"。那么,对于"我",究竟应该怎样去"思考"呢?在这一点上,蒙田继承了古希腊罗马哲学中重视"人"的观点,将人文主义思想在新的历史条件下作了进一步的解释和发展。他反对宗教教会的禁欲主义,反对用神否定人们的现世生活,提出享乐主义的道德原则。在他看来,人的个性不应受禁欲主义的束缚,及时行乐,尽量满足人的一切欲望和自私的行为乃是"人性"普遍的反映,所以应充分加以肯定。人的"自然"或人的天性,就是过世俗的生活,享受自然的愉快,就是对现实的物质和精神的要求。一个能够真正享受自己生存快乐的人,乃是神圣完美的人,尽情享乐即美德。因此,他劝人们尽量享受短暂的人生。他说:"人生越是短促,我就必须过得越充分、越沉湎。""只要享受得称心、如意,其他,一切都可置之不顾。"因此,他号召人们"按自然生活",追求正常的享乐。这就是蒙田"思考"后得出的结论。

蒙田不仅提出了"我思考我自己"的命题,而且在《随笔集》中的一个重要的话题,就是不断地来省察自己,省察自己的生活状况,省察自己的身体活动与精神活动以及二者之间的关系。他写道:"以我看来,世界上的什么怪异,什么奇迹,都不如我自己身上这么显著……我越通过自省而自知,我的畸形就越令我骇异,而我就越不懂我自己。"他甚至觉得了解自己也是非常困难的事。人能衡量一切,却不能衡量自己。他写道："从我身上可以找到所有矛盾……羞怯，蛮横；贞洁，淫荡；健谈，寡言；坚强，纤弱；聪明，愚鲁；暴戾，和蔼；撒谎，诚实；博学，无知；慷慨，吝啬又奢侈。所有这些，我都在自己身上或多或少地看到，就看我偏向哪方……关于我自己，我不能讲任何绝对简单和坚实的话。这样讲时，我不能不感到混乱和混杂，也不能一言以蔽之。"他甚至认为："对我来说，最难的事，莫过于相信人的一致性，而最容易的事，莫过于相信他们的不一致性。"①

蒙田虽然怀疑一切，怀疑自己，但他并没有消极地对待生活，而是勇敢地跨进了社会生活，不仅多次担当公职，而且勇于省察自己。他认为："不管人们扮演什么角色，总是在演自己。"②"世界上最伟大的事，是一个人懂得如何做自己的主人。"③ 他还说："假如你没有好好利用人生，让生命白白溜走，那么失去生命又有什么要紧？你还要它干什么？"④"生命的用途不在于长短，而在于如何使用。""就我来说，我爱生活，并开拓生活。"⑤

对于蒙田勇于省察自己，不少人是褒贬有加。孟德斯鸠说："在大多数作品中，我看到了写书的人；而在这一本书（指蒙田的《随笔集》——引者注）中，我却看到了一个思想者。"伏尔泰曾评价说："蒙田像他所做的那样朴实地描述自己，这是多么可爱的设想！因为他描绘的是人性……"⑥

总之，蒙田的哲学思想虽然带有怀疑主义和相对主义的特征，但其实际意义是积极的，蒙田的影响贯穿了整个法国文学和哲学，对17—18世纪欧洲资产阶级哲学家和启蒙思想家都产生了重大影响，甚至在20世纪柏格森的生命哲学中也可以找到某种痕迹。蒙田的《随笔集》与《培根论人生》、《帕斯卡尔思想录》一起，被人们誉为欧洲近代哲理散文三大经典，对世人产生了深远的影响。

---

① （法）蒙田：《蒙田随笔集》，潘丽珍等译，陕西师范大学出版社2002年版，前言，第7页。
② 同上书，前言，第22页。
③ 同上书，第8页。
④ 同上书，第27页。
⑤ 同上书，第9页。
⑥ 同上书，第10～11页。

17

达·芬奇：科学是将帅，实践是士兵

如果你说那些从头到尾都在理性中的科学才有真理性，那是我们不能同意的，我们有很多理由否定这个说法，最重要的一条理由就是这种理性探讨里毫无经验，离开了经验是谈不到什么可靠性的。

——达·芬奇

达·芬奇（Leonardo Da Vinci, 1452—1519 年）是 15—16 世纪意大利著名的自然科学家、杰出的哲学家、激进的人文主义者和天才的艺术家。出生于佛罗伦萨与比萨之间的芬奇镇。

在哲学上，达·芬奇的主要贡献是，在总结和概括当时自然科学和技术成果的基础上，提出了具有唯物主义倾向的哲学认识论和科学方法论，有力地推动了近代自然哲学的形成与发展。在哲学上，达·芬奇既反对轻视理论的盲目实践，又反对脱离实践的空洞理论，主张理论与实践结合。为此他提出了具有方法论意义的哲学命题："科学是将帅，实践是士兵。"他认为，"我们的一切知识都是从实践开始的"，理论来自经验，以经验为基础。一旦离开经验，理论的可靠性就会成为大问题。最大的不幸是理论脱离实践。但是，实践永远应当建立在正确的理论之上，热衷于实践而不要理论的人，就好像一个水手上了一只没有舵和罗盘的船，拿不稳该往哪里航行。因此，我们要将经验和理性密切地联系起来。

达·芬奇反对经院哲学脱离自然、盲从权威、迷信教条的陋习，鄙视宗教神学的迷信，主张面向自然，以自然界为认识对象，以探求自然界的客观必然性为目的。为此，达·芬奇提出了认识的途径和方法。他强调，一切知识都来源于对自然界的感觉经验，经验是沟通自然和人类的桥梁，是一切可靠知识的母亲。经验是不会犯错误的，犯错误的是我们的判断。他说："自然界的不可思议的翻译者是经验。经验决不会欺骗人，只是人们的解释往往欺骗自己。我们在种种场合和种种情况下谈论经验，因此才能够引出一般规律。自然界始于原因，终于经验，我们必须反其道而行之。即人必须从实验开始，以实验探究其原因。"据此，他把观察和实验看作是认识自然和科学研究的基本方法。在他看来，求知首先在于实践，科学研究必须观察自然，向自然界学习，从自然吸取材料；科学研究还必须采取实验的方法，以检验认识是否正确，并进一步发展认识。

达·芬奇不仅强调认识必须以感知经验为依据，而且十分重视理性的重要意义。他认为，认识的任务在于了解自然界的因果必然性，而要达到这一点，认识必须从感觉经验出发，借助于理性分析。只有理性才能排除偶然的东西，揭示事物之间必然的因果联系，确定自然事物的内在规律。

在对事物进行分析时，达·芬奇特别注重分析与综合相结合，即首

先对整个事物进行分析,以便找出最基本的东西,作为研究的出发点,然后再根据建立起来的精确的基本原理,做到从整体上确定地认识一个事物,也就是从分析到综合。

在对事物进行分析时,达·芬奇还主张运用数学方法,做出精确的量的规定。作为实验科学家、工程师和数学家,达·芬奇特别注重对数量关系、数学原则的掌握和运用。他认为,人类的任何探讨,如果不是通过数学的证明进行的,就不能算是真正的科学。反之,凡是数学用不上去,和数学有关的科学也用不上去的那些领域,都没有确实的知识。在他看来,整个世界和事物的各个方面都体现了一种数的原则和量的比例。发现这种关系和规律,对自然的认识建立在量的精确把握之中,才算真正认识事物,才能真正有助于技术上的发明与创造。

总之,达·芬奇重视经验,但不排斥理性,主张经验方法同理性方法有机结合,即从经验开始,用理性的引导,寻找经验实事的原因,排除偶然性,揭示因果必然联系,形成规则,从而指导科学的研究与发现。

"科学是将帅,实践是士兵"正是达·芬奇在科学与艺术实践中的理论概括的结晶。他注重科学实验和理性分析,表现了文艺复兴时期科学和哲学发展的基本精神。日益发展的生产实践,已经不能容忍古代自然哲学的那种笼统的直观,要求科学和哲学深入到自然界的各个部分,探明自然事物的本质和内部联系,对事物进行具体的研究和解释。但是,达·芬奇把科学实验和理性分析理解得十分狭隘,甚至片面地局限于数学的量的研究。而且,他所说的实践主要是指个人的观察和操作,多指科学家、艺术家的实验活动和艺术活动。

作为新旧交替时代的思想家,达·芬奇并未摆脱宗教神学的影响,仍保留有神的观念,但是,他毕竟冲破了经院哲学的束缚,反对迷信偶像、权威和书本,其哲学中所包含的唯物主义倾向和辩证法因素,为近代科学和哲学的兴起和发展开拓了广阔的道路。

18

布鲁诺：宇宙不仅是无限的，而且是物质的

在自然界中，尽管形式变化无穷，彼此相续，但永远是同一个物质。

——乔尔丹诺·布鲁诺

谁要认识自然界的最大的秘密，就去观察和深思矛盾和对立的极大和极小吧。

——乔尔丹诺·鲁诺

西方哲学大师的命题

布鲁诺（Giordano Bruno，1548—1600年）是文艺复兴晚期伟大的思想家、意大利哲学家。

在《论无限宇宙和世界》中，布鲁诺明确指出："宇宙不仅是无限的，而且是物质的。"他写道："只有一个统一的空间，一个单一的无比巨大的我们可称之为虚空的空间：在其中有无数像我们居住和生长于其上的星球一样的星球；我们敢说这个空间是无限的，因为既没有任何理由、便利性、感觉，也没有任何本性加于它一个界限。没有任何理由，也没有什么天赐（无论由主动的还是被动的力量）的欠缺，能阻止空间中其他世界的存在，这些世界在天然特性上与我们的空间完全一样，那就是，（空间中）到处充满着物质或至少是以太。"布鲁诺的主张可以概括为两点：第一，空间是无限的；第二，无限空间中有无数个宇宙，这无限多的宇宙在物质成分上是一样的。

在中世纪，西方流行的天文学观点是托勒密的"地球中心说"，它认为宇宙是有限的，地球是宇宙的中心，日月星辰都围绕地球运行。天堂在最高的苍穹，地狱在人的脚下。这样，托勒密的"地心说"成了宗教神学的理论基础。谁敢对此提出怀疑，谁就会遭到宗教裁判所的残酷镇压。但是，僧侣的愚弄，神学的重压，并未能阻止人类认识前进的步伐。

文艺复兴时期，波兰伟大的科学家哥白尼首先向中世纪神学的"地心说"发起了攻击。他经过30多年对日月星辰运动的观察与计算，提出"太阳中心说"，并写成《天体运行论》一书。他指出：宇宙的中心是太阳，而不是地球；不是太阳围绕着地球旋转，而是地球围绕着太阳旋转，地球不过是围绕太阳运行并能自转的一颗普通行星而已。这就揭穿了所谓"上帝赋予地球特殊地位"的说法，摧毁了上帝创造世界的谬论，也是自然科学开始从神学中解放出来的标志。因此，《天体运行论》出版的1543年被当作近代科学的开端。但是，当哥白尼在临死前将"日心说"公布于众时，便立刻被教会斥为异端邪说，打入了禁库。

布鲁诺批判托勒密的"地心说"，而坚持并发展了哥白尼的"日心说"。布鲁诺立足于"世界是物质的"这一唯物主义基本原理，吸取了同时代哲学思想的精华及自然科学的最新成果，发展了哥白尼的学说，提出了"宇宙是无限的，又是物质的"的自然哲学的宇宙观。他坚决捍卫哥白尼的"日心说"，但又不满足于"日心说"。哥白尼认为，宇宙是有限的，但为了解决由于地球转动造成的恒星视差的问题，他又不得不假设恒星之间相距非常遥远。布鲁诺把这一假设在逻辑上推向极限，他认为，人们肉眼所见的朝升夕落的太阳，不过是无数颗恒星中的一颗，它是太阳系的中心，但不是宇宙的中心。太阳系不等同于宇宙，太阳系是有限的，宇宙则是无限的。宇宙在空间上是无边无际的，在时间上是无始无终的。无限的宇宙不可能有一个中心。太阳不过是一个恒星系统的中心，而不是整个宇宙的中心。宇宙是由无数的太阳系组成的，太阳系只是广漠无垠的宇宙间的一粒微尘，太阳系之外还有无数的太阳系，恒星就是另外一些行星的太阳。对无限的宇宙来讲，根本无所谓中心，假如说宇宙有中心的话，那么就可以十分有把握地判言，整个宇宙全是中心，或者说宇宙处处是中心。这就否定了宇宙有边界和神居住的天国是"原动力天层"的说法。他对哥白尼学说的补充和发展，沉重打击了宗教神学的形而上学宇宙观。他从哲学的角度描绘出一幅与宗教神学相反的、较为完整的宇宙结构的本来面目的图画，为近代无限的宇宙图景奠定了基础。布鲁诺的哲学思想是激进的，其"宇宙无限"的思想是前无古人的，它把人类对天体的认识提高到一个新的水平。

1860年，宗教裁判所以"不流血的任意处理"判处布鲁诺火刑。判词宣读后，他镇定无畏地说："你们对我宣读判词，比我听到判词还要恐惧。""我坚持宇宙是无限的，以此作为神的力量和仁慈无限的结果，任何有限的世界都与其不相配。因此，我宣称在我们地球之外存在着无限的世界……宇宙的尺度和世界的数量，从宗教信仰出发，这种观点被认为和真理相违背。然而，我完全认定在这个宇宙里存在着宇宙天道（即"宇宙规律"之意——引者注），每一事物以此根据其本质而成长运动。对此，我从两个方面来理解：其一，在宇宙中，灵魂出现在物体里，整体的灵魂出现在物体的整体和每一个部分里，我称之为自然上帝的影子和痕迹；其二，上帝以一种不可言喻的，不能加以解释的途径出现在一切事物之上，而不是作为灵魂的出现。"布鲁诺由于发现并坚持宇宙是无限广袤的、地球是绕着太阳运动的真理，被教会烧死在火刑架上。但是，太阳并没有因此而绕地球运转，宇宙也没有因此而成为有限。

布鲁诺哲学是文艺复兴时期新哲学的最高成果，在唯物主义发展史上具有承上启下的重要地位。由于受历史和阶级的局限，他的哲学思想还有很多不彻底的地方，他的宇宙观主要是哲学论证，尚缺乏精密的科学材料作依据；他的唯物主义思想还带有神学的光环，是以泛神论的形式出现的,事物运动还得上帝来推动。但是,布鲁诺的一生是与旧观念决裂、同反动宗教势力搏斗、百折不挠地追求真理的一生。他以自己的生命捍卫并发展了哥白尼的"日心说",其哲学和风范对后代的哲学家、科学家以至文学家和革命家都产生了深远的影响。

在哲学上,布鲁诺的突出贡献是在继承和发展古代朴素唯物主义和自然辩证法优良传统的基础上,汲取了文艺复兴时期先进哲学和自然科学成果,论证了唯物主义和辩证法思想,开创了近代唯物主义和辩证法的先河。今日重读布鲁诺"宇宙不仅是无限的,而且是物质的"的哲学命题,我们不会忘记400多年前历史上的一幕,在罗马鲜花广场,教会的刽子手点燃了烈火,不屈的布鲁诺在熊熊的烈焰中大声疾呼:"火,并不能把我征服!未来的世界会了解我,知道我的价值。"19世纪末,一座雕像矗立于布鲁诺殉难的地方,象征人类对自由思想的肯定,也证实了布鲁诺预言的正确性。布鲁诺虽死在一时,却活在千古,人们永远不会忘记布鲁诺这些为真理而献身的人。

英国经验论哲学命题
YINGGUO JINGYANLUN ZHEXUE MINGTI

17—18世纪的英国经验论者从哲学认识方法的高度对感觉经验在认识中的地位、作用和意义进行了系统而深入的研究和论证，并将经验论确定为认识论原则，对后世的经验论产生了深远影响。在近代欧洲哲学史上，英国人起到了开创先河的作用。

在 17 世纪的英国，出现了与理性主义对立的一种哲学——经验主义。根据这种哲学观点，理性主义者所声称的知识扎根于数学先验的确定性是错误的。相反，他们认为，知识唯一真正的、不朽的来源，乃是感官经验，因此，所有的知识都是后天的。

——（英）内尔·腾布尔

理性主义哲学的主要反对力量来自不列颠群岛，也就是经验主义。理性主义贬斥感觉经验，不把它当作知识的源泉，主张只有运用理性才能获得可靠知识。经验主义者则对此加以反对，强调外部世界的信息在感官中就能呈现出来。心灵的主要作用就是对这些信息加以判别和组织，从中引申出意义，并与其他事物相关联。而事实的根源只能是感觉经验。自此，英语世界中的绝大多数哲学，都把这一基本原理奉为圭臬。

——（英）麦基

19

弗兰西斯·培根：知识就是力量

　　人的知识与人的力量合而为一，因为只要不知道原因，就不能产生结果。要命令自然就必须服从自然。在思考中作为原因的，就是在行动中当作规则的。

——弗兰西斯·培根

西方哲学大师的命题

弗兰西斯·培根（Francis Bacon，1561—1626年）是西方近代哲学和英国经验主义的创始人。在《伟大的复兴》的第二部分《新工具》中，他鲜明地指出："人的知识与人的力量是合而为一的。"这一命题被后人简化为"知识就是力量"这一千古名言。"知识就是力量"意为：一旦人们认识了自然，也就获得了知识，获得了力量——征服自然的力量。这一名言既是培根哲学思想的起点，也是其终点。

"知识就是力量"是文艺复兴时期科学文化知识繁荣、人们崇尚科学文化知识的集中反映。弗兰西斯·培根生活的文艺复兴时期，是文学、艺术和科学的全面复兴，是"以人为本"或"以自然为本"的时期。在这个复兴中，人是中心而非上帝，不像中世纪经院哲学家所宣扬的那样以神为本。"人本主义"的著名代表和开山鼻祖就是弗兰西斯·培根。在那个伽利略低头认错、布鲁诺葬身火海的黑暗年代，"知识就是力量"不仅是一种革命性的口号，而且准确地反映了其时代精神。

"知识就是力量"是对中世纪经院哲学和传统的宗教神学的批判，是对英国封建主和封建教会势力的沉重打击。弗兰西斯·培根的《新工具》是相对于亚里士多德的《工具篇》而言的，他对旧哲学的批判主要集中于对亚里士多德开创的，并为经院哲学所继承的传统科学观和逻辑体系的批判。"知识就是力量"这一口号的提出，对于促使人们从经院哲学与宗教神学的束缚下解放出来，无疑起到了巨大的激励和推动作用。从此意义上而言，这对于当时英国的封建主和封建教会势力，也是一个沉重的打击。

"知识就是力量"反映了当时英国新兴资产阶级渴望利用科学技术发展资本主义的愿望。从文艺复兴开始，近代科学崭露头角，而到了17、18世纪，一些科学门类已经有了长足的发展。这时的科学已经不只是人们抵抗宗教蒙昧主义的武器，更是新兴资产阶级征服自然、获取财富的有力工具。但此时自然科学的发展还不能同资本主义经济的迅猛发展相适应。在弗兰西斯·培根看来，科学技术的发明与创造是推动历史前进的巨大动力，知识不仅是一种学问，更是一种改造自然的力量。一项伟大的发明对世界的影响会比十个恺撒还要重要。

"知识就是力量"也是弗兰西斯·培根唯物主义经验论哲学体系的基石。如果说英国是近代欧洲唯物主义的发祥地，那么，培根就是这一发祥地的拓荒者。培根的哲学是围绕如何教人类从自然中获取知识这一中心进行的，其唯物主义经验论的思想之链为：

——人是自然的奴仆与解释者，经验是知识之母。培根在《新工具》的开篇就指出："人，既然是自然的奴仆和解释者，他所能做的和了解的，就是他在事实上或在思想上对自然过程所观察的那么多，也只是那么多。除此以外，他什么都不知道，也什么都不能做。"① 这就是说，人应当像仆人尊重主人并按主人旨意行事一样，要尊重自然，"解释"即认识自然，并按照自然规律办事。在经院哲学处于垄断地位的中世纪，培根提出"人是自然的奴仆"是直接与"人是神的奴仆"针锋相对的。要更好地认识自然，就必须对自然界中的个别事物进行分析研究，而这种分析研究，必须从人对自然界所获得的经验认识出发，而不能从抽象的"理念"和原则出发。他认为，全部对自然的解释由感觉开始，由感官的知觉沿着一条径直的、有规则的、谨慎的道路达到理智的知觉，即达到真正的概念和公理。这种认识开始于经验的观点便构成了其唯物主义反映论的核心。

——哲学研究及至所有科学研究的对象是客观的自然界，它们的研究目的就在于寻求知识，也就是要发现事物性质的"形式"。他借用了经院哲学中的"形式"这一概念来表示事物运动的"规律及其不可分的部分"。在他看来，自然界的一切事物都是按照自身固有的规律运动和变化的。知识就是对自然因果规律的了解，如果"形式"被发现了，就可改变它、命令它，趋利避害，使之为人类的利益服务。

——人类要获取知识，必须冲破阻碍人类认识的障碍，即认识的"四假相"。培根形象地把科学发展的障碍比喻为"假相"，他把这样的假相归结为如下四个：① "种族假相"指人性的缺陷。他认为，人的感性和理性都以人为尺度衡量外物，缺乏科学所需要的中立态度和客观性，是将人所持有的本性强加给客观现实，结果歪曲了事物的真相。这是根植于人性天性的，是人所共有的一种心理定式，故称"种族假相"。② "洞穴假相"是个体差别造成的缺陷。在观察和认识事物时，每一个人往往会因环境、教育、性格与爱好、观察角度、思维方式等方面的差别而出现主观性、片面性，从而歪曲事物的真相。这就好似从自己所处的"洞穴"坐井观天。③ "市场假相"是指语言交往中产生的误解。在交往

---

① 北京大学哲学系外国哲学史教研室编译：《西方哲学原著选读》（上），商务印书馆1999年版，第345页。

中，人们使用有名无实或含义模糊的词语概念都会产生混乱，语言的混乱又会产生思想的混乱，使人是非不分，真假难辨。这就好像市场上劣货的叫卖者以假冒真、以次充好而引起混乱一样，故称之为"市场假相"。④"剧场假相"指各种哲学体系以及流行理论造成的错误。培根把历史上的哲学和思想比作舞台上演出的戏剧，尽管它安排得比真实的故事更紧凑、更精彩、更令人满意，但它毕竟是假的东西，如果将其视为权威和经典盲目信仰与崇拜，便会使谬误代代相传。这就是"剧场假相"。培根的"四假相说"，是从认识论的角度对经院哲学和传统观念的深入批判，这在西方哲学史上是第一次。他所揭示的人类认识过程的曲折性和可能产生的主观性、片面性和表面性等问题，在哲学认识发展史上具有重要而深远的意义。

——人类获取知识的新方法是经验归纳法。要冲破阻碍人类认识的"四假相"，必须采用科学的实验方法，其实验方法的程序就是归纳。他突出地强调归纳法作为科学发现的新方法与新工具，以取代使知识日益走向枯燥的演绎法。他不仅指出了演绎法的两个致命缺点，而且提出了归纳法的具体要求，尤其是提出了"三表法"，即所有正面的例证构成具有表、所有反面的例证构成缺乏表、不同程度的例证构成程度表（又称比较表）。在当时的历史条件下，培根对归纳法的弘扬，确实沉重打击了先验主义的概念推演方法和独断主义的盲目信仰，促进了新兴自然科学的发展。但他将归纳法视为唯一正确的认识方法，极力贬低演绎推理的作用，则属矫枉过正的偏颇行为，而且他的归纳法比较粗糙，实属一种简单枚举法。

弗兰西斯·培根以尖锐的通俗的语言传播了自然科学的价值观和方法论，其经验归纳法也不失为科学研究的一种新方法，但总体而言，培根的思想是比较浅显的，他的科学观有简单化和片面性的倾向，把精神价值排除在科学实用性之外、将知识仅仅视为施加于自然的物质力量等思想萌芽在自然科学成熟壮大后随之发展成为唯科学主义。因此，有人认为培根是唯科学主义的始作俑者。

20

霍布斯：物体是不依赖于我们思想的东西

如果现象是我们借以认识一切别的事物的原则，我们就必须承认感觉是我们借以认识这些原则的原则，承认我们所有的一切知识都是从感觉获得的。

——托马斯·霍布斯

托马斯·霍布斯（Thomas Hobbes，1588—1679年）是英国唯物主义哲学家和政治思想家。

霍布斯克服了培根哲学的神学不彻底性，建立起了近代第一个机械唯物主义哲学体系，其无神论思想在当时思想界引起了极大震动，社会契约论对西方政治学说和实践具有划时代的意义。

霍布斯运用机械力学观点和几何学方法构建了一个包括论物体、论人、论国家与社会的哲学体系。

"物体"是霍布斯哲学体系的基本范畴。在他看来，世界上真实存在着的只有物质所构成的物体，"哲学的对象，或者哲学所处理的材料，乃是每一个这样的物体：这种物体我们可以设想它有产生，并且可以通过对它的思考，指导它同别的物体加以比较，或者是，这种物体是可以加以组合与分解的，也就是说，它的产生或特性我们是可以认识的"。"物体的定义可以这样下：物体是不依赖于我们思想的东西，与空间的某个部分相合或具有同样的广延。"① 从霍布斯的论述中，我们可见他所说的物体（也就是辩证唯物主义所说的"物质"）具有如下特征：它不依赖于我们思想而客观存在；占有一定的空间；能为人们所认识。因此，霍布斯坚持了一条唯物主义的思想路线。

在阐述了其"物质观"后，霍布斯提出了世界统一于物质的观点。他认为，世界上除了物体以外，再也不存在非物质的东西。所谓世界就是无数物体的总和。人们所能设想的只是各种有形的、有限的存在物，如果硬要说这个世界上存在着非物质的存在物，这完全是自相矛盾的。那些经院哲学家和神学家们所提出的"无形的实体"，完全是欺人之谈。这样，霍布斯由此就否定了宗教神学。

霍布斯还认为，运动是一切事物的最一般的原因，一切变化都在于运动。"'运动'是不断地放弃一个位置，又取得另一个位置。"时间是运动中先后的影像，空间则是心外之物的影像。"设想某件东西可以离开时间而运动，就等于设想没有运动的运动，这是不可能的。"② 由此可见，托马斯·霍布斯看到了事物的运动，也论及了事物运动的时间和空间的问题，但他是用力学中机械运动的原理来加以解释的，他将事物的运动

---

① 北京大学哲学系外国哲学史教研室编译：《西方哲学原著选读》（上），商务印书馆1999年版，第385、392页。

② 同上书，第394页。

仅仅归结为机械运动形式。因此，他的哲学成了机械唯物主义哲学。

霍布斯还力图运用他的机械论来解释人。在他看来，人与自然并无本质区别。人似钟表，心脏即发条，神经乃游丝，关节似齿轮，生命不过是肢体各部分的和谐运动。他继承了培根的唯物主义经验论，认为"我们所有的一切知识都是从感觉得来的"，不存在天赋观念。但他有时又步入了另一极端，将感觉看作是纯粹的主观心理状态、原始的"幻影"。他认为知识发端于感觉和想象，但探明事物的原因则是推理工作。哲学是推理的知识。所谓的推理实际上是观念的加减计算。这样，他将人类的认识活动统统归结为机械性的活动，是其机械论在认识论上的反映。

霍布斯甚至用机械论来解释人的情感、欲望以及国家与社会。他认为，在人类社会产生之前，人处于一种"自然状态"中，没有什么原则来束缚他。但人的本性则是无休止地追求个人利益与权力，"人对人像狼一样"，总是处于"一切人反对一切人战争之中"。因此，为了使"自然状态"得到切实的遵守，人们便订立契约，将他们的自然权利转让、交付给一个人或一些人组成的议会，这就是"国家"。国家是一种人工物体，是一部人造的机器人；主权为灵魂，官吏为骨骼，财富为体力，赏罚为神经，民和为健康，民怨为疾病，内乱为死亡。国家的权力是至高无上的，它就像一只《圣经》中所说的海中怪兽——"利维坦"（Leviathan），不断运用强制力量来限制个人私欲，使"人对人像狼一样"的状态得以终结。可见，他的社会契约论虽然论证了专制主义的合理性，但从他摒弃君权神授论而言，则具有反封建的意义。

霍布斯是欧洲哲学史上第一个机械唯物主义者，他的唯物主义是弗兰西斯·培根所开创的近代唯物主义经验论哲学的进一步发展，是从弗兰西斯·培根过渡到洛克的思想桥梁。他的机械唯物主义与无神论思想在18世纪的法国得到了发展，他的人性论和社会契约论对后来欧洲的社会政治学说产生了重要影响，后来的自由主义的理论家抛弃了霍布斯社会契约论中"绝对王权"的思想内容，将其改造成了民主国家的理论基础。

21

洛克：心灵如白板

观念本身如果不是天赋的，则由观念所产生的知识、同意以及心理的或口头的命题，都不是天赋的。

——约翰·洛克

我们的知识之所以为真，只是因为我们的观念和事物的实相之间有一种契合。

——约翰·洛克

约翰·洛克（John Locke，1632—1704 年）是唯物主义哲学家、英国经验论的主要代表。洛克哲学最主要的贡献是提出了经验论的认识论和自由主义的政治哲学，它一方面成了法国启蒙学者和 18 世纪唯物主义者的思想来源，另一方面又是贝克莱和休谟的思想来源，对莱布尼茨和康德也产生了重大影响。

约翰·洛克是"自然状态说"、"社会契约论"的鼓吹者，他在《人类理解论》中首先指出，哲学的目的和任务在于研究人类理智本身，研究人类知识的起源、本性和范围，其哲学的中心论题是认识论问题，尤其是提出了"心灵如白板"的著名论断。

首先，洛克批判了当时盛行于欧洲哲学界的天赋观念，以便为其"白板"说扫清障碍。他认为，天赋观念不仅是一个没有必要的理论假设，而且也是不可能的假设。天赋观念的一个主要理由是一些观念和原则是全人类普遍同意的。洛克认为，即使足以证明一些观念和原则是人类普遍同意的，也不能证明它们是天赋的，很可能它们缘于其他途径。更何况根本没有什么全人类普遍同意的与生俱来的观念和原则。上帝的观念并非人人都有，也并非是天赋的，而是在后天的学习中，在神学蒙昧教育中才获得的。

洛克对天赋观念的批判与他的"白板"说是同一理论的正反两个方面。他一方面否定了知识来自于天赋观念，另一方面肯定经验是知识的唯一来源。他说：人的心灵天生就好比一块白板——不是白颜色的板，而是空白的板，上面没有任何记号，没有任何观念。人出生时心灵同白纸或白板一样，对任何事物都没有印象。"我们的全部知识是建立在经验上面的；知识归根到底都是导源于经验的。"① 在这里，洛克所说的经验是十分宽泛的，他将它分为感觉和反省。感觉是观念的外在来源，是通过外物的刺激而产生观念的过程；反省是观念的内在来源，是"内部感官"，是心灵反思内部活动而获得的观念。这就是洛克的双重经验论。可见，洛克认为一切知识来源于经验，表明他坚持了唯物主义经验论的原则，但反省也被他视为知识的一个来源，则表明了其唯物主义经验论的不彻底性。

洛克还将物体的一切性质分为"第一性的质"和"第二性的质"。前

---

① 北京大学哲学系外国哲学史教研室编译：《西方哲学原著选读》（上），商务印书馆 1999 年版，第 450 页。

者指物体的大小、广延、可动等；后者指由第一性的质所派生的、使他物发生变化的能力以及在我们感官上产生颜色、声音、气味、滋味和冷热、硬软等感觉的能力。他认为，物体的第一性的质是客观的，是"实在的性质"，不以人的意识为转移。第二性的质是物体在人心中造成的不同于第一性的质的性质，是凭借物体的第一性的质的能力在人的心灵中引起的观念，它在物体中并不存在"原型"。这样，洛克坚持了唯物主义的反映论，而且"第二性的质"实质上强调了认识过程中的主体性因素，但他并没有对"第二性的质"产生的原因做出科学的解释。

洛克的"白板"说奠定了近代经验主义认识论的基础，成了18世纪法国唯物主义哲学的理论源泉。他的哲学思想对贝克莱的经验论唯心主义、休谟的不可知论经验主义以及康德的"批判哲学"都产生了深远影响。

22

贝克莱：存在就是被感知

存在就是被感知，它们不可能在心灵或感知它们的思维的东西以外有任何存在。

——乔治·贝克莱

即使外界没有相似的物体存在，我们也一样可以感受到我们现有的一切观念。所以，显然没有必要为观念产生而假设外部物体的存在。

——乔治·贝克莱

乔治·贝克莱（George Berkeley，1685—1753年）是18世纪英国经验主义哲学家，西方近代主观唯心主义哲学的主要代表。

贝克莱哲学思想是以感觉经验论为基础、反对唯物主义、维护宗教神学的，他集中攻击唯物主义关于物质第一性等命题，同时论证精神实体乃至上帝存在的必然性，其唯心主义经验论对现代西方各种主观主义哲学流派具有重要影响。

乔治·贝克莱在《人类知识原理》一书中阐述了其"非物质主义"哲学思想，提出了"存在就是被感知"的著名论断。

"存在就是被感知"是建立在经验论基础之上的，是对洛克经验论的发展，是坚持彻底的经验主义的必然逻辑归宿。贝克莱的哲学是从洛克的经验论出发的，他承认知识起源于感觉，知识的对象就是观念。我们所能知道的只是观念，而不是观念之外的事物。观念不是对客观事物的反映，反之，外在事物却是"一些观念的集合"。这就是贝克莱修正洛克的经验论而提出的主观唯心主义的基本观点。

"存在就是被感知"显化了主体与客体的相互关系，强调了主体在认识过程中的重要作用。贝克莱利用洛克关于"第二性的质"理论中存在的混乱，指出了一切感觉都可以用洛克的"第二性的质"来阐述，"第一性的质"与"第二性的质"是不可分割地连在一起的，即使在思想中也不能将它们抽象出来加以分开。既然"第二性的质"存在于心中，那么，"第一性的质"也必定存在于心中。在这里，他已经在认识论的范围内提出了主观与客观相互统一、主体与客体相互作用的思想，指出了物质的所有属性都是主体与客体相互作用的结果。他还认为，物体的广延、形状、运动完全是相对的，是随着感觉器官的结构或位置的变化而相应变化的。它们完全依赖于人心，而不是存在于人心之外的任何地方。可见，尽管"存在就是被感知"这一命题十分荒谬，但他在西方近代哲学中第一次突出强调了人类认识的主观性和相对性问题。正如爱因斯坦所说，假如贝克莱生活在今天，相对论很可能会为他所发现。直到今天，贝克莱的思想对人们研究认识的主体性仍有一定的借鉴和启发。

"存在就是被感知"是哲学史上最典型的主观唯心主义命题。贝克莱从经验论出发，将认识的起源完全归结为感觉或经验，那么，事物的存在只有在感觉或经验中才有实在的意义，而离开了感觉或经验的"纯客观存在"是不可理喻的。物是感觉的组合，没有了人的感觉也就没有了物体本身。这是一种认为人的主观意识决定物质的典型的主观唯心主义。

"存在就是被感知"是一个站在常识和经验论的立场上难以驳倒的命题。当贝克莱提出"存在就是被感知"这一命题时，举世皆惊。很多哲学家都指责它荒谬，但不知如何从哲学上驳倒它。唯物主义哲学家狄德罗将贝克莱比作一架"发疯的钢琴"，但他也痛心地承认："这种狂妄的体系，在我看来，只有瞎子那里才能产生出来；这种体系，说来真是人心和哲学的耻辱，虽然荒谬绝伦，可是最难驳斥。"[①] 贝克莱的结论之所以难以驳斥，是因为那些反驳他的人常常站在常识的立场上反驳，而常识是相信感觉的。据说，有一天，贝克莱和友人约翰生博士散步，不小心碰上了一块石头。约翰生博士便问："在碰到这块石头，产生痛觉以前，它是否存在？"这种充满了随机而发的诘难也许是犀利的，但"存在就是被感知"的深层含义远远不是一块石头就能诘难倒的。对于这一问题，贝克莱的回答是：即使此前我没有感知它的存在，还有别的人感知它的存在。即使人人都没有感知它的存在，但还有一个全知、全能、全善的无限精神即上帝在感知它的存在。他不无虔诚地说："主的眼睛是遍及各处，无所不在的。"这样，"存在就是被感知"最终借助于上帝，在主观唯心主义的基础上，又加上了一层客观唯心主义的思想。

从总体上而言，贝克莱的哲学是错误的，但他确实发现了当时唯物论的诸多缺陷，特别是对洛克哲学的二元论以及唯物论的机械性和形而上学的批判，促进了哲学的发展；对主观能动性的强调，则促进了认识论的发展。贝克莱的哲学是英国经验论历史发展中的一个转折点，对后来英国和西方的唯心主义哲学产生了巨大影响。休谟的不可知论是贝克莱唯心主义经验论发展的必然结果，现代西方哲学中的实证主义、马赫主义、逻辑实证主义等学派都与贝克莱哲学一脉相承。

---

① 北京大学哲学系外国哲学史教研室编译：《西方哲学原著选读》（上），商务印书馆1999年版，第152页。

23

休谟：我们应该对一切持怀疑态度

能够呈现于心灵的，除了映象或知觉之外，没有别的东西。

——大卫·休谟

在人生的各样事情上，我们还是应当一概保持怀疑主义的态度。……如果我们是哲学家，那就只能是基于怀疑主义的原则，出于一种爱好，觉得自己倾向于以那个方式去努力了。

——大卫·休谟

大卫·休谟（David Hume，1711—1776 年）是英国经验主义哲学家、温和的怀疑论或不可知论者。

休谟以怀疑论著称于世，建立了近代欧洲哲学史上第一个不可知论的哲学体系，它的影响是巨大和多方面的。

休谟从经验论出发，将洛克和贝克莱的经验主义哲学发展到了它的逻辑终局，提出了动摇于唯物主义与唯心主义之间的以怀疑论为特色的哲学体系。他曾写道："如果我们是哲学家的话，那我们就应该对一切持怀疑态度。这样才能名副其实。"休谟的怀疑论是全面的，它主要体现在以下方面：

——对形而上学的怀疑。从古希腊开始，哲学一直被形而上学主宰着，而休谟所怀疑的首先就是这座人类精神颇引以为荣的宏伟高楼。他认为形而上学方面的那些思想"要么是人的虚荣所做出的毫无结果的努力之产物，要么就是迷信之幽灵"。因此，应该毫不留情地揭露这种伪科学，甚至要清除那些愚弄人的形而上学方面的书籍："当我们巡视图书馆时，我们可以拿起一本书，例如神学或经院哲学的书，我们就可以问：其中包含着量或数方面的任何抽象论证吗？其中包含着有关事实与存在的任何经验论证吗？没有，那我们就可以将它投到烈火中去，因为它所包含的，没有别的东西，只有诡辩和幻想。"[①] 后来英美哲学家激烈地排拒形而上学的理由，无不是从知识与伪知识的分界开始的，休谟是这一做法的始作俑者。

——对感觉来源的怀疑。休谟继承和贯彻了洛克的经验论，但他在对经验的具体分析上与洛克有所不同。洛克将经验的对象统称为观念，认为一切观念都来源于感觉与反省。休谟则将经验的对象称为知觉，它分为印象与观念两大类，其中印象又分为感觉印象和反省印象。观念来源于印象，反省印象来源于感觉印象，一切知识都来源于感觉印象。至于感觉印象的来源，则是一个不能回答的问题。他声称："至于由感觉所发生的那些印象，据我看来，它们的最终原因是人类理性所完全不能解释的。我们永远不可能确实地断定，那些印象是直接由对象发生的，还是被心灵的创造能力所产生，还是由我们的造物主那里得来的。"

——对实体存在的怀疑。休谟对待实体的态度比任何哲学家都要激

[①] 北京大学哲学系外国哲学史教研室编：《十六—十八世纪西欧各国哲学》，商务印书馆1975 年版，第 670 页。

烈，他否定了实体作为知识对象的可能性，要将"实体"观念从哲学中驱逐出去。他认为，我们没有关于实体的知觉，至于知觉之外有无实体存在，那是不可知。本着这种怀疑论精神，他依次否定了物质实体、心灵实体和上帝的可知性。

——对因果关系的怀疑。休谟按照怀疑论的观点否认了对客观规律性的任何断定，而局限于对各个现象间、各个观念间因果联系的考察。他认为，因果之间有一种前后相承的必然关系，而这种因果联系的发现不是凭借于理性，也就是说知识是无法解释这种因果关系的，因果联系的发现是凭借于经验的。不过，单独一次经验并不足以形成因果观念，只有当类似的现象多次重复或经常集合在一起，并从而在人的心灵上产生习惯性的影响时，才能形成这种观念。他说："一切从经验而来的推论都是习惯的结果，而不是运用联想的结果。因此，习惯是人生的伟大指南。"这样，他将因果关系的基础最后归结为人的自然本性，对其做出了一种自然主义的解释。

——对宗教迷信的怀疑。休谟的怀疑论不是为了从根本上抛弃知识，否定理性，而是为了防止宗教迷信和狂热。他说："迷信是从人类的流行意见中自然地、轻易地产生的，所以比较有力地抓住人心，常常干扰我们对生活和行动的安排指导。""哲学胜于各种各样的迷信"，"宗教上的错误是有危险性的，哲学上的错误只不过可笑而已"。①

休谟的怀疑论是耐人寻味的。他的怀疑是出于"一种好奇心"、"一种爱好"，是为了"对教育人类做出自己的贡献，并以自己的发明和发现取得声名"。他自认为他的怀疑论是一种"温和怀疑论"，有别于皮罗的"极端怀疑论"，即不是为怀疑而怀疑，怀疑只是追求确定知识的手段。他的怀疑仅限于思辨领域，在实践中仍然相信健全的常识。休谟所建立的近代欧洲哲学史上第一个不可知论的哲学体系，为19世纪英国非宗教的哲学思想奠定了理论基础，对康德的批判哲学以及现代西方哲学的实证主义者、马赫主义者和新实证主义者都产生了深远的影响。

---

① 北京大学哲学系外国哲学史教研室编译：《西方哲学原著选读》（上），商务印书馆1999年版，第532页。

大陆唯理论哲学命题

DALU WEILILUN ZHEXUE MINGTI

  17世纪和18世纪是理性的时代。大陆唯理论哲学是18世纪在欧洲大陆所形成的与英国经验论相对立的哲学体系，它推崇抽象推理，试图将数学论证的精确性引入知识的所有部分。大陆唯理论哲学命题的主题仍然是认识论。

如果把欧洲各民族在我们这个时代以前的 220 多年中的思维活动作一个简短而十分确切的叙述，就会发现他们一直是依靠 17 世纪的天才在观念方面给我们累积的财富来活动的。

——（英）怀特海

一旦凌驾于思想之上的教会权威受到根本性的动摇，大多数人就能逐渐认识到，只有凭借理性才能获得关于外部世界的知识。这场哲学运动即著名的理性主义。它滥觞于笛卡尔，其后著名的理性主义哲学家还有斯宾诺莎和莱布尼茨。

——（英）布莱恩·麦基

24

笛卡尔：我思故我在

当我愿意像这样想着一切都是假的时候，这个在想这件事的"我"必然应当是某种东西，并且觉察到"我思想，所以我存在"这条真理是这样确实，这样可靠，连怀疑派的任何一种最狂妄的假定都不能使它发生动摇，于是我就立刻断定，我可以毫无疑虑地接受这条真理，把它当作我所研求的哲学的第一条原理。

——勒内·笛卡尔

西方哲学大师的命题

勒内·笛卡尔（Descartes，1596—1650年）是法国哲学家、数学家、自然科学家，也是近代理性主义乃至近代西方哲学创始人、法国启蒙运动先驱者之一。

《谈方法》（全名为《谈正确引导理性在各门科学中寻求真理的方法》）是笛卡尔第一次公开发表的著作，流传甚广，影响极大。在该书中，笛卡尔提出了"我思故我在"这一著名的哲学命题。

"我思故我在"是一个以"普遍怀疑"为第一原则的命题。中世纪的经院哲学鼓吹信仰主义，宣扬盲目崇拜，给人们留下了许多武断的且不容人们怀疑的教条，尤其是将上帝作为"默认设置"，一切都是在"上帝存在"的前提下来予以讨论。笛卡尔则认为，我们应当以人类理性为尺度，对一切认识和观念进行审视，其最根本的方法就是普遍怀疑。他说："要想追求真理，我们必须在一生中尽可能地把所有事物都来怀疑一次。"① 他认为，我们周围的世界是感知到的现象，而感觉之不可靠是显而易见的，因而周围世界以及我们关于周围世界的知识是值得怀疑的，那些来自我们感觉经验的东西是不可靠的，就是历来被认为最具有真理性、简单、清楚、明白的数学，人们所信仰的上帝，同样也值得怀疑。笛卡尔是企图以怀疑为武器来建立与经院哲学相抗衡的哲学体系的，其"普遍怀疑"的主张在当时的历史条件下确实起到了解放思想的作用。所以，笛卡尔遭到了基督教会的迫害，其著作被天主教会列为禁书。在此必须说明的是：笛卡尔的"普遍怀疑"不同于从古希腊哲学家皮浪开始的怀疑论者。笛卡尔是从"普遍怀疑"开始来做出某些他认为恰当的肯定判断，其目的是求真，在于从事实出发，力求获得绝对权利，再也不怀疑一旦被证实之物的真实性，并从真实物的存在中发现其永恒性；而后者则是主张否定一切肯定判断的可能性，是全盘怀疑。

"我思故我在"是笛卡尔"研求哲学的第一条原理"。尽管笛卡尔认为要坚持普遍怀疑的原则，但有一件事是我们无须怀疑和无法怀疑的，那就是"怀疑"这件事本身，我们尽可以怀疑周围的世界、怀疑理论知识、怀疑感觉经验、怀疑数学观念，但是，这样的否定总是包含着对思维主体的肯定，即我们不能怀疑"我在怀疑"这件事。否则，怀疑就无法进行。"即使怀疑引我上当，'我在'——这一事实却毫无怀疑可言。"

---

① （法）笛卡尔：《哲学原理》，商务印书馆1959年版，第1页。

怀疑活动本身就是一种思想活动。"我"在怀疑，就是"我"在思想。既然"我"在思想，那么，"我"就是思想活动的主体，思想活动是"我"的本质属性。因此，怀疑主体的"我"是存在的。终于，他得出了这样一个结论——"我思想，所以我存在。"这句话的拉丁文原文为："Gogito, ergo sum."译为现代英语是："I think, therefore I am."译为现代汉语并加以简化，就是："我思故我在。"笛卡尔认为，这是他哲学体系的第一条原理。他说：我"觉察到'我思想，所以我存在'这条真理是这样确实，这样可靠，连怀疑派的任何一种最狂妄的假定都不能使它发生动摇，于是我就立刻断定，我可以毫无疑虑地接受这条真理，把它当作我所研求的哲学的第一条原理"。①

"我思故我在"是笛卡尔全部哲学的出发点，是一个具有划时代意义的命题。"我思故我在"有两个部分："我思"和"我在"。"我思"指思想活动，"我在"指"我"的存在，"我思"和"我在"之"我"是一同一个主体或实体。这个"我"是什么？"我"并非肉体之"我"，而是"思想的东西"或"思想物"（res cogitans），是思想者之"我"，是独立自存的精神实体——心灵，是指一个抽象、纯粹的认识主体，其本质就是思想。在《沉思二》中，他说："准确地说，我只是一个思维物，就是说精神"，"一个理智，一个理性"。可见，这个"我"是认识者的主体，它是与对象客体相对应的人的自我意识。因此，"我思"是该实体的本质，"我在"是该实体的存在。"我思故我在"的"故"表示的不是两个实体之间的因果联系，而是本质与实体之间的必然联系。人们正是从自我的思想活动来认识自我的必然存在。这样，笛卡尔不仅第一次将精神的"我"从自然的"我"中剥离了开来，更是第一次将哲学的研究对象分为了认识的主体与客体两部分，并将"思"这一概念引入哲学，使它成为哲学的核心或首要问题。正因为如此，他成为近代西方哲学之父。对此，黑格尔曾指出："勒内·笛卡尔事实上正是近代哲学的真正创始人，因为近代哲学是以思维为原则的。独立的思维在这里与进行哲学论证的神学分开了，把它放到另外一边去了。思维是一个新的基础。"② 笛卡尔从思想引出存在，将事物的属性与事物的存在混为一谈，进而推出

---

① （法）笛卡尔：《哲学原理》，商务印书馆1959年版，第1页。
② （德）黑格尔：《哲学史演讲录》（第四卷），贺麟、王太庆译，商务印书馆1981年版，第63页。

思想就是存在的结论，从逻辑上说是犯了偷换概念的错误；从哲学上而言，是颠倒了思维与存在的关系，唯心主义地回答了哲学的基本问题。但是，"我思故我在"这个哲学箴言将世界的确定性由上帝及其启示转移到了人类自身，转移到了人类自己的思维与理性之上。这是一个从人类理性"思"出发、从思维的主体"自我"出发来研究思维与存在的关系问题、高扬人的自我意识与理性权威的命题，因而是一个具有划时代意义的命题，欧洲哲学也以此为重要标志从以本体论为重心的古代时期进入了以认识论为重心的近代时期。

笛卡尔从"我思故我在"这个第一原理出发，继续推演出了上帝的存在。既然"我"会怀疑，那就证明"我"是有限和不完满的，因为怀疑意味着认识不足，即有限和不完满性。但"我"心中却清楚明白地感到有一个无限和完满性的上帝观念，而这一观念绝不可能是从有限和不完满的"我"的感官接收来的，也不是"我"铸造的，而是刻印在"我"的本性里面的，"就像工匠打在制品的烙印"。这样，无限和完满性的观念只能是无限和完满性的现实所产生的结果。所以，上帝必然存在。上帝是第二个不可怀疑的实体，他将自身的观念赋予了人类，产生出"上帝"这一天赋观念。

笛卡尔还从"我思故我在"这个第一原理出发，借助上帝的帮助，进一步推演出了物质世界的存在。"我"的认识能力既然是上帝赋予的，他绝不可能欺骗"我"；只要"我"的观念清楚明白，它就必然真实可靠；因为"我"清楚明白地意识到外界物质对象的观念，所以物质对象一定存在。

这样，自我（心灵）、上帝、物质便是构成世界上一切事物的真实存在的实体。在这三个实体中，上帝是绝对的实体，而心灵和物质是两个彼此平行的相对实体，它们各自独立、各行其是，只有在上帝那里才能实现彼此的统一。这就是笛卡尔本体论的二元论。笛卡尔的二元论对于当时的自然科学没有妨碍，相反，这一理论将心灵、上帝等前假设从自然物中驱逐出去，还有利于自然科学的发展。但是，二元论难以解释人的行为，它留下了关于人的身心关系问题的绵延不绝的哲学争论。

"我思故我在"是一个典型的唯理论命题。"我思故我在"确定了"自我"是一个思想实体，"自我"的核心就是理性，而且"自我"观念本身就是衡量真理的标准，即一切像"自我"那样自明的观念都是真观念,即真理。在他看来,直观的知识是一种不证自明的知识,它是人生而具有的,是上帝赋予人心中的天赋观念。天赋观念是真理的来源,外物刺激造成的感觉是不可靠的,理性才是唯一可靠的。我们的认识就是以理性直觉、天赋观念为基础和前提来推演出一切真实可靠的知识。理性本身不能产生错误,错误的产生乃是人的心灵制造出来的。他说,人的心灵是介于上帝和虚无之间的存在,而且心灵的活动"我思"不是纯粹的理智活动,它同时包含有自由意志,而自由意志往往使人越出理性的范围,从而犯错误。因此,人们要用理性克服非理性,使非理性服从理性。这样,在欧洲近代哲学史上笛卡尔首开唯理论之先河,他的天赋观念论、理智至上论以及身心二元论都表现了唯理论的基本特征,对后世的哲学产生了巨大影响。他的理性至上论对于反对经院哲学宣扬的信仰主义和蒙昧主义,对于当时科学文化的发展,尤其是对数学和演绎逻辑的发展,都产生了极其重要的促进作用。

笛卡尔从"我思故我在"这个第一原理出发,进而推论出上帝的存在和外部物质世界的存在,并在此基础上,建立了他的形而上学的二元论哲学体系。笛卡尔逝世前后,他的哲学在法国本土和欧洲大陆的其他一些国家引起了广泛的影响。后继的笛卡尔主义者虽然从出发点开始就削弱了怀疑、压缩了"我思"的重要意义,从而与笛卡尔分道扬镳:马勒伯朗士走向了一般存在,认为"我在"只是一种特殊情况;斯宾诺莎单纯肯定"人是思维"这一事实;莱布尼茨则提出"我思"固然明显无误,但有必要补充以这一真理——"种种不同的事物为我所思。"但是,他们都是以笛卡尔为依据的,都是对笛卡尔理性主义哲学的发展。莱布尼茨曾指出:"我一向说,笛卡尔哲学好比是真理的前厅,不经过它,就难以登堂入室,但是,如果到那里为止,也是不可能真正认识事物的。"①"我思故我在"所提出的人的主观能动性问题还成了德国古典哲学中思维能动性的思想来源。直至今天,"我思故我在"这一哲学命题仍常为人们津津乐道。

---

① 转引自(法)罗狄-刘易斯著:《笛卡尔和理性主义》,管震湖译,商务印书馆1997年版,第84页。

25

斯宾诺莎：自由是对必然的认识

自然的运动并不依照目的，因为那个永恒无限的本质即我们所称的神或自然，它的动作都是基于它所赖以存在的必然性。

——巴鲁赫·斯宾诺莎

巴鲁赫·斯宾诺莎（Bauch Spinoza，1632—1677 年）是 17 世纪荷兰哲学家、近代西方唯理论和无神论的主要代表。斯宾诺莎的哲学是他早年异端思想特别是"神即自然"思想的发展。1663—1675 年，巴鲁赫·斯宾诺莎断断续续用 13 年的时间完成了其代表作《伦理学》一书。"自由是对必然的认识"便出自此书。

斯宾诺莎认为，我们这个世界充满了必然性，而人是不自由的，为了在世界上获得自由，就必须认识这种必然性。自由是对必然的认识，认识了必然就会获得自由。

斯宾诺莎哲学是从整体宇宙观出发的。他将宇宙看作是一个整体，认为宇宙间的所有事物都处于普遍联系之中，构成了一个和谐有序的整体，这个整体可以称为自然、神（或上帝）或实体。他认为，神并不是自然之外的超时空的存在，而是自然之内的具有广延和思维属性的存在，或者说神是绝对无限的存在，是具有无限多属性的实体，"神即实体即自然"。按照斯宾诺莎的术语，神、实体、自然是等同的、可以互换的概念。一切事物都存在于神或实体之内，神是一切事物的致动因，是绝对的第一因。世界上没有任何偶然性的东西，一切事物都是由神的必然性所决定，是以自身为原因、按照神的必然性而存在和运动的。因为它们都是从神的本性必然地产生出来的。当人们说某一事物是偶然的，那"只不过是由于我们的知识有缺陷"。斯宾诺莎所说的"必然性"，就是我们所说的"规律性"。这样，斯宾诺莎肯定了构成万物存在和统一基础的实体即为自然界，批判地继承了笛卡尔的哲学，认为广延和思维并不是两个独立的、平行的实体，而是唯一实体的两个属性，坚持了唯物主义一元论的观点。

在传统宗教神学中，神与自然是对立的，自然是由神所创造的，而斯宾诺莎却认为神与自然是一回事，这显然是要用自然代替神，用自然所表现出来的因果必然性来代替神的意志和力量，所以，我们完全可以认为，斯宾诺莎虽然借用了神或上帝这一概念，但他排斥了上帝作为宇宙的第一因，达到了无神论的高度。斯宾诺莎将自然、实体称作神，只是为了便于被人们接受，他曾明确地否认有超越世界的人格神。相对论的创立者爱因斯坦曾宣称他信仰的是"斯宾诺莎的上帝"。

斯宾诺莎自由学说是建立在对人性进行分析基础之上的。斯宾诺莎对自由的理解是："凡是仅仅由自身本性的必然性而存在、其行为仅仅由

它自身决定的东西,就叫作自由的。反之,凡是存在及行为均按一定的方式为别的事物所决定的东西,则叫作必然的或受制约的。"① 在斯宾诺莎看来,人自觉地按照自然的本性而存在,认识并自觉顺应自然,就是自由。以往,人们因为将人与自然割裂开来而产生了两种错误倾向,或是抬高人贬低自然的人类中心论,或是抬高自然贬低人的自然主义,这些倾向都不能真正达到人与自然融合的境界。其实,不管是否愿意,人都被自然的必然性所决定。当人自觉地顺应自然时,则是自由的;当人不自觉地被自然的必然性所驱使时,则是被迫的,是不自由的。人能够认识自然的必然性,达到与自然必然性和谐一致,从而进入理想的境界,使灵魂得到最大满足。这样,自由不在于自由决定,而在于认识自然的必然性。就是这个认识自然的必然性,破除了以往自由与必然极端对立的形而上学思想,将自由与必然辩证统一起来了。

斯宾诺莎将这种"自由是对必然的认识"的观点贯彻到社会生活中,得出了一些十分独特的行为原则。他认为,人是实体所派生的,人是生而不自由的。人的身心变化都是遵循自然的必然性的。但他并没有否定人在道德领域的自由。他认为,人要成为自由人,就要认识必然性,按照理性来生活,克制和管辖自己的情欲,寻求关于神的知识,服从国家的法令,绝不做欺骗人的事情,等等。只有这样,才能获得心灵的自由,通往最高的幸福。总之,自由是一种精神或理性的力量,表现出了人的种种美德,表现出了人的完善性。

在社会政治思想领域里,斯宾诺莎是自然法和社会契约论的鼓吹者。他认为,人们放弃自己在自然状态中的自由,目的不在于接受奴役,而在于获得社会状态下的自由。人要获得的自由就是按人的自然本质去求得自我保存,社会和政府必须保证人的这种自由。"自由比任何事物都珍贵","政治的真正的目的是自由"。② 国家的职能就是抑制不合理的欲求而引导人们按理性生活。在君主制、贵族制和民主制这三种国家类型中,只有民主制才能保证人的自由。因为民主制可以保障人的宗教信仰、言论和思想的自由,而思想自由是最可贵的。正是由于这种对自由——思想及言论自由——的追求,他被后人视为近代西方自由主义学派的代表

---

① 北京大学哲学系外国哲学史教研室编译:《西方哲学原著选读》(上),商务印书馆1999年版,第416页。
② (荷兰)斯宾诺莎:《神学政治论》,商务印书馆1963年版,第272页。

人物之一。

  斯宾诺莎关于自由人的理想，正是他自己一生的真实写照。他被犹太教会革除教门后，隐居乡间，一边靠磨光学镜片谋生，一边进行系统的哲学研究。他对物质财富极其鄙视，多次谢绝了他人的馈赠，甚至谢绝了普鲁士选帝侯向他发出的就任海德堡大学哲学教授的邀请。罗素对他的评价是："斯宾诺莎是伟大哲学家当中最高尚、性情最温厚可亲的。按才智讲，有些人超过了他，但在道德方面，他是至高无上的。"① 德国诗人海涅也说："斯宾诺莎的生涯没有丝毫可非议的余地，这是可以肯定的。它纯洁、无疵，就像他那成了神的表兄耶稣基督的生涯。"② 斯宾诺莎的一生是言行一致的一生，是争取思想自由、信仰自由的一生，是为真理而奋斗的一生。

  斯宾诺莎的哲学是他早年异端思想特别是"神即自然"思想的发展。总体而言，他在本体论上宣扬泛神论，在认识论上坚持唯理论，在伦理学上追求精神幸福，在方法论上主张理性演绎法，为后世留下了一座端正庄严的哲学丰碑，对随后的莱布尼茨、18世纪法国的唯物主义和19世纪德国哲学大师黑格尔的唯心主义辩证法都产生了直接影响。黑格尔曾坦诚地说："斯宾诺莎是近代哲学的重点：要么是斯宾诺莎主义，要么不是哲学。""要开始研究哲学，就必须首先做一个斯宾诺莎主义者。"③

  在纪念斯宾诺莎逝世200周年时，人们募捐为他在海牙建造了一尊塑像。在1882年的塑像揭幕典礼上，法国著名哲学家、历史学家和宗教家勒南所做的讲演中有这样一段话："这个伟人站在花岗岩的基座上，向所有的人指明他发现的幸福之路；即使在千秋万代之后，有教养的旅行者经过这里，也一定会在心中默念：'最真挚地洞察理解上帝的人，大概就在这里。'"④

---

① （英）罗素：《西方哲学史》（下卷），马元德译，商务印书馆1982年版，第92页。
② （德）海涅：《论德国》，薛华等译，商务印书馆1980年版，第257页。
③ （德）黑格尔：《哲学史讲演录》（第四卷），贺麟、王太庆译，商务印书馆1978年版，第112、114页。
④ 转引自（美）威尔·杜兰著：《哲学的故事》，梁春译，中国档案出版社2001年版，第198页。

26

莱布尼茨：单子是自然界真正的原子

　　每个单子必须与任何一个别的单子不同。因为在自然中绝没有两个东西完全相似，在其中不可能找出一种内在的差别或基于一种固有特质的差别。

——威廉·莱布尼茨

威廉·莱布尼茨（Wilhelm Leibniz, 1646—1716年）是德国自然科学家、数学家和哲学家，17世纪欧洲唯理论哲学的主要代表人物之一。

在《单子论》中，莱布尼茨提出了一个著名的哲学命题："单子是自然界真正的原子。"他的原话是："在没有部分的地方，是不可能有广延、形状、可分性的。这些单子就是自然的真正原子，总之，就是事物的原素。"①

莱布尼茨的"单子论"是针对当时流行的各种实体论提出来的。首先，它针对的是主张物质实体的原子论。原子论认为，有形的原子是真正的实体。莱布尼茨认为，原子本身就存在着矛盾。原子是不可分的物质实体，因而它具有广延性，而具有广延性的东西又是无限可分的，这就是一个矛盾。何况原子论未能说明原子本身运动的原因与规律。其次，它针对的是笛卡尔的心灵实体论。笛卡尔将心灵实体局限于人的意识，而将人的心灵以外的东西都归结于非精神的物质实体。莱布尼茨认为，意识不是人所独有的，不同的事物都有不同程度的意识，精神实体是多种多样的。最后，它针对的是斯宾诺莎的唯一实体论。斯宾诺莎认为，世界上的万事万物只有一个实体，这个实体就是自然或神，广延和思维是唯一实体的两个属性。莱布尼茨认为，假如只有一个实体，所有事物都只是这个实体的样式，那么，事物就不存在质的差别了。总之，莱布尼茨提出的是一种多元的实体观。

莱布尼茨的"单子论"是以意识的能动性为出发点的，是一种客观唯心主义的思想体系。莱布尼茨认为，单子是构成万物的基础或单元，是构成万物的精神性实体。单子是组成复合物的单纯实体，没有部分，故没有广延性和可分性，没有形状，不占据空间，它是永恒的，是自我封闭的，外部的事物不能引起单子内部的运动变化，单子的变化来自它自身。单子类似于灵魂，最根本的属性是知觉或表象，单子具有能动性，具有表象世界的能力。单子构成万物，以其物质的联系来表现全宇宙，能动的灵魂附属于物质形体，以表象的方式来表现全宇宙。可见，莱布尼茨看到了意识的能动性，但他夸大了意识的能动性。在他看来，单子是上帝创造的，物质本身没有能动性，是上帝赋予了物质以灵魂或能动性。这就从根本上颠倒了思维与存在的关系，表现出了客观唯心主义的

---

① 北京大学哲学系外国哲学史教研室编译：《西方哲学原著选读》（上），商务印书馆1999年版，第476～477页。

实质。

莱布尼茨的"单子论"力求解决的不只是万物的始基问题，还有人类理性中的"两大迷宫"之一。他说："我们的理性常常陷入两个著名的迷宫。一个是关于自由和必然的大问题，特别是关于恶的产生和起源的问题；另一个问题在于有关连续性和看起来是它的要素的不可分的点的争论。"① 他认为，伽桑狄等原子论者肯定万物是由不可分的原子所组成，只肯定了万物都是"不可分的点"的堆积，否定了事物的连续性；笛卡尔派肯定了广延是物质的属性，但否定了虚空，从而也就否定了为虚空所分割的"不可分的点"。莱布尼茨致力于将二者统一起来，提出了"单子论"。他认为，不同的单子由于其知觉的清晰程度不同而存在高低等级之分。最低级的单子只具有模糊的"微知觉"，它们构成了植物和无机物；较高级的单子具有较清晰的知觉和记忆力，但不具有意识，不能进行理性思维，这类单子构成动物的灵魂；再高一级的单子既具有清晰的知觉和记忆，又具有理性与精神，能认识自我，认识真理与上帝，此类单子构成人的灵魂；最高级的单子是上帝，它全智、全能、全善，一切必然真理都包含在它之内。在每两个相邻等级的单子之间又有无数处于中介地位的清晰程度逐渐升高的单子，从而在整体上构成其间并无间隙或"飞跃"的连续的单子系列。

为了保证单子在运动变化的同时能维持连续的序列，莱布尼茨还提出了"前定和谐"的理论。他认为，单子是上帝创造的，上帝在创造单子之初就已经设定好了每一个单子以后的变化，并使得各个单子在变化的同时能相互协调。这犹如乐队中每件乐器都照事先谱就的乐曲独立地奏出自己的旋律，而各种乐器奏出的旋律又都能汇成一首完整和谐的交响曲。这就从动态的角度对不可分的点与连续性的问题做出了解释。

莱布尼茨的"单子论"充满着朴素的辩证法思想。如果说笛卡尔首开欧洲近代唯理论之先河，那么，斯宾诺莎和莱布尼茨则分别建立了唯理论的另外两个体系，标志着近代唯理论的发展与成熟。莱布尼茨哲学成了康德以前的德国哲学的主流，并直接影响到了后来的德国古典哲学和18世纪的法国唯物主义哲学。

---

① *Theodicy*, trans, by E. M. Huggard. London, 1952, p. 5.

法国启蒙主义哲学命题
FAGUO QIMENGZHUYI ZHEXUE MINGTI

法国启蒙主义哲学是产生于17—18世纪的一种社会政治的和哲学的派别,标志着启蒙时代的开始。它信仰理性,关注人及其社会,显示出政治哲学之特征,也表现出了旧唯物主义的机械性和历史观上的唯心论,在反对封建制度、推动社会进步方面产生了重大的积极作用。

在法国，为行将到来的革命启发过人们头脑的那些伟大人物，本身都是非常革命的。

——（德）恩格斯

法国哲学比较生动，比较活泼，比较富于机智，简直就是聪明机智本身。它是绝对的概念，反对一切现存观念和固定思想，摧毁一切固定的东西，自命为纯粹自由的意识。

——（德）黑格尔

18世纪的法国启蒙运动，特别是法国唯物主义，不仅是反对现存政治制度的斗争，同时是反对现存宗教和神学的斗争，而且还是反对17世纪的形而上学和反对一切形而上学……的公开而鲜明的斗争。

——（德）马克思、恩格斯

在欧洲全部近代史上，特别是18世纪末叶，在进行了反对一切中世纪废物、反对农奴制和农奴制思想的决战的法国，唯物主义成为唯一彻底的哲学。

——（苏联）列宁

27

伏尔泰：即使上帝不存在，也要创造一个

只要我们一考察最根本的原理，我们就必须求助于神。

——伏尔泰

你们（指僧侣——引者注）曾经利用过无知、迷信、疯狂的时代，来剥夺我们的地产，把我们践踏在你们的脚下，用苦命人的脂膏把自己养得肥头胖耳。现在你们发抖吧，理性的日子来到了！

——伏尔泰

西方哲学大师的命题

伏尔泰（Voltaire，1694—1778年）是法国启蒙思想家、文学家、哲学家和史学家。

在哲学上，伏尔泰的主要贡献是：极力推崇和宣传英国唯物主义经验论，系统阐发了自然神论，首创历史哲学，为启蒙运动和即将来临的大革命提供理论依据。伏尔泰有两则名言：一则是"即使上帝不存在，也要创造一个"[①]。另一则是"整个自然都在高声地告诉我们，上帝是存在的"。前者说明上帝存在的必要性，后者说明上帝存在的充足理由。

在"消灭败类"的口号下，伏尔泰猛烈地抨击了天主教会，抨击了宗教信仰与迷信。他认为宗教信仰和迷信是人类理性的主要敌人，是社会祸害的最大根源。基督教是最卑鄙的混蛋所做出的各种最卑劣的欺骗的产物，所以是最可笑、最荒谬和最残酷的。一部教会史，就是一连串胡作非为、抢劫谋杀的历史。教皇、主教、神甫是一群"文明的恶棍"和"两足禽兽"，是人类的"败类"，人们应起而消灭之。作为一个启蒙思想家，他对神学观念和教会进行的英勇斗争，是他那个时代的任何人都无法比拟的。

但是，伏尔泰并不是一个无神论者，而是主张理神论（deism，也译为自然神论）。他承认神的存在和必要，但否认有人类理性不可理解的神，介于无神论与有神论之间。伏尔泰对基督教的猛烈抨击，在根本上是针对基督教中存在的狂热的迷信色彩、排他情绪，而不是针对宗教本身。他曾明确表示：无神论与狂热的信仰原是"一对能够吞噬和分裂社会的怪物"。不过两相比较，狂热的偏信更为有害，因为"无神论者在错误中还保持着理性，使他不敢胡作非为，而狂热的信仰却无休止地疯狂下去，这就使他会为非作歹"。对于基督教的排外情绪，他一针见血地指出：有人说"和我信同一种宗教，否则上帝会惩罚你"，其实他是说"和我信同一种宗教，否则我会杀掉你！""一个生而自由的人有什么权利强迫另一个同样的人像他一样去思维呢？"信仰自由才是"第一条自然规律"。正因为如此，他在临终之前的遗言中说："我死的时候，崇拜上帝，爱我有朋友，不恨我的敌人，而憎恨迷信。"

伏尔泰是洛克的学生，对洛克的《人类理智论》推崇备至。他继承

[①] （法）伏尔泰：《致〈三个骗子手〉一书作者的信》，参见《西方伦理学思想史》，湖南教育出版社2006年版，第378页。

和发展了洛克的唯物主义经验论,认为"一切观念都通过感官而来"。①在《俄狄浦斯王》中,他喊出了一个响亮的口号:"让我们只相信自己,一切用自己的眼睛看,这就是我们的圣经、祭坛和上帝。"从经验论出发,他自然肯定外在世界的客观存在。他认为,外在世界的客观存在是一个不言自明的问题,犹如每个人都相信自己双亲的客观存在而不需要任何证明一样。他说:"不管我下多大工夫去怀疑,我还是深信物体的存在,有过于相信若干几何学真理。"② 在这一点上,他显然坚持了唯物主义的基本原则。

与此同时,伏尔泰深受牛顿机械外因论的影响,从牛顿物理学中寻找到了上帝存在的充分理由。他说:"牛顿的全部哲学必然导致关于一个最高存在者创造一切、安排一切的知识。"③ 他认为宇宙犹如一座大钟,引力是发条,虽然各个部分可以非常精巧、和谐地运转,但它需要外力的推动,即必须有一个最初的推动者。他说,运动并不是凭自身而存在的,因此必须求助于一个最初的推动者。整个世界,从遥远的星辰到一根草芒,都应当服从一个最初的推动者。这个最初的推动者就是牛顿所说的"神"。神或上帝是宇宙的第一推动者。他说:"只要我们一考察最根本的原理,我们就必须求助于神。"④ 没有上帝就没有世界,没有世界也就没有上帝。上帝是永恒的,世界也是永恒的,上帝是一位伟大的几何学家,他在进行一次创造性活动,使"世界机器"运转起来之后,便不再干预世间事物,这就像一位建筑师在完成宇宙大厦之后,不再过问大厦的使用。上帝只发一次命令,宇宙便永远服从。伏尔泰的理神论显然是受牛顿自然哲学的影响。

伏尔泰还认为上帝的存在对于道德世界也是必要的。社会没有正义不可能维持,没有上帝的赏善罚恶,正义就不能在人心中维持。而上帝可以约束人们的行为,维系社会的道德。上帝是贤明的,人们应该信仰

---

① 北京大学哲学系外国哲学史教研室编:《十八世纪法国哲学》,商务印书馆1963年版,第73页。
② (法)伏尔泰:《形而上学论》,IV,见北京大学哲学系外国哲学史教研室编译:《西方哲学原著选读》(下),商务印书馆1999年版,第61页。
③ 转引自 F. Gopleston, *A History of Philosophy*, vol. vi, pt. 1, Image Books, New York, p. 33.
④ 北京大学哲学系外国哲学史教研室编:《十八世纪法国哲学》,商务印书馆1963年版,第64页。

公正的上帝。相信一个上帝，相信一个可以赏善罚恶的上帝，能够劝人为善，防止恶行，避免邪境。"人如果否认神，必至于恣情纵欲，犯极大的罪恶，这岂不可怕？所以，我希望我的供应人，我的裁缝匠，我的仆人，我的妻子都来信仰上帝；我想，这时就很少有人再来抢和给我绿帽子戴了。"① 因此，伏尔泰说："即使上帝不存在，也要创造一个。"

伏尔泰的哲学虽然是矛盾的，但他在哲学上的贡献是巨大的，其哲学思想的影响也是深远的。他最早将洛克等英国唯物主义哲学引进法国，使法国思想界完成了重要转换；他以理性的观点审视宗教，批判制度化的基督教会，弘扬了平等、博爱、宽容的精神；他以文学的形式表达其哲学思想，参与哲学论争，批判了各种唯心主义学说，宣传了唯物主义学说；他反对形而上学，开创了经达兰贝尔、圣西门直至孔德的实证主义传统；他首创历史哲学，力图从欧洲及中国、东方国家历史发展事实中寻找社会发展规律，为启蒙运动和即将到来的大革命提供理论依据。据说，路易十六在被囚于宫期间，读了伏尔泰和卢梭的著作后，喟然而叹："是这两个人摧毁了法国。"伏尔泰逝世时，人们在他的枢车上写道："他教导我们走向自由。"法国作家雨果曾经说过："伏尔泰不只是一个人，而且是整整一个时代。"我们可以说，在18世纪法国启蒙运动时代，伏尔泰称得上是一位领袖人物。

---

① 转引自（苏）索柯洛夫：《伏尔泰》，上海人民出版社1960年版，第28页。

❧ 28 ❧

孟德斯鸠：自由就是做一切法律许可的事的权利

　　自由就是做一切法律许可的事的权利；如果一个公民能够做法律所禁止的事情，他就不再有自由了，因为其他人也同样会有这个权利。

——孟德斯鸠

西方哲学大师的命题

孟德斯鸠（Montesquieu，1689—1755 年）是 18 世纪法国启蒙思想家、社会学家、法哲学的奠基人。

"自由就是做一切法律许可的事的权利"这一命题出自于孟德斯鸠的《论法的精神》一书。"法"是孟德斯鸠的全部学说。孟德斯鸠对"法"的论述主要体现在以下方面：

（1）对"法"的阐释。孟德斯鸠所说的"法"是指事物的必然关系、事物的内在规律。他认为，世界上存在着某种根本理性，它决定世间万事万物的关系，这种关系就是"法"。他认为，法就是事物的性质所产生出来的必然关系，一切事物都处在必然关系之中，都受事物发展的客观规律支配。世界上的任何事物都遵循法而产生和发展，任何事物无法就会毁灭。不同的事物具有不同的法。神有神法，人有人法，禽兽有禽兽法。研究人类社会问题，只需研究主宰人类的法就行了，而不必求助于万能的上帝。这样，孟德斯鸠将理性作为法与国家的哲学基础，不是将神而是将法放在至尊无上、主宰一切的地位，批判了传统宗教的上帝观念和神人同形等迷信，剥去了封建制度与封建国家的神学外衣，对实现将社会国家问题从神学统治下解放出来的斗争具有重要意义。

（2）论"自然法"与"人为法"。孟德斯鸠将法区分为"自然法"与"人为法"。所谓"自然法"也称之为原始法，是"由万物的本性派生出来的必然关系"。自然法不是成文法，而是习惯法，源自人类的自然本性，源自人类生命的本质，维系着人类社会最初的人际关系。自然法包括和平、自养、互爱和社会生活，是人类的原始规律。但是，人类是理智的世界，具有自己的意志，因此，他们并不完全遵守自然法，而对自然法的破坏就带来人类的不平等乃至人与人、国与国的战争，而"战争状态乃是促使人间立法的原因"。因而，人类就要建立政府，制定自己的法律，也就是"人为法"，并依照"人为法"来维系社会，保障人的自由与平等而制定的。他认为，人不能成为自己制定的成文法的基础，自然法是客观的"公正关系"，先于人为法，是决定人为法的最终依据。

（3）关于"法的精神"。"法的精神"是孟德斯鸠全部理论的核心和出发点。孟德斯鸠认为，法是多与一的统一。一般的法律是人类的理性，各国的法律是人类理性在特定场合的具体运用，可以表现为政治、法律、经济等社会制度。一个国家疆域的大小、气候的寒热、土地的肥瘠、人口的多少等因素决定一个民族的性格、风俗、道德和精神面貌，从而决定一个国家的最合适的政治、法律和经济制度。上述关系是立法的依据或精神,即他所称的"法的精神"。"法的精神"存在于法律和各种事物可能的种种关系之中,是造成各民族法的特殊原因。在"法的精神"中,地理环境对社会政治、法律和经济制度的影响尤其重要。这是否表明他是地理环境决定论者,在学术界存在着针锋相对的两种意见。

(4) 论自由与法律。孟德斯鸠认为,对于人而言,独立行动就是他们的本性,他们并不是永恒地遵守自然法。人类进入社会之后,政府为了维护社会秩序,使人人都能依法活动,保证人的自由与平等,从而制定了法律。因此,法律是为了保障人们的自由与平等。当然,在他看来,自由这个概念不能乱用,不能将自由理解为一个人想干什么就干什么;自由既受法律保护,也必须受法律约束。自由是"一个人能够做他应该做的事,而不是被迫去做他不应该做的事"。"自由就是做一切法律许可的事的权利;如果一个公民能够做法律所禁止的事情,他就不再有自由了,因为其他人也同样会有这个权利。"① 可见,孟德斯鸠同一切思想家一样,认为自由和守法是相辅相成的两个原则。

(5) 论政治自由与"三权分立"。自由就是有权去做法律允许的事。但是,这在封建专制制度下是不可能的事。在封建专制制度下,政府既无法律又无规范,一切都由独裁者一人凭自己的主观意志处置,公民毫无政治自由可言。因此,必须废除封建专制制度,由开明君主来建立一个资产阶级的民主政府,以实现真正的政治自由与平等。

封建专制制度的根本缺陷在于政治权力全部集中在一个人手中,君主的权力至高无上,不受任何约束,其结果必然是滥用权力。为此,孟德斯鸠提出了立法、行政和司法三权分立,用权力约束权力,以防止滥用权力,从而保证公民的政治自由。孟德斯鸠将洛克提出的立法、行政和外交三权分立变成了立法、行政和司法三权分立,其三权分立思想比洛克更为深入,为法国大革命设计了一幅政治蓝图。

孟德斯鸠的理论对世界资产阶级革命运动产生过巨大而深远的影响。孟德斯鸠提出的三权分立理论被引入美国宪法。1789 年的法国《人权宣言》宣称没有分权就没有宪法。我们甚至可以说,当今资产阶级国家的政治制度基本上是孟德斯鸠三权分立学说的变形。

---

① (法)孟德斯鸠:《论法的精神》(上),商务印书馆1982年版,第154、188 页。

29

卢梭：人生而自由，却无处不在桎梏之中

　　放弃自己的自由，就是放弃做人的资格，就是放弃人类的权利，甚至就是放弃自己的责任。

——让·雅克·卢梭

让·雅克·卢梭（Jean Jacques Rousseau，1712—1778 年）是法国启蒙思想家、哲学家、教育家和文学家。

在哲学上，让·雅克·卢梭倾向于自然神论，主张感觉主义，他对哲学的贡献主要是历史哲学与政治哲学，其哲学思想深刻影响了德国古典哲学。卢梭是繁殖名言的大师，他著作中的几乎每一句话都是字字珠玑，掷地有声。当我们翻开他的《社会契约论》时，首先映入我们眼帘的是："人生而自由，却无处不在桎梏之中。"这个命题是针对罗伯特·菲尔麦的"人是生而不自由"命题而发的。

卢梭同他之前的哲学家一样，也将人类社会划分为自然状态与社会状态，并认为人生而自由，只是进入社会状态之后才逐渐失去自由，社会不平等伴随着文明进程而出现和发展，因而产生了"人生而自由，却无处不在桎梏之中"的悖谬。

砸烂文明社会的不平等枷锁，回归自然，是卢梭一生思想的主旋律。卢梭认为，人类在进入"文明社会"之前，曾生活在原始的"自然状态"之中。在这种"自然状态"下，人类是和平而善良的一群动物，他们与自然无争，与他人相安无事，除了年龄、健康和体力等所构成的"自然的或物理的不平等"之外，绝没有"某一些人享受和损害他人的各种特权"的不平等。人们唯一的需要就是食物、异性和休息，其欲望决不会超出生理的需要，各足于所受，各静其所遇，自得自适，自由自在，人是生而自由平等的。这是人类的"真正的少年"，是人类的"黄金时代"。

然而，随着时间的推移，人类开始发明和制造生产工具，开始定居生活，并且将积累起来的知识和技能一代一代地传授下去。这样，就产生了私有财产和私有财产所有权。卢梭说："谁第一个把一块土地圈起来并想到说'这是我的'，而且找到一个头脑十分简单的人，居然相信了他的话，谁就是文明社会的真正奠基人。"① 在卢梭看来，生产资料的私有制是造成文明社会不平等的唯一原因，也是人类给自己套上的"第一个枷锁"，是人类不平等的第一个发展阶段。

伴随着私有制的确立和由此产生的富人与穷人的对立，富人为了保护自己的财产，就会通过契约建立起国家政权，从而使国家政权成为他们统治和奴役穷人的工具。这样，从经济贫富的不平等到社会强弱的不

---

① 北京大学哲学系外国哲学史教研室编：《十八世纪法国哲学》，商务印书馆 1979 年版，第 154 页。

平等，这是人类不平等的第二个发展阶段。

人类不平等的第三个发展阶段是合法的权力变为专制，富人和穷人、强者和弱者、主人和奴隶的不平等发展到极点。一切权力归于暴君，人人在暴君面前平等，也就是人人毫无权利。一个人是生而自由平等的，这是人的自然权利，是不可让渡的。因此，在暴君专制统治下，人民忍无可忍，起来用暴力推翻暴君的专制统治，恢复自己的自由平等的自然权利。他说：人民"以绞杀或废除暴君为结局的起义行动，与暴君前一日任意处置臣民生命财产的行为是同样合法的。暴力支持他，暴力也推翻他"。这样，卢梭吹响了法国资产阶级大革命的第一声响亮的号角。

君主专制被推翻之后，人们面临的问题是：如何砸烂不平等的枷锁？如何在社会中达到新的自由平等？卢梭认为，只有建立一个依靠人民的自由协议和缔结契约所组成的国家，以此来确保人民的自由与平等，并使之进入更高级的阶段。这就是卢梭提出的"社会契约论"。社会契约的核心是权利的转让。人民将自己的自然权利转让给集体和国家，以调节人与人的关系，发展真正的人类社会，同时又从集体和国家那里得到公共幸福的自由发展的补偿。在这样的社会中，一切权力归于人民，各级官吏由人民选举产生，代表人民的利益，他们必须根据体现人民意志的法律来行使国家和政府各级机关的权力。卢梭不仅指出了私有制是人类社会不平等的根源，阐明了用暴力推翻暴君的必然性与合理性，而且还猜测到了人类社会的发展是一个否定之否定的过程。

当然，在资本主义社会里，卢梭所说的"自由"、"平等"是不可能实现的，因为在他的"契约国"里，消灭的不是私有制，而是所谓的贫富悬殊。他的自由平等观只不过是资产阶级的利益和要求的具体表现而已。但是，卢梭所提出的"人是生而自由的"口号，以及由此引申出来的天赋人权、主权在民等社会政治思想，对法国乃至欧洲其他各国的资产阶级革命运动都起了巨大的推动作用。正如罗曼·罗兰所说："伏尔泰可以比作硕大的星座——百科全书派——中一颗最光辉灿烂的星星。卢梭则独自地活着，且又孤独地作战。……尽管他对于命运所给予他的任务提出抗议，但是卢梭，这孤独者，仍为历史上一个革命的伟大的前驱，新时代的创始者。"①

---

① （法）罗曼·罗兰著：《卢梭传》，陆琪译，华岳文艺出版社1988年版，第1～2页。

30

拉美特利：人是机器

物质本身就包含着这种使它活动的推动力，这种推动力乃是一切运动规律的直接原因。

——茹利安·拉美特利

人体是一架会自己发动的机器：一架永动机的活生生的模型。体温推动它，食料支持它。没有食料，心灵就渐渐瘫痪下去，突然疯狂地挣扎一下，终于倒下，死去。

——茹利安·拉美特利

茹利安·拉美特利（Julien La Mettrie，1709—1751年）是法国启蒙思想家、唯物主义哲学家、医师。

在哲学上，拉美特利继承和发展了唯物主义的经验论和笛卡尔的机械唯物主义思想，在法国第一次提出了系统的机械唯物主义哲学体系，对18世纪法国机械唯物主义哲学产生了极大影响。

1747年，茹利安·拉美特利在流亡荷兰时匿名出版了《人是机器》一书。在这本书中，他明确指出："人体是一架会自己发动的机器：一架永动机的活生生的模型。体温推动它，食料支持它。没有食料，心灵就渐渐瘫痪下去，突然疯狂地挣扎一下，终于倒下，死去。"①

"人是机器"是一个对"人的本质"问题进行探讨的哲学命题，是对宗教神学观念的批判，是对笛卡尔的"动物是纯粹的机器"的发展。对于"人的本质"问题，古往今来的哲学家们一直在探索、争论着。在欧洲中世纪社会里，神学家们认为人是上帝创造出来的、地球上最高贵的物种，人的本质就在于他具有"灵魂"或"精神"，而人的"灵魂"是不灭的，它将进入天堂或地狱。随着近代科学的发展，先进的思想家对宗教神学观念提出了质疑。近代哲学的开山鼻祖笛卡尔提出了身心二元论。他认为，"动物是纯粹的机器"，而人则不同于动物，人的身体是一架机器，但人的心灵却是完全不同的精神实体，人具有"高贵的灵魂"。拉美特利批判了笛卡尔的身心二元论，发展了笛卡尔"动物是纯粹的机器"的观点，比笛卡尔走得更远，提出了"人是机器"这一命题。拉美特利认为，人并没有什么高贵的地方，与动物相比，人不过是"多几个齿轮"、"多几条弹簧而已"；既然"动物是机器"，人当然也是"机器"。

"人是机器"是一个唯物主义的命题。拉美特利认为，世界是由物质构成的，物质是宇宙中唯一的实体。物质运动具有严格的规律，表现出惊人的和谐与严整的秩序。他利用大量生物学、生理学、医学等事例论证了物质世界是一个从无机物到有机物、从动物到人的组织系列，人正是这个组织系列上最高的一环。他说："宇宙间只存在着一种物质组织，人则是其中最完善的。"② 拉美特利认为，世界上的万事万物形态不同，

---

① 北京大学哲学系外国哲学史教研室编译：《西方哲学原著选读》（下），商务印书馆1999年版，第107页。

② 北京大学哲学系外国哲学史教研室编：《十八世纪法国哲学》，商务印书馆1963年版，第270页。

但都是由同样的材料构成的。他说:"人并不是用什么更贵重的料子捏出来的;自然只用了一种同样的面粉团子,它只是用不同的方式改变了这面粉团子的酵料而已。"①

拉美特利强调世界的物质统一性的一个重要积极作用,就在于对宗教神学的否定。在他看来,人们一旦认识到人是机器,"那就会同意只不过是宗教指使我们信仰一个最高的实体,而人是与其他动物具有同样构造的,只不过在某种程度上有较多的心智,服从的规律是一样的,因而也应当与其他动物具有同样的命运。这样,你就会从那超凡入圣的九霄中,从那美妙的神学机器的高空中下降到这个自然的池座里来,就像从舞台布景的云端里下降一样;你就会从这个池座里只看到自己周围到处都是永恒的物质,以及各种相继而来的、不断消灭的混乱的形式,因而承认一种完全的毁灭在等待着一切有生命的形体"②。可见,在这里,所谓上帝这个精神实体的存在和灵魂的不灭都被否定了。

拉美特利还从人的生理特征出发,说明了思维器官——人脑的物质性。他认为,任何事物的本性是由它的物质组织决定的,即使人的心灵活动——思想也毫不例外地取决于物质机体的组织状况。思想是物质的产物,是有机物质的一种特性。人之所以能思想,并不是因为他身上有什么不同于其他动物的神秘实体,而是因为人有比其他动物发达一些的大脑而已。人脑是思维的物质器官,一个人脑子一出问题,他就什么思维能力也没有了。他以大量生理和病理的观察材料为依据,阐述了心灵与肉体的关系问题。

在认识论上,拉美特利继承和发展了洛克的唯物主义经验论。他的一句名言是:"感官就是我们的哲学家。"他认为,人的感觉经验是一切知识的唯一来源,感觉是客观事物作用于感官的结果。人的大脑将各种感官接受的许多事物的形象汇聚在一起映现在脑髓的银幕上,便形成了人的各种知识。"思想原来只是感觉的一种机能,理性心灵也只不过是用来对观念进行思索和推理的感性心灵罢了!"③ 马克思曾说:"拉美特利的著作是笛卡尔唯物主义和英国唯物主义的结合。拉美特利利用了笛卡尔

---

① 北京大学哲学系外国哲学史教研室编译:《西方哲学原著选读》(下),商务印书馆1999年版,第117页。

② 北京大学哲学系外国哲学史教研室编:《十八世纪法国哲学》,商务印书馆1963年版,第186页。

③ 同上书,第269页。

的物理学,甚至利用了它的每一个细节。他的《人是机器》一书是模仿笛卡尔的动物是机器写成的。"①

"人是机器"是一个典型的机械或形而上学的命题。拉美特利虽然强调了世界的物质统一性,并将思维归结为物质自身发展的结果,在存在与思维的关系问题上,坚持了唯物主义的立场,但他将人的机体和心灵所特有的各种复杂的生理活动和心理活动只归结为简单的机械运动,这就使他的观点带有典型的机械性或形而上学性。他是这样来描述大脑功能的机械性的:"正像提琴的一根弦或钢琴的一个键受到震动而发出的声响一样,声浪所打击的脑弦也被激动起来,发出或重新发出那些感到它们的活动。""人是机器"这一论断的片面性还表现在:它离开了人的社会性、人的生产劳动和人的历史来谈人,当然不可能揭示人与动物的本质区别,也不可能真正解决心灵与肉体的辩证关系。

总之,在哲学上,拉美特利继承和发展了唯物主义的经验论和笛卡尔的机械唯物主义思想,在法国第一次提出了系统的机械唯物主义哲学体系,对18世纪法国机械唯物主义哲学产生了极大影响。

---

① 《马克思恩格斯全集》第2卷,人民出版社1957年版,第201页。

31

狄德罗：感受性是物质的基本性质

　　人们要花一番气力才深究到寻求真理的法则多么严格，我们的方法的数目多么有限。一切都归结到从感觉回到思考，又从思考回到感觉：不停地重新进入自身，又走出自身。

——德尼·狄德罗

德尼·狄德罗（Denis Diderot，1713—1784 年）是法国启蒙思想家、哲学家、文学家，百科全书派首领。1749 年因发表《供明眼人参考的谈盲人的信》被捕入狱。出狱后，他主编出版了划时代的巨著《百科全书》。恩格斯曾称赞他为真理而献出了整个生命。狄德罗提出的一个著名命题是："感受性是物质的基本性质。"

"感受性是物质的基本性质"是一个建立在世界物质统一性和物质统一多样性的基础之上的唯物主义命题。狄德罗认为，一切事物都是由物质所构成的，具体地说是由一些物质的微粒（即元素）所构成的。自然就是性质不同的物质元素组合成的。这些元素又是可分的，其最后分割状态就是分子。分子不仅在形态、大小上不同，在质上也是不一样的，异质性是它们极为重要的特征。自然界之所以纷繁复杂，最根本的原因在于构成万事万物的物质元素在质上是多种多样的，在量上又是无限的。他说："物质只能在一种方式之下是同质的，却可以在无数种不同的方式之下是异质的。在我看来，自然界的一切事物绝不可能是由一种完全同质的物质产生出来的，……因此我将把产生一切自然现象所必需的那些不同的异质物质称为元素，而把这些元素组合起来造成的那个现实的总结果或那些相继出现的总结果称为自然。"① 长期以来，从古代唯物主义者到近代唯物主义者，都是以物质这一绝对本原来说明世界，但他们的一个通病就是否认物质在质上的差异性。狄德罗不仅从量的方面，而且从质的方面，更重要的是从量与质的统一上来解释世界物质的统一性和物质统一的多样性，这就坚持和发展了唯物主义，可以说是在近代唯物主义中独树一帜。

"感受性是物质的基本性质"是一个建立在生理、心理分析基础上的哲学命题。狄德罗基于生物学、生理学等学科的最新研究成果，提出了任何物质实体都具有一定程度的感受性的观点。他认为，这种感受性是物质和一种普遍的和基本的性质。只是不同的事物，这种感受性的性质和发展的程度不同而已。低级的无机物所具有的只是迟钝的感受性，高级的有机物则具有活跃的感受性。自然物质是一个不断发展的系列，无机物质和有机物质都处于相互联系的发展过程之中，无机物质可以发展为有机物质，迟钝的感受性可以发展为活跃的感受性。有思想的生物则

---

① 北京大学哲学系外国哲学史教研室编译：《西方哲学原著选读》（下），商务印书馆 1999 年版，第 133 页。

是从有感觉的生物发展而来的。人的思维不仅是物质自身长期发展的产物，而且是人脑这种高度发展的有机物质的特性和机能。人脑的产生标志着活跃的感受性得到了高度的发展。他认为，在人体全身布满感觉神经构成了一个纤维网状的感觉系统。这个网状感觉系统的纽结就是感觉器官和人脑。一旦外物触及这个神经网，感觉器官就被激起感觉，并且经过神经网状传递到大脑，由大脑做出理性判断。所以，"一切都归结为感受性，归结到记忆，归结到机体的运动"①。

"感受性是物质的基本性质"是一个对形而上学感觉论和唯心主义唯我论的批判，且贯穿着辩证法思想的哲学命题。在哲学发展史上，拉美特利虽然承认了世界的物质统一性，看到了思维是物质长期发展的产物，但却否认了万事万物在性质上的差异和变化，并且将思维归结为物质的机械运动。狄德罗越过了拉美特利停步不前的地方。他不仅肯定了世界的物质统一性，而且指出了物质的差异性和多样性；他不仅指出了思维是物质的产物，而且认为思维是物质高度发展的产物——人脑的特性；他不仅承认一切认识来源于感觉，而且充分肯定了感觉经验与理性思维的重要性，认为一个正确的认识过程应该是从感性认识上升到理性认识，然后再回到感性中去的过程。狄德罗说："人们要花一番气力才深究到寻求真理的法则多么严格，我们的方法的数目多么有限。一切都归结到从感觉回到思考，又从思考回到感觉：不停地重新进入自身，又走出自身。这是一种蜜蜂的工作。如果不带着蜡重新进入蜂房里面去，你就是白白地跑了许多地方。如果不知道把这些蜡做成蜂巢，你就是白白聚集了许多无用的蜡。"②

在哲学家发展史上，贝克莱认为事物是人的主观感觉的复合，休谟认为感觉来源于精神实体自身，他们完全否认了物质客观存在的真实性。对此，狄德罗说："他们只意识到自己的存在，以及那些在他们自己的内部相继出现的感觉，而不承认别的东西：这种狂妄的体系，在我看来，只有在瞎子那里才能产生出来。这种体系，说起来真是人心和哲学的耻辱，虽然荒谬绝伦，可是最难驳斥。"③ 狄德罗认为，世界上只有一个物

---

① 北京大学哲学系外国哲学史教研室编译：《十八世纪法国哲学》，商务印书馆1963年版，第408页。
② 同上书，第386页。
③ 同上书，第307页。

质实体，人的感觉是客观事物作用于感官而引起的。这就摒弃了唯心主义的唯我论。

狄德罗的哲学不乏缺陷之处，如没有科学而具体阐述物种的进化过程，未能看到实践对于感受性认识产生的作用，不承认科学的抽象，将感性认识仅限于观察，等等，但他的哲学中充满着辩证因素，在18世纪启蒙思想家的哲学中最富有辩证思维，其哲学思想成为马克思辩证唯物主义的一个理论来源。

32

爱尔维修：人是环境的产物

　　人生下来的时候，或者是根本没有任何倾向，或者是带有各种趋于一切对立的罪恶和美德的倾向。

——克劳德·爱尔维修

　　如果一般说来，人们在一种自由的统治之下，是坦率的，勤奋的，道貌岸然的；在一种专制的统治之下，则是卑鄙的，欺诈的，恶劣的，没有天才也没有勇气的，他们性格上的这种区别，乃是这两种统治之下所受的教育不同的结果。

——克劳德·爱尔维修

克劳德·爱尔维修（Claude Helvetius，1715—1771年）是法国启蒙思想家、唯物主义哲学家。

在哲学上，爱尔维修继承和发展了洛克的经验论，提出了功利主义的伦理观，主张社会契约论。他在《论人的理智能力和教育》一书中，提出了"人是环境的产物"这一著名的哲学命题。

"人是环境的产物"是一个以感觉论为理论基础的哲学命题。他认为，人的感觉是人的一切观念产生的源泉。他批判了洛克对精神实体的婉转承认，他认为没有什么灵魂一类的精神实体，灵魂只不过是人们的感觉能力而已。他也不赞成洛克关于两种性质的学说，认为物体的各种属性都是它自身所具有的，既不存在物体自身没有而为我们的感官所感知的属性，也不存在可以脱离物体而独立存在的属性。因此，他将洛克的唯物论思想向前推进了一步。爱尔维修还将感觉论的原则推广到了伦理学领域，将道德上的善恶也归结为感觉，即快乐与痛苦的感觉。人人都会"趋乐避苦"，追求这种自身的利益，因而利己主义是人的本性。对此，马克思曾评价说："爱尔维修也是以洛克的学说为出发点的，他的唯物主义具有真正法国的性质。"[①]

"人是环境的产物"是一个唯物主义的哲学命题。爱尔维修认为，人的智力是天然平等的，人的一切差别都是后天获得的。因为人都是自然界的生物，自然对人并没有采取厚此薄彼的态度，人人都具有同样的身体结构，都具有肉体的感受性，当然也都有认识事物的同等能力。"人生而无知，并非生而愚蠢。"[②] 同样，人的本性既不善也不恶，人们的智力差别和道德善恶都是后天形成的，即由所处的环境不同所造成的。他既反对霍布斯的人性本恶的观点，也不同意卢梭的人性本善的观点。他说："我们在人与人之间所见到的精神上的差异，是由于他们所处的不同环境、由于他们所受的不同教育所致。"[③] 这就是"人是环境的产物"的著名命题。

"人是环境的产物"这一命题突出了"法律造就一切"、"教育万能"的思想。"人是环境的产物"中的"环境"不是指自然环境，而是指社会

---

① 《马克思恩格斯全集》第2卷，人民出版社1957年版，第165～166页。
② 北京大学哲学系外国哲学史教研室编：《十八世纪法国哲学》，商务印书馆1963年版，第480页。
③ 同上书，第467～468页。

环境，是影响、熏陶人的外部条件的总和。他认为，环境具有广泛的内容，诸如社会政治法律制度、人们的相互交往、书籍的启发、他人的影响、教育的内容、个人的生活方式，等等。在社会环境的诸因素中，什么具有决定性作用呢？爱尔维修认为，那就是政治法律制度。许多民族的性格和智能随着他们的政体的改变而变化，由于法律的不同而各异。"造成各个民族的不幸的，并不是人们的卑劣、邪恶和不正，而是他们的法律的不完善。"① 相反，如果法律完善，就能造成人们的诚实、人道和美德。因此，"法律造就一切"，而要改变法国的现状，就得改变法国现存的政治法律制度。这是爱尔维修从"法律造就一切"出发所得出的具有革命意义的结论。当然，爱尔维修过分地夸大了政治法律的作用，将它们视为社会历史发展的决定因素，这是不适当的。

"人是环境的产物"夸大了环境的作用，最终陷入了人的思想观念决定环境、意见支配世界的历史唯心主义。在爱尔维修看来，法律的完善与否，是以立法者理智的进步程度为转移的。人是依据一定的思想观念来制定政治法律制度的。因此，要建立好的政治法律制度就要有好的思想观念与意见。这样，爱尔维修就得出了另一个命题："意见支配世界。"那么，一个好的思想观念与意见又从何而来呢？显然，他陷入了一个怪圈之中而不能自拔。他要跳出这一怪圈，其办法就是：承认有一些不受环境影响而具有好的思想观念与意见的人，这些人就是所谓的天才。当然，他并不认为天才就是天生的，而是教育的产物。只有好的教育，才能培养出天才。他甚至提出了"教育万能"的口号，似乎只要改变现行的教育制度和内容就可以改变一切，这显然夸大了教育的作用。

爱尔维修的"人是环境的产物"，虽然具有一定的积极意义，但在总体上是不科学的。但是，在社会实践中，爱尔维修的思想促进了18世纪法国革命运动的爆发，而且深刻影响了19世纪三大空想社会主义者思想的形成，仍不失为哲学史上一块不朽的丰碑。

---

① 北京大学哲学系外国哲学史教研室编：《十八世纪法国哲学》，商务印书馆1963年版，第537页。

33

霍尔巴赫：人是自然的产物，决不能越出自然一步

人是自然的产物，存在于自然之中，服从自然的法则，不能越出自然，哪怕是通过思维，也不能离开自然一步；人的精神冲到有形世界的范围之外，乃是徒然的空想，它总是不得不回到这个世界中来。

——保尔·霍尔巴赫

保尔·霍尔巴赫（Paul Holbach，1723—1789年）是法国启蒙思想家、唯物主义哲学家。

在哲学上，霍尔巴赫继承和发展了以前的唯物主义思想，并吸取了同时代的哲学和自然科学成果，创立了机械唯物主义哲学体系。他的唯物主义特别是无神论思想对无神论的发展有极深远的国际影响。

保尔·霍尔巴赫在《自然的体系》一书中提出了"人是自然的产物，不能越出自然一步"的命题，系统而全面地阐述了他的自然唯物主义哲学思想。这部著作被称为18世纪"唯物主义的圣经"。

霍尔巴赫的哲学思想有两大特点，一是自然主义，二是无神论。"人是自然的产物，不能越出自然一步"的命题，是霍尔巴赫自然主义哲学的集中反映。他认为："人是自然的产物，存在于自然之中，服从自然的法则，不能越出自然，哪怕是通过思维，也不能离开自然一步；人的精神冲到有形世界的范围之外，乃是徒然的空想，它总是不得不回到这个世界中来。"[①] 人没有超乎自然或异于自然的东西；所谓灵魂不过是身体的一部分；所谓感觉只是事物之间的接受和传达的运动；人的一切活动方式、感觉、观念、感情、意志、行动，都是他的各种特性以及推动他的那些东西的特性所造成的必然结果；无知和恐惧是宗教迷信的来源。总之，他的哲学是以自然观为基础的。

霍尔巴赫认为，我们所处的世界，就是一个物质的自然。他对自然做了如下界定："从最广的意义来说的自然，就是由各种不同的物质、由这些物质的各种不同的组合、由我们在宇宙间看到的各种不同的运动集合而成的大全体。从狭义来说的自然，或者就每一个存在物内部来看的自然（Nature可译为自然，也可译为"本性"——引者注），则是由这个存在物的本质，亦即使它有别于其他存在物的那些特性、组合、运动或活动方式构成的全体。"[②] 由此可见，霍尔巴赫不仅肯定了自然的物质性，而且将运动视为自然的本质特征而包含在自然之中。他认为，自然是一个活的全体，它处在不断运动之中，而且运动必然从物质的本质中产生出来。

在论述物质的运动时，霍尔巴赫指出了物质运动是有规律的。他说：

---

① 北京大学哲学系外国哲学史教研室编译：《西方哲学原著选读》（下），商务印书馆1999年版，第203页。

② 同上书，第203页。

"在自然中所引起的一切运动，都遵循着一些不变的和必然的法则。"所谓必然的法则，就是事物的因果联系。他断言："宇宙，这个一切存在物的总汇，无论在哪里都只是提供给我们物质和运动；整个宇宙只是向我们显示出一条硕大无比、连续不断的因果锁链，其中有一些原因为我们所知，因为它们是直接刺激我们的感官的；另外一些则不为我们所知，因为它们只是以一些与最初的原因常常隔得很远的结果来作用于我们的。"① 霍尔巴赫肯定事物处在因果联系之中，这是正确的。但他却进而从一切事物都有原因，推断一切事物都是必然的，将必然性与因果性完全等同起来，走到了只承认必然性而否定偶然性的机械决定论的极端。

霍尔巴赫对宗教神学的批判也是以自然观为基础的。宣扬无神论，批判宗教神学是霍尔巴赫哲学的第二大特点。他由此被称为"上帝的私敌"。他对宗教神学的批判是从自然主义出发的，即从自然与神的关系出发来揭露宗教神学的起源与本质。在宗教神学的起源问题上，他认为，宗教迷信来源于人们对自然的无知和恐惧。从思想上看，神的观念实际上是自然那里得来的，神的力量实际上是自然的力量。人的自然或本性乃是神的观念的重要来源。与此同时，霍尔巴赫还对近代形而上学体系中的神学不彻底性进行了批判，这种批判主要指向的是笛卡尔的本体论证明、斯宾诺莎的泛神论以及牛顿等人（包括法国启蒙思想家）的自然神论思想。

总之，在哲学上，霍尔巴赫继承和发展了以前的唯物主义思想，吸取了同时代哲学和自然科学的研究成果，创立了自身的机械唯物主义哲学体系，尤其是他关于因果性、必然性的许多论述客观上为19世纪德国古典哲学辩证地解决原因与结果、必然与偶然之间的关系奠定了理论基础，他的无神论思想也具有极其深远的影响。

---

① 北京大学哲学系外国哲学史教研室编译：《西方哲学原著选读》（下），商务印书馆1999年版，第209页。

德国古典哲学命题
DEGUO GUDIAN ZHEXUE MINGTI

德国古典哲学是指18世纪末、19世纪初的德国哲学，它是欧洲哲学集大成者、欧洲哲学史上的高峰，包含众多精致的概念、周密的分析、复杂的论辩和宏大的话语，充分展示了德国民族精神和启蒙时代精神的精华，标志着欧洲哲学进入了思想体系的时代。德国古典哲学命题虽"艰深难懂"，但它们是深刻、成熟的，是充满辩证思维的。

我们的时代是一个特别意义上的批判的时代，所有的一切都要服从批判。

——（德）康德

德国被康德引入了哲学的道路，因而哲学变成了一件民族的事业。一群出色的大思想家突然出现在德国的国土上，就像用魔法呼唤出来的一样。

——（德）海涅

如果不是先有德国哲学，尤其是黑格尔哲学，那么，德国科学社会主义，即从来没有过的唯一的科学社会主义，就绝不可能创立。

——（德）恩格斯

在哲学这条道路上，一个思想家不管他是来自何方和走向何处，他都必须通过一座桥，这座桥的名字就叫康德。

——（苏联）戈洛索夫古尔

34

康德：人为自然立法

　　给我物质，我就用它造出一个宇宙来！这就是说，给我物质，我将给你们指出，宇宙是怎样由此形成的。

　　　　　　　　　　　　　　——伊曼努尔·康德

西方哲学大师的命题

伊曼努尔·康德（Immanuel Kant，1724—1804年）是德国启蒙思想的最后一个代表、德国古典唯心主义哲学奠基人、自然科学家。

在康德的全部著作中，最重要的有三部，这就是著名的《纯粹理性批判》、《实践理性批判》和《判断力批判》。康德通过这三部著作建立了他的"批判哲学"体系，他自称是完成了一次"哥白尼式革命"。如果要用一个命题来表述这场哲学革命的主要内容的话，似乎可以首选"人为自然立法"这一命题。"人为自然界立法"，正是康德的"哥白尼式革命"所要达到的最高峰。

"人为自然立法"是一个涉及思维与存在、主体与客体同一性问题的认识论命题。人为自然立法的问题，实际上就是认识主体人与认识客体自然如何同一的问题。康德认为，自然界万事万物的各种法则，本来是没有名称的，它们本来是什么，从绝对的意义上讲，我们是永远不知道的。人们"发现"自然界的法则即"普遍必然性"，实质上只是对自然的命名而已。科学知识中的自然法则或定律就是用我们的概念建立起来的。从这个意义上讲，我们所知道的永远只是科学知识中的自然法则或定律，而不是自然界本身。

那么，人是怎样为自然立法或认识自然的呢？我们一般把事物之间的普遍必然性联系称为法则，但康德说，这些普遍必然性联系不是事物固有的，而是来自认识主体的"先天范畴"。这些范畴在与经验结合之前是以可能性存在着的，但当它与经验结合时就是必然的。也就是说，当认识主体在社会实践中通过感官获得经验材料后，头脑中先天存在的"认识形式"（包括先天的直观形式和先天的范畴）就被启动而开始工作，即首先将经验材料纳入先天直观形式（时间和空间）之中，然后运用各种"先天范畴"（因果关系等）进行整理，从而形成具有普遍必然性的科学知识。因此，我们所能认识到的一切现象都服从于范畴的综合作用，它们被范畴综合为具有普遍必然性的现象界的整体，即自然界；范畴加诸其上的法则即自然规律。在这里，康德不自觉地提出了一个思维与存在、主体与客体的同一性问题，虽然他在解决这一问题时是错误的，但他为解决这一问题开辟了一个新途径。

"人为自然立法"是一个试图调和唯物论与唯心论、经验论与唯理论以及可知论与不可知论的哲学命题。近代哲学的研究主题是认识论，而认识论的问题实际上就是思维与存在、主体与客体如何同一的问题。在康德哲学之前，这一问题已经历了反复的争论，其中唯物论与唯心论、经验论与唯理论以及可知论与不可知论相互交织，打得难解难分。例如，经验论者认为人类的一切知识都有来自感觉经验，但这样的知识则不具有普遍性和必然性；唯理论者认为真正的知识自身就具有普遍性和必然性，但他们无法合理解释其知识的来源。康德则试图以承认先天认识形式和后天经验材料并认定知识是二者作用的方式来调和经验论与唯理论，以承认自我和心灵之外的物自体以及现象来调和唯物论与唯心论，以人类对知性范围内获得知识的可能性的确定性与人类理性对物自体无法认识的不确定性来调和可知论与不可知论。显然，康德哲学是一个具有鲜明调和色彩的大杂烩。这也难怪有人嘲笑康德哲学是一个大集市，从那里想要什么就能获得什么。

"人为自然立法"是一个高扬主体能动性、崇尚自由的人本主义命题。康德生活的启蒙时代的特征是弘扬人的理性，以人为本。在康德之前，人本主义主要表现为道德政治领域的人道主义。康德把人本主义的精神发扬光大，通过以自我意识为核心的认识论，达到了以人为中心的世界观。按照康德的理论，以往人们误认为"普遍必然性"存在于自然中，因而人以自然为中心去寻找其中的"规律性"；但实际上，"理智的（先天）法则不是理智从自然界得来的，而是理智给自然界规定的"[①]。以往的哲学要人们的思想去符合物是不对的，应该是让对象来适合人的思想。这样，人成了认识活动的中心，是人赋予自然以"规律性"。这种认识论上的变革正像一次"哥白尼式革命"。哥白尼以"日心说"代替"地心说"的意义之一就在于破除了人类为宇宙中心的幻觉，而康德在哲学界的"人为自然立法"就是试图重新规定人在自然界的中心地位。

"人为自然立法"是一个企图砍掉自然神论头颅的具有批判性的哲学命题。虽然康德在伦理学领域请回了上帝，将"上帝存在"、"灵魂不灭"、"意志自由"作为道德领域的三个"公设"，给上帝留下了地盘，但在认识论领域，康德强调"人为自然立法"，将人的理性提高到了至高无上的地位，一切都要经过理性的批判，连宗教和法律也都要经过理性的批判才能获得尊敬，从而将上帝驱逐出了认识论范围。海涅称赞说：《纯粹理性批判》是砍掉自然神论头颅的大刀。

[①] 北京大学哲学系外国哲学史教研室编译：《西方哲学原著选读》（下），商务印书馆1999年版，第287页。

"人为自然立法"也是一个强调一切以认识主体的经验和能力为转移的先验唯心主义命题。康德先验唯心主义的基本特征是调和两个对立的哲学派别——唯物论与唯心论、唯理论与经验论。他所采取的第一个"先验的"方法就是把世界划分为现象与物自体两部分。从这个逻辑起点出发,康德引出了关于感性、知性和理性的学说。他认为,感性能力与经验材料的结合,使"数学的先天综合判断能够成立";知性能力与感性对象的结合,使"自然科学的先天综合判断能够成立";理性能力因其不能与非经验的对象上帝、灵魂、世界相结合,故"玄学(形而上学)的先天综合判断不能够成立"。感性、知性、理性三种认识能力,都不是从实际的认识活动中形成的,而是主体先验具有的。在他看来,人们认识的意义只不过是把这些先验的认识能力施之于"对象",而这对象也不是客观存在,仅仅是主观"设定"的。一言以蔽之,所谓认识无非是拿先验的认识能力与经验的质料相结合,从而构成知识的内容。一切都以认识主体的经验和能力为转移,这就是康德先验唯心主义的实质。

康德哲学是一个完整的哲学理论体系,这一理论体系是近代理性主义和经验主义矛盾的结合,具有鲜明的二元论特征,是一个"各式各样的矛盾的'巢穴'"。[①] 但这些都丝毫改变不了康德哲学在历史上所享有的举足轻重的地位。许多哲学史学家都说,康德在德国哲学史上起着一种蓄水池的作用,康德之前的哲学思想都流向康德,而其后的哲学思想都由康德哲学中流出。"康德就是哲学,哲学就是康德。"康德的哲学对德国古典哲学和西方哲学乃至马克思哲学都产生过深远影响。

德国伟大诗人海涅曾评价康德说:"就破坏力而论,康德可以同法国革命的首领罗伯斯庇尔相比,这位法国革命家杀掉了国王,而这位哥尼斯堡的老人则有胆量做更大的事情——反对上帝。"

[①] (德)黑格尔:《哲学史讲演录》(第4卷),贺麟、王太庆译,商务印书馆1997年版,第293页。

35

费希特：只有你的行动才决定你的价值

注意你自己，把你的目光从你的周围收回来，回到你的内心，这是哲学对它的学徒所做的第一个要求。哲学所要谈的不是在你外面的东西，而只是你自己。

——约翰·戈特利布·费希特

西方哲学大师的命题

约翰·戈特利布·费希特（Johann Gottlieb Fichte，1762—1814年）是德国古典唯心主义哲学家。费希特的一生都在孜孜不倦地建立知识学的哲学体系。费希特哲学在德国古典哲学发展中具有承上启下的作用，是从康德到黑格尔发展过程中不可缺少的重要环节。

费希特在《人的使命》一书中提出了一个著名的哲学命题："只有你的行动才决定你的价值。"

"只有你的行动才决定你的价值"是一个以"自我"为出发点的主观唯心主义哲学命题。在哲学上，费希特是直接从康德出发的，但他不同意康德哲学中有关"自在之物"的理论。他认为，这个"自在之物"是一个毫无意义的幽灵，应该从哲学中去掉。他从康德《实践理性批判》中所讲的决定道德行为的"自由意志"那里受到启发，找到了一个独立自存的、不依赖于事物和客体的东西，那就是"自我"。他在《人的使命》中说："自我，自我，永远是自我，把一切东西都归于这个自我。"费希特认为，物自身并不出现在经验里，相反倒是通过人的自由的思维产生出来的。物自身是一种纯粹的虚构，完全没有实在性，不是自我意识的存在依赖于物自身，而是物自身的存在依赖于自我意识。费希特认为，自我是第一性的、绝对的、无条件的，因而就不是被规定的，而是自行规定的。自我是独立存在的东西，它不是物质的产物而是它自己的产物。自我设想一切，创造一切，决定一切，在自我之外没有独立自在的其他事物。所以，自我是物质和意识、存在和思维这个系列的起点。自我是第一性的，一切外物都是第二性的，它们必然依赖于第一性的自我，应当与第一性的自我结合在一起。其实，世界上唯一独立存在的只是物质。如果真有自我的话，那也只能是物质的产物，它只能依赖于物质而不可能自己建立自己。说到底，费希特的自我无非是改装了的、脱离物质的精神实体。

费希特以"自我"为出发点，提出了以下三个重要命题：①"自我设定自身"，也就是"我是我"，自我是绝对的、无条件的，是一切事物的根据，其自身不需要根据。②"自我设定非我"。这个"非我"就是相对主体（自我）而言的客体。自我的存在必然会有一个与它相对立的非我的存在，非我是由自我的活动绝对决定的。同样，自我的活动必然会有一种与自我活动相对立的非我的活动，非我也是一种绝对凭借自我的活动，因为自我和非我之间存在着必然的同一性。费希特猜测到任何事物是矛盾的对立,任何事物的活动是矛盾的运动。这是对第一条命题的唯心主义辩证法的发展。③"自我设定自我和非我"。这就是说,"自我"放弃了对立面——"非我",又返回自身,从而在"自我"内实现了"自我"和"非我"的统一。费希特力图要说明物质是意识的产物,又与意识相对立。物质扬弃意识,意识扬弃物质,物质和意识的对立在意识中实现了统一。他辩证地觉察到了物质和意识、存在和思维的同一性问题。总之,费希特的这三个命题都是以"自我"为出发点的。自我是世界的创造者,世界是自我活动的产物。这样,费希特以自我取代物自身,从另一方面修正和发展了康德的主观唯心主义哲学。

"只有你的行动才决定你的价值"是一个肯定人的主观能动性和"实践活动"、具有辩证法思想的哲学命题。这一唯心主义命题蕴含着十分深刻的辩证法思想。费希特说:"自我的那种自己设定自己的活动是它的纯粹活动。——自我设定它自己,它凭着自己设定自己的单纯活动而存在;反过来也是一样:自我存在,它凭着它的单纯存在而设定它的存在。——它同时既是活动者,也是活动的产物;既是行为者,又是行为产生的结果;活动和行动是同一件事,因此那个'我存在'是一种行动的表达方式,却也是唯一可能的行动的表达方式。"①费希特没有把自我单纯地理解为意识的主体,他同时将其理解为行动的主体。强调行动,是费希特哲学最大的特征。费希特认为,非我是自我活动的产物,自我和非我的统一只能在自我的活动中实现。非我作用于自我,自我被非我所限制,他称之为"理论认识";自我作用于非我,非我被自我所扬弃,他称之为"实践活动"。自我是理论认识和实践活动的统一体。自我的创造活动,就是自我在行动中给自己建立一种限制非我,进而在行动中克服限制、扬弃非我。自我是一个能动的创造性的主体,而它的本质就是行动。所以,他说:"只有你的行动才决定你的价值。"费希特强调行动,就是强调人的情操、道德、良心、意志的努力。所以,他的着眼点正是主宰这种行为的人的品质、精神状态。他号召人们通过行动超越知识,达到实践,而一旦进入实践的领域,信仰便成为根据,意志便获得了自由。费希特说:"我们应当在由这个综合结合起来的自我与非我之中,在自我与非我为这个综合所结合的范围内,寻求其余各种对立的标志,并

---

① 北京大学哲学系外国哲学史教研室编译:《西方哲学原著选读》(下),商务印书馆1999年版,第338页。

且通过一个新的关联根据把它们结合起来,而这一个新的关联根据,又必须包含在那个最高的关联根据之中。我们应当在这第一个综合所结合的那些对立面中再去寻求新的对立面,通过一个新的、包含在刚才推演出来的关联根据中的关联根据,把它们结合起来,并且尽可能长久地继续做下去,一直到我们遇到这样一些对立面为止:这种对立面不再让人完善地把它们结合起来,因而就过渡到实践部分的领域里去了。"① 在这里,费希特看到了人的能动性,特别是人在理论认识基础上的实践能动性,辩证地把物质和意识、思维和存在以人的能动性为中介对立统一起来,深刻地推动了辩证法的发展。但是,他夸大了人的意识能动性,彻底地抹杀这种能动性的客观物质基础。他的辩证法是唯心主义的辩证法,他所说的能动作用和实践活动始终停留在自我意识的范围内,对现实生活并无直接意义和实际效力。

"只有你的行动才决定你的价值"也是费希特一生行为的真实写照。费希特深受法国大革命思潮的影响,赞同卢梭的"社会契约说",主张君主立宪制,猛烈抨击封建专制制度和反动教会的统治。在德国古典哲学家中,费希特可以说是最激进的、杰出的自由战士和思想家。1792年,他以阐述康德哲学思想而一举成名。在耶拿大学任教时,他的激进的演说尤能打动人心。因与保守当局发生了一系列的冲突,1799年被解除耶拿大学教授职务。1806年,拿破仑入侵德国,费希特热情支持德国对侵略军的抗击。在公开演说中,他高呼:"或者同祖国一起自由地活着,或者随同她的灭亡一起死去。"费希特确实以他积极战斗的一生实践了"只有你的行动才决定你的价值"这一思想。

---

① 北京大学哲学系外国哲学史教研室编:《十八世纪末—十九世纪初德国哲学》,商务印书馆1979年版,第178~179页。

∽ 36 ∽

谢林：自然与精神的同一

我们知识中一切纯客观的总和，我们可称之为自然；而一切主观东西的总和，则可称之为自我或心智。这两个概念是互相对立的。……但在一切知识中，它们（有意识的与无意识的本身）必须有一种相互的汇合。哲学问题就在于解释这种汇合。

——约瑟夫·谢林

约瑟夫·谢林（Joseph Schelling，1775—1854年）是德国古典唯心主义哲学家。谢林的哲学按时间次序经历了自然哲学、艺术哲学、同一哲学（绝对唯心论）和天启哲学几个发展阶段。谢林哲学是黑格尔哲学最直接的前提。谢林所提出的一个著名的哲学命题是："自然与精神的同一。"

"自然与精神的同一"是一个集中体现谢林"绝对同一"思想的哲学命题。谢林认为，哲学的任务是寻求知识中主客一致的根据。一切知识都是以客观东西和主观东西一致为基础的，因为人们所认识的只是真实的东西，而人们普遍认定真理在于表象同其对象一致。一切知识既包含客观的东西，又包含主观的东西。知识中一切客观的东西的总和，我们称之为自然；知识中一切主观的东西的总和，我们称之为自我或理智；自然是外在于意识的东西，是可予以表象的东西；自我或理智是有意识的东西，是作表象的，我们的知识就在于这两者之间的一致。哲学的最高任务就是回答"如何能把表象认作是以对象为准的同时又把对象认作是以表象为准的问题"。① 也就是说，哲学要寻求主观的东西和客观的东西一致符合的根据。谢林提出了哲学的出发点的最高原则就是"绝对同一"。谢林所说的"绝对同一"指的是存在与思维、物质与精神、客体与主体的绝对同一。从根本上讲，它就是某种绝对理性，没有什么能在它之外，万物都在它之中。绝对同一是世界最高的、唯一的本原，世间千差万别的事物都是由它派生出来的。"绝对同一"首先产生的是物质的自然界，自然界不断向前发展，而其发展的最高点是人。在人之中，无意识的精神转化为有意识的精神，转化为自我意识。所以，谢林认为，自然界是绝对同一的精神无意识创造的，它的发展是这种精神从无意识到有意识发展的过程。

谢林认为："自然应该是可见的精神，精神应该是不可见的自然。"精神与自然统一于"绝对"之中。事物的发展，包括具有自觉精神的人的出现，都是宇宙中的不自觉精神即"宇宙精神"指导的结果。在"宇宙精神"的指导下出现的人的自觉精神，是自然界的最高产物，并且与自然界是同一的。宇宙从绝对同一出发，分为自然界和宇宙精神两个对立面，然后又复归于更高的同一：自然与人的意识或精神的同一。

---

① （德）谢林：《先验唯心论体系》，梁志学、石泉译，商务印书馆1976年版，第14页。

谢林认为，哲学就是以"绝对同一"所分化出的自然世界和精神世界作为自己的研究对象的，以前者为研究对象的是自然哲学，它的任务是从自然界追溯到精神，即从无意识的自然中引申出有意识的理智；以后者为研究对象的是先验哲学，它的任务则是从理智或自我追溯到自然，即从精神中引申出无意识的自然物来，把理智的规律物质化为自然规律，从而证明理智与自然的同一。自然哲学与先验哲学是相互对立的，它们能结合在一个体系内，是因为自然和理智都是以"绝对同一"作为共同基础的。

谢林是将自然界对立力量的斗争及其综合统一带入到哲学和科学中来的第一人，他从客体和自然界内部的能动性说明了主体的能动性以及主体与客体的辩证统一，将"自我意识"看成是自然界发展的产物，是自然发展的最高点，这应该说是一大进步。但是，从根本上讲，他的"绝对同一"本身是一个神秘的东西，是无法加以界定和解释的东西，是非理性主义与神秘主义的产物。由于谢林把"绝对同一"看成是万物的本原，而"绝对同一"实质上是作为一种宇宙精神而存在，所以，他的哲学本质上是一种客观唯心主义。

"自然与精神的同一"是一个蕴含着对立统一思想的哲学命题。谢林曾说："对立在每一时刻都重新产生，又在每一时刻被消除。对立在每一时刻这样一再产生又一再消除，必定是一切运动的最终根据。"[①] 按照谢林的观点，绝对同一发展的过程先是"一分为二"，然后是"合二为一"，但这种新的"一"又孕育着新的"二"，它们又将在新的水平上复归于"一"，如此演进不已。谢林说，绝对同一作为最高本原在最初时处于绝对无差别的状态之中，无论是思维与存在，还是主体与客体之间的分化此时尚未出现，绝对同一还只是一种无意识的欲望。绝对同一希望能够认识自己，而要做到这一点只有通过无意识的欲望和活动来达到，通过这种活动，绝对同一超出无差别的同一，使自己与自己区别开来，从自身中产生出差别来，这样也就逐渐出现了思维与存在、物质与精神、主体与客体等差别与对立。"绝对同一"由分化、差别所产生的一切精神现象就构成主体，所产生的一切物质现象就构成客体，通过主客体的差别与对立，绝对同一在人的理性中意识到自己。这时，差别与矛盾就随着

---

① （德）谢林：《先验唯心论体系》，梁志学、石泉译，商务印书馆1976年版，第148页。

绝对同一对自身的认识而消失,"绝对同一"也就重新回复到那种无差别、无矛盾的"绝对同一"的状态之中。因此,"绝对同一"是发展变化的,"绝对同一"的发展过程也就是其认识自身发展的过程。"绝对同一"发展的公式为:"同一——差别、对立——同一。"

谢林哲学是黑格尔哲学最直接的前提。谢林的同一哲学为黑格尔哲学提供了直接的思想资料,这不仅表现在谢林的"绝对同一"说为黑格尔的"绝对精神"说做了铺垫,而且在于他的哲学中已经包含了诸多后来为黑格尔所吸收的辩证法思想。例如,谢林关于自然界中的事物都具有两极性,且这两极通过对立、斗争而达到统一,由低级事物向高级事物不断发展的思想;谢林关于"绝对同一"以"同一——差别、对立——同一"这种肯定——否定——否定之否定运动的思想;谢林对主体与客体服从于同一规律的确认和证明,等等,都为黑格尔所吸收,成为黑格尔辩证法思想的重要环节。谢林曾无可奈何地感叹:"要是没有我,就确实不会有黑格尔和现在的黑格尔派。"[①] 此话确实不无道理。

[①] (德)谢林:《先验唯心论体系》,梁志学、石泉译,商务印书馆1976年版,第16~17页。

37

黑格尔：合理的就是现实的，现实的就是合理的

矛盾是一切运动与生命力的根源；事物只是因为自身具有矛盾，它才会运动，才具有动力和活动。

——威廉·弗利德里希·黑格尔

现实是本质与实存或内与外所直接形成的统一。……发展了的现实性，作为合而为一的更替，作为内与外的两个相反的运动联合成为一个运动的更替，就是必然性。

——威廉·弗利德里希·黑格尔

西方哲学大师的命题

威廉·弗利德里希·黑格尔（Wilhelm Friedrich Hegel，1770—1831年）是德国古典唯心主义哲学集大成者、辩证法大师。

黑格尔集由康德开始的德国哲学革命成果之大成，建立了西方哲学史上空前庞大的包含丰富辩证法内核的唯心主义体系，为马克思主义哲学的创立提供了直接理论前提。

黑格尔是一位辩证法大师，他提出的一个充满着辩证法且产生了广泛而深刻影响的哲学命题是："凡是合理的就是现实的，凡是现实的就是合理的。"这是黑格尔在《法哲学原理》和《小逻辑》中先后提出的一个关于理性与现实的关系的命题。

"凡是合理的就是现实的，凡是现实的就是合理的"是一个采用晦涩方式表述的、曾引起一系列争论的哲学命题。黑格尔的这个命题刚一发表，就立刻得到了普鲁士政府的赞扬。因为政府人士是这样理解的：所谓"现实的"当然是目前存在的，而"合理的"就是有道理的，是好的。政府的各种政策措施都是"现实的"，因而也都是合理的。另一方面，"任何合理的都是现实的"，即所有美好的、应该做到的事情，普鲁士政府都已经完全做到了，因而普鲁士政府及其所采取的各项方针政策都是完美无缺的。当时的文教大臣阿尔腾施太因曾写信给黑格尔，赞扬他"使哲学具备了对待现实的唯一正确的态度"。后来，普鲁士政府将黑格尔提拔为柏林大学校长，将黑格尔哲学确定为官方哲学。

与此相反，那些反对普鲁士政府的自由主义者认为，黑格尔是一个堕落的哲学家，心甘情愿地为反动政府当走狗，是在为普鲁士君主国家进行辩护，黑格尔哲学是"长在阿谀奉承的粪堆上"的"哲学毒菌"。

然而，正如恩格斯所说，不管是当时的普鲁士政府，还是反政府的自由主义激进派，都没有真正把握黑格尔这一命题的精神实质。

"凡是合理的就是现实的，凡是现实的就是合理的"是一个包含着"新事物必然产生、旧事物必然灭亡"辩证思想的哲学命题。人们之所以会对这一命题产生争议，关键是对"现实"这一概念做出了不同理解。根据黑格尔的概念逻辑，"现实"并不完全等于"现存"，"现存"也不意味着就是"现实"。这是因为"现实"是与"必然性"联系在一起的，而"现存"则不尽然。"现实"之所以成为现实，是因为它是合理的或合乎规律性的，因而也就是必然地要实现的东西。只有同时具有"必然性"的那些事物，才是"现实"的，而这种事物却并不一定现在就已经存在着；反之，"现存"的事物，不一定是合理的，如日常生活中的幻想、错觉以及一切过时腐败的东西，都只是一种暂时存在的或偶然的东西，不具有必然性，因而只是"现存"的，而不是"现实"的。

　　黑格尔这一命题的本意为：世界是绝对理念自我发展的辩证运动。所以，世界上的一切事物都是绝对理念自我发展过程中的一个特定的阶段或环节。凡是处于理念自我发展过程中的必然环节上的事物，总是要从潜在的发展为现实的；凡是从潜在发展为现实的事物总是处于理念自我发展过程中的必然环节之上。这也就是说，凡是合理的事物都将必然地实现，但已经实现的事物（即现存的事物），虽然有其合理的成分，但不可能绝对的合理。随着时间的推移，这一不合理的成分逐渐上升而构成此事物的本质，它又将发展成不合理的事物，即必然会让位于新的、更合理的事物。这样，经过一番推论，"凡现实的就是合理的，凡合理的就是现实的"这个命题已经包含了另一个命题，即"凡现存的都是应当灭亡的"。这是按照黑格尔的辩证法所必然要得出来的结论，只不过黑格尔本人没有直截了当地得出这种结论。

　　黑格尔的好友海涅曾讲过这样一件有趣的轶事：有一次，在和黑格尔交谈中，海涅流露出对"凡是现实的都是合理的"这句话疑惑不解时，黑格尔却怪笑了起来，轻轻地对海涅说："也可以这样说：凡是合理的必然都是现实的。"可是，他说完这句话后，却惊慌地环顾左右。当他发现只有海涅和他的另一位朋友听到这句话时，才又平静下来。黑格尔之所以如此紧张，正是因为在这个命题中隐藏着革命的内容。但是，由于黑格尔胆小、怯懦，只能"跪着造反"，所以才把自己的思想通过如此迂腐晦涩的言辞表达出来。

　　"凡是合理的就是现实的，凡是现实的就是合理的"规定了哲学根本任务的出发点及其理论基础。黑格尔认为，社会领域同自然界一样，也存在着规律性。尽管它们的表现形式不同，即前者通过必然性直接完成，后者则要借助自由的精神世界来完成。但规律的存在是毋庸置疑的。由于许多人不懂得"真实的现实性就是必然性，凡是现实的东西，在其自身中必然的"这个道理，因此不理解社会领域中也存在规律，因而也就不能理解哲学的伟大作用。哲学的任务就在于在时间性的瞬即消失的假象中，去认识内在的实体和现在事物中的永久的东西，也就是通过现象把握内在于事物中的概念、理念（即规律）。可见，黑格尔的这一命题

肯定了规律的普遍性，明确规定了哲学的任务是通过现象把握事物的本质和规律，为其哲学奠定了深刻的理论基础，在认识论上是具有积极意义的。他的哲学的"真实意义和革命性质，正是在于它永远结束了以为人的思维和行动的一切结果具有最终性质的看法"。①

"凡是合理的就是现实的，凡是现实的就是合理的"是一个反映德国资产阶级两面性的政治命题，是德国资产阶级夺取政权的宣言书。黑格尔时代是资产阶级革命高涨的时代。但是，由于当时德国的经济、政治等方面都远远落后于英国和法国，并且国内四分五裂，因而德国资产阶级既向往革命，又害怕革命。德国资产阶级的这一特点也充分表现在黑格尔身上。作为普鲁士官方哲学家的黑格尔，认为封建专制的普鲁士王国是必然存在着的现存事物，因而也是合理的。他甚至认为普鲁士王国是世界历史发展的顶峰，君主立宪制是最发达、最完善的国家政治形式。对黑格尔这个命题的政治上的保守性，恩格斯曾无情地揭露说："这显然是把现存的一切神圣化，是在哲学上替专制制度、替警察国家、替王室外司法、替书报检查制度祝福。"② 与此同时，作为德国资产阶级哲学家的黑格尔则认为，现实性绝不是某种社会制度或政治体制在一切环境和一切时代所固有的属性。恰恰相反，以前一切现实的东西都会成为不现实的，都会丧失自己的合理性和必然性，一种新的富有生命力的现实的东西会起来代替正在衰亡的现实的东西。因此，这一命题，在政治上是为德国资产阶级夺取政权的合理性进行论证的。恩格斯曾经指出："黑格尔宣布了德国资产阶级取得政权的时刻即将到来。"③

---

① 《马克思恩格斯选集》第 4 卷，人民出版社 1972 年版，第 211～212 页。
②③ 《马克思恩格斯全集》第 8 卷，人民出版社 1961 年版，第 16 页。

38

费尔巴哈：上帝是人的本质的异化

神学就是人本学和自然学。

——路德维希·费尔巴哈

新哲学完全地、绝对地、无矛盾地将神学溶化在人学之中，……简言之，溶化于完整的、现实的人的本质之中。

——路德维希·费尔巴哈

路德维希·费尔巴哈（Ludwig Feuerbach，1804—1872年）是德国唯物主义哲学家、无神论者。

费尔巴哈哲学从批判黑格尔唯心主义哲学开始，提出了自己的人本学思想，对唯物主义有所发展，为马克思从黑格尔影响下解脱出来提供了思想武器，成了马克思主义哲学的一个直接理论来源。

费尔巴哈对宗教神学的批判，是其哲学的一个重要的组成部分。他曾说过，他的一切著作"都只有一个目的、一个意志和思想、一个主题。这个主题正是宗教和神学，以及与之有关的一切东西"①。费尔巴哈在最著名的代表作《基督教的本质》中提出了一个著名的哲学命题："上帝是人的本质的异化。"它的中心意思是：上帝无非是人将自己的本质属性抽象出来，当作独立实体崇拜的结果。所以，不是上帝创造了人，而是人创造了上帝，是人按照自己的本质创造了上帝；上帝是人的镜子，上帝的本质就是人的本质。

"上帝是人的本质的异化"是一个建立在人本唯物主义基础上的哲学命题。所谓人本主义，就是一种以人为本的学说，它把人以及作为人的基础的自然作为哲学唯一的、普遍的和最高的对象，一切从人出发。费尔巴哈将自己的哲学称为人本学，认为人本学的对象是自然，但是，要揭开自然的深奥秘密，哲学必须首先研究人，以人为出发点。费尔巴哈指出，人既是自然界的一部分，又是自然界的本质；既是自然的产物，又是自然的创造者。人的思维是高级物质的产物，并且能够正确地反映物质世界这一客观实在，因此，唯物主义思想是费尔巴哈人本主义中的"基本内核"。人作为自然物，其本质是什么呢？人的本质是如何成为自然的最高的本质的呢？费尔巴哈认为，人区别于其他自然物之处在于人有类意识。类意识的对象包含着无限的可能性，就是说，类意识是关于无限性或无限者的意识。人是有限的，但他的意识对象却是无限的。人在现实的对象上意识不到任何无限性，人只能把他的意识的无限本质对象化，才能反过来在这个对象上意识到自身。当人的类意识中完善的、神圣的本质被对象化为一个实体时，这个实体就是上帝。因此，他明确提出了"上帝是人的本质的异化"这一命题。

"上帝是人的本质的异化"是一个试图揭露宗教起源和本质的命题。

---

① 《费尔巴哈哲学著作选集》（下卷），荣震华、李金山等译，商务印书馆1984年版，第507页。

在宗教的起源问题上，费尔巴哈认为，无知和恐惧是宗教产生的根源。最初的自然宗教就是因为人们的无知而对自然的威力产生恐惧进而神化形成的。当然，人还会因自然提供给人类幸福而产生依赖感。这种依赖感才是宗教产生的真正基础。人们最初依赖于自然，后来开始产生对"那些政治的、理论的、抽象的力量，法律、舆论、荣誉、道德的力量"的依赖感，最后将君主视为至高无上的神。这就是社会宗教的产生。那么，依赖感又是从何而来呢？费尔巴哈认为，依赖感来自于人的需要，来自人的利己主义的本性。人有了需要，自然就有了占有的愿望和要求。这些愿望和要求从主观上说是无限制的、无所不能的。但另一方面，它们在客观上则是有限制的、有条件的。这样，就产生了欲望与能力、想象与实际之间的矛盾。这些矛盾在现实中又无法解决，人们也就只好借助于幻象的超自然的力量，宗教的观念也就应运而生。因此，宗教是幻想的产物，上帝是人创造出来的，是人的本质的异化。费尔巴哈还对宗教的反动社会作用和危害进行了深刻的揭露。他认为，宗教的最大罪状就是造成思想与文化的停滞，使人消极被动和无所作为。宗教是一切虚伪、欺骗、迷信、谬误和阴谋诡计的源泉，人们应当以政治代替宗教、人间代替天国、劳动代替祈祷。费尔巴哈对宗教的认识根源和本质及其危害性的分析是合理的，它揭穿了宗教的神秘外衣，以人本主义发展了法国唯物主义的无神论，在人类思想史上产生了深刻的影响。当然，他的宗教观的局限也是十分明显的，这就是未能揭示宗教产生的社会和历史根源，更没有提出解决宗教这个社会问题的正确途径。

"上帝是人的本质的异化"是一个倡导"爱的宗教"的哲学命题。费尔巴哈继承了启蒙运动的无神论传统，力图说明不是神造人，而是人造神的道理，但他不像无神论者那样彻底地否定上帝。他认为，上帝固然是人制造的，但却是按照自己的本质造就的。基督教的错误只是颠倒了本末，不知道上帝就是人的本质，而把上帝与人的本质分离开来，结果将人间的一切都奉献给上帝，作为人性的反映的宗教到头来成为压制和摧残人性的工具。其实，人不可能取消宗教，人需要做的是正确地认识和运用宗教的价值，把人自身的本质当作神圣的价值加以崇拜，因而真正的宗教只能是人本学的宗教。人本学的宗教以人的无限的本质为崇拜对象，而人的本质是理性、意志和爱的三位一体，其核心是爱。他甚至说："爱是存在的标准——真理和现实的标准。……一个人爱得越多，则

越是存在；越是存在，则爱得越多。"费尔巴哈倡导的正是这种"爱的宗教"。在"爱的宗教"里，人的本性和价值重新得到恢复和重视，人成了宗教的始端、中心和尽头。如果将最高本质称为上帝的话，"爱"就是人的最高本质，就是人的上帝。于是，他提出了另一个著名命题——"人是人的上帝"。费尔巴哈的这种"爱的宗教"在理论与实践上都是历史的倒退。正如恩格斯所说："在费尔巴哈那里，爱随时随地都是一个创造奇迹的神，可以帮助他克服实际生活中的一切困难，——而且这是在一个分成利益直接对立的阶级的社会里。这样一来，他的哲学中的最后一点革命性也消失了，留下的只是一个老调子：彼此相爱吧！不分性别、不分等级地互相拥抱吧，——大家一团和气地痛饮吧！"①

---

① 《马克思恩格斯选集》第4卷，人民出版社1972年版，第236页。

马列主义哲学命题

MALIEZHUYI ZHEXUE MINGTI

　　马列主义哲学是人类哲学史上的一次伟大变革，内涵丰富、博大精深，其哲学命题似乎可信手拈来，且大都具有深刻意蕴与深远意义。面对千姿百态、千变万化的现实世界，我们必须勇于开拓创新，坚持与发展马列主义哲学，使哲学永具鲜活魅力，以谋求人类更大的幸福。

与历史上任何思想家相比，马克思的思想是在更短的时间内产生了更大的影响。……当1883年他不满65岁去世之际，全人类似乎出现了活生生的第三种政治力量，他们用马克思的名字，把自己称作"马克思主义者"。

——（英）布莱恩·麦基

哲学家的重要性不仅在于他的哲学思想中，而且还在于他的思想是否发生了影响，并且能够促进人们去为之奋斗。如果我们从这方面来判断马克思，我们便会发现他是一位具有重要性的人物。

——（美）麦克·哈特

马克思主义哲学是19世纪产生的最后一个伟大的体系。其号召力大、影响普遍，主要是由于它那种乌托邦式的预言的宗教虔信特征，以及行动纲领中的革命思想成分。

——（英）伯特兰·罗素

39

马克思：
哲学家们只是用不同的方式解释世界，
而问题在于改变世界

哲学家们只是用不同的方式解释世界，而问题在于改变世界。

——马克思

哲学把无产阶级当作自己的物质武器，同样，无产阶级也把哲学当作自己的精神武器。

——马克思

西方哲学大师的命题

卡尔·马克思（Karl Marx，1818—1883年）是马克思主义的创始人之一，全世界无产阶级的导师和领袖。

"哲学家们只是用不同的方式解释世界，而问题在于改变世界"这一命题出自马克思的《关于费尔巴哈的提纲》。它的中心意思为：以往的一切旧哲学，都是以各种不同的方式来解释世界，即认识世界，而真正科学的哲学则是在于改造世界，在于为人们改造世界提供理论指导。1956年，为纪念马克思逝世73周年，英国共产党集资在伦敦海特公墓东端购买了较大的一块墓地，将马克思和他夫人燕妮迁葬在这里。整个墓碑高约4米，碑顶是马克思的青铜胸像，像座的两侧分别镌刻着马克思的至理名言："全世界无产者，联合起来！"和"哲学家们只是用不同的方式解释世界，而问题在于改变世界"。由此可见，这一命题在马克思哲学中的地位。

"哲学家们只是用不同的方式解释世界，而问题在于改变世界"是在对费尔巴哈及一切旧唯物主义局限性进行批判的基础上提出来的。1845年1月，马克思被法国政府驱逐出巴黎，到了布鲁塞尔。这时的马克思已经大致完成了他的历史唯物主义的理论研究工作，而开始"着手在各个极为不同的方面详细制定这些新观点"。《关于费尔巴哈的提纲》就是这时为着"详细制定这些新观点"而写的笔记。恩格斯认为，这一笔记是"包含着新世界观天才萌芽的第一个文件"。在此，马克思第一次将社会实践作为新世界观的基本范畴提了出来，并在此基础上较全面地阐发了辩证唯物主义和历史唯物主义的基本观点。

《关于费尔巴哈的提纲》第一次从根本上批判了费尔巴哈以及一切旧唯物主义的局限性，指出他们的根本缺陷就在于对事物和现实只是从客观的方面来理解，而不是从人的感性活动和实践活动方面来理解，不了解社会实践在社会生活和人的认识过程中的作用。由于旧唯物主义理论脱离了实践，不了解社会实践的重要作用，使它对"凶手"宗教等在内的一切重要的社会现象和意识形态都不能达到科学的认识。因而，他们不能科学地解释人的认识和客观世界之间的辩证关系。在费尔巴哈及其一切旧唯物主义哲学看来，人的认识不过是对客观事物的消极、被动的反映，犹如照镜子一样，或者说客体只是直观的对象，而不是人的革命改造或实践活动的对象。这样，他们的哲学也就只能以这样或那样的方式解释世界，而不能为人们改造客观世界提供方法论指导。

与此相反，马克思认为，人类的两类基本活动是认识世界和改造世界。认识世界不是我们的目的，我们的目的是改造世界。客观世界不仅是认识的对象，同时也是改造的对象。人们对客观世界的认识，正是在改造客观世界中实现的，离开了后者，即离开了社会实践的活动，人的认识不仅不可能发生，而且其正确与否也是无法进行检验的。所以，马克思指出："人的思维是否具有客观的真理性，这并不是一个理论问题，而是一个实践的问题。人应该在实践中证明自己思维的真理性，即自己的思维的现实性和力量，亦即自己思维的此岸性。关于离开实践的思维是否具有现实性的争论，是一个纯粹经院哲学的问题。"

"哲学家们只是用不同的方式解释世界，而问题在于改变世界"是马克思所建立的实践唯物主义的集中体现，是马克思主义哲学与一切旧哲学相对立的一个根本点。由于马克思把科学的实践观引入自己的哲学，立足于实践，将整个社会生活和各种意识形态现象放在实践的基础之上来理解，全面、科学地说明了实践及其在哲学中的基础地位，全面、科学地说明了实践对社会发展和在认识过程中的决定作用，强调了自己的全部哲学理论都要付诸实践、指导实践。这样，他不仅科学地说明了包括宗教和人的本质等在内的各种社会现象和意识形态问题，也从根本上有别于旧唯物主义。马克思曾将自己的新哲学与以往的旧哲学的根本对立，归结于阶级基础和理论出发点的对立。他说："旧唯物主义的立脚点是'市民'社会；新唯物主义的立脚注点则是人类社会或社会化了的人类。""哲学家们只是用不同的方式解释世界，而问题在于改变世界。"可见，"改变世界"的问题是马克思主义哲学与旧哲学在理论出发点上的根本对立。马克思主义哲学正是指导人民群众认识世界并进而改造世界的强大理论武器。正因为如此，人们认为马克思主义哲学是实践唯物主义哲学。

40

恩格斯：无限的东西既可以认识，又不可以认识

> 一个民族想要站在科学的最高峰，就一刻也不能没有理论思维。
> ——恩格斯

> 每一时代的理论思维，从而我们时代的理论思维都是一定历史的产物，在不同时代具有非常不同的形式，并因而具有非常不同的内容。
> ——恩格斯

弗里德里希·恩格斯（Friedrich Engels，1820—1895年）是马克思主义的创始人之一，全世界无产阶级的导师和领袖。

"无限的东西既可以认识，又不可以认识"是恩格斯在《自然辩证法》一书中提出的一个著名哲学命题。它的中心意思为：人的认识是一个曲折的、充满矛盾的过程，是有限与无限、相对与绝对的辩证统一。

恩格斯的这一命题是针对当时德国植物学家、反达尔文主义者耐格里提出来的。1877年9月20日，耐格里在慕尼黑德国自然科学家和医学家代表大会上作了一个题为《自然科学的认识的界限》的报告。在这个报告中，他宣称："我们只能认识有限的、暂时的、变动的东西，只能认识程度上不同的、相对的东西……我们不知道任何无限的或永恒的东西，任何常住不变的东西，任何绝对的差异。我们准确地知道一小时、一米、一公斤的意思是什么，但是我们不知道时间和空间、力和物质、运动和静止、原因和结果是什么。"

针对这一错误观点，恩格斯在写《自然辩证法》一书时，专门列了"关于耐格里的没有能力认识无限"的栏目，对其进行了剖析和批判，深刻地揭示了个别与一般、有限与无限、绝对与相对的辩证统一关系。

恩格斯指出，人们的认识总是从认识个别的、特殊的东西开始，进而认识一般的、普遍性的东西。由于普遍性的东西是从无数具体的、有限的东西中综合或抽象出来的，因此，就使我们有可能依照其共同属性从个别中把握一般，从有限中把握无限，从暂时中把握永久。

为了说明这个观点，恩格斯列举了这样一个例子：譬如，当我们知道氯和氢在一定的压力和温度之下受到光的作用就会爆炸而化合成氯化氢这件事情之后，我们就能知道，只要具备上述条件，这件事情的发生便是随时随地都可能的。这就是说，当我们懂得了一件事物的规律之后，也就等于懂得了它的出现将会是无限的，因为规律性的东西都带有普遍性或永恒性。这就是从认识特殊到达认识普遍，从认识有限到达认识无限的道理。

同理，当我们准确地知道了一个个有限的具体物，知道了一小时、一米、一公斤之后，我们也就知道了物质、时间、空间等普遍性的东西。尽管人们看不见、嗅不到、感觉不到物质、时间和空间，然而它们正是从一切可以从感觉上感知的具体事物（或属性、形式）的总和中抽象出来的。所以，我们说一般寓于个别之中，无限寓于有限之中。

可见,耐格里的观点是不正确的。他的错误在于把普遍与特殊、有限与无限、绝对与相对人为地对立起来了,仿佛它们之间有一条不可逾越的鸿沟。对此,恩格斯风趣地讽刺道:正像要吃水果的人却拒绝吃樱桃、梨、葡萄等具体水果一样,是十分愚蠢而可笑的。所以,当耐格里说"我们只能认识有限的东西"时,恩格斯补充道"我们在根本上只能认识无限的东西"。紧接着,恩格斯又指出,由于自然界的发展没有尽头,因此,人类对无限宇宙的认识也是没有尽头的。同时,由于人们的认识常常会循着一个错误的、弯曲的、不可靠的途径前进,往往当真理碰到鼻尖上的时候还不能得到真理,所以,人们对无限东西的认识只能在一个无限的渐进的过程中逐渐实现,而永远不可能穷尽它的一切。恩格斯所说的"无限的东西既可以认识,又不可以认识"正体现了这种认识过程的辩证法。

41

列宁：物质是标志客观实在的哲学范畴

　　物质是标志客观实在的哲学范畴，这种客观实在是人通过感觉感知的，它不依赖于我们的感觉而存在，为我们的感觉所复写、摄影、反映。

——列宁

西方哲学大师的命题

列宁（Владимир Мльнч Ленин, 1870—1924 年）是列宁主义的创始人之一, 全世界无产阶级的导师和领袖。

物质范畴是马克思主义哲学大厦的基石。列宁指出："物质是标志客观实在的哲学范畴，这种客观实在是人通过感觉感知的，它不依赖于我们的感觉而存在，为我们的感觉所复写、摄影、反映。"[①]

物质作为哲学范畴，最根本的含义是客观实在。这种客观实在不依赖于意识而独立存在，它是物质的根本特性，也是唯一的特性。这种客观实在性表明，物质是永恒存在的，物质是可以被认识的。

列宁关于物质的定义在马克思主义哲学发展史中占有极其重要的地位。这一定义是继马克思和恩格斯创立辩证唯物主义以来的第一个完备的物质定义。这一定义言简意赅，具有重大的理论意义和实践意义。

首先，列宁的物质定义克服了旧唯物主义的局限性。列宁的物质定义深刻指出了物质的本质是不依赖于人们意识的客观实在性，这是物质的客观性。它把客观实在性作为物质的唯一共同的根本特性，不再包括物质具体结构和其他属性，这就克服了旧唯物主义物质范畴的局限性。旧唯物主义的物质观肯定了物质是第一性的，是客观实在、可以被认识的，但旧唯物主义存在其局限性，具体表现为直观性和形而上学性。直观性主要表现在朴素唯物主义的物质观中，它认为世界的本原是某一种或几种具体的物质形态。形而上学性主要表现在机械唯物主义的物质观中，它用物理学观点去说明哲学上的物质范畴，认为原子是物质的最小单位，原子的特性就是物质的特性。总之，旧唯物主义是把物质的具体形态及其结构、具体属性同物质的唯一特性即客观实在性混为一谈。

其次，列宁的物质定义反对了唯心主义和二元论。他指出：物质"是人通过感觉感知的，不依赖于我们的感觉而存在"。这就从物质和意识的关系问题上揭示了物质不依赖于意识而独立存在的这一根本特性，表明了物质对于意识的客观实在性、独立性和根源性，意识对于物质的依赖性、从属性。因为物质是被反映者，意识是反映者，没有被反映者，就没有反映，所以没有物质就没有意识。这就坚持了物质第一性、意识第二性这个唯物主义的根本原则，彻底贯彻了唯物主义的一元论，以其唯物主义一元论的物质观，既反对了唯心主义的物质第二性的物质观，

[①] 《列宁选集》（第 2 卷），人民出版社 1995 年版，第 128 页。

也反对了二元论把物质和意识看作是两个各自独立的世界本原。

唯心主义的物质观认为物质是意识、精神派生的，从属并依赖于意识，因而是第二性的。例如，客观唯心主义哲学家黑格尔认为物质是"绝对观念"的产物和体现；主观唯心主义哲学家贝克莱认为"存在即被感知"、"物是观念的集合"。唯心主义的物质观是根本错误的。

二元论的物质观认为物质和意识是绝对对立的，各自独立，互相平行；物质和意识都是世界的本原。这是一种不彻底的、折中主义的观点。

最后，列宁的物质定义批驳了不可知论。他指出物质"为我们的感觉所复写、摄影、反映"。这就肯定了物质是可以认识的，反对了不可知论。既然物质是人通过感觉感知的，可以被我们的感觉所复写、摄影和反映，那么物质是实实在在的认识对象，是可以被认识的，绝不是什么不可捉摸的自在之物。尽管世界上还有很多未被认识的物质形态，但它们绝不是不可认识的，随着实践和科学的发展，迟早会被人们所认识。这就有力地反对了不可知论，为人类无限地认识物质增强了信心，为具体科学研究物质的特殊本质及其规律指明了方向。事实证明，列宁的物质定义经受了自然科学发展的考验，为自然科学研究物质提供了科学的世界观、方法论。

可见，列宁的物质定义克服了旧唯物主义物质观的局限性，坚持了彻底唯物主义路线，反对了唯心主义和二元论的物质观；坚持了可知论，反对了不可知论，为具体科学研究物质提供了科学的世界观、方法论。列宁的物质定义是针对20世纪物理学危机中物理学唯心主义对唯物主义的攻击而提出的。当时的物理学新发现使得物理学家们提出了"物质消失了"的思想。实际上"物质正在消失"，只能是人们对物质认识的原有界限消失，物质并没有消失，也永远不会消失。

现代自然科学的发展，进一步证明了列宁的物质定义的正确性，并使列宁的物质定义更坚实地奠定在现代自然科学成果的基础之上。列宁物质定义的实践意义表现在，既然物质是唯一的客观实在，那么，我们在认识世界和改造世界时，就必须立足于客观实在，一切从客观实际出发，一切以时间、地点、条件为转移，坚持实事求是，努力使人们的主观认识与客观实际相符合。

总之，列宁的物质定义从哲学的基本问题出发，为马克思主义哲学奠定了坚实的理论基础。

42

斯大林：
离开革命实践的理论是空洞的理论，而不以革命理论为指南的实践是盲目的实践

　　理论，而且只有理论，才能使运动具有信心，使它有确定方针的能力，使它能了解四周事变的内在联系，因为，理论，而且只有理论，才使实践不仅能了解各阶级在目前如何行进和向哪里行进，而且能了解这些阶级在最近将来会如何行进和向哪里行进。

——斯大林

斯大林（Иосиф Виссарионович Сталин，1879—1953年）是苏联共产党和国家领导人。

"离开革命实践的理论是空洞的理论，而不以革命理论为指南的实践是盲目的实践。"这是伟大的马克思主义者斯大林的名言，选自他1924年4月8日在斯维尔德洛夫大学的讲演《论列宁主义基础》一文。这句名言深刻地揭示了理论与实践的辩证统一关系，即理论以实践为基础，理论依赖于实践，反过来，理论对实践具有反作用，科学理论对实践具有指导作用。

列宁逝世以后，第二国际修正主义和托洛茨基集团对列宁主义进行了全面的攻击，其中一个重要的方面，就是诬蔑列宁只重视实践而轻视理论，认为列宁主义只是将马克思主义原理化为事实，只是"执行"这些原理。至于说到理论，似乎列宁是不感兴趣的。并且说，普列汉诺夫就屡次嘲笑列宁对于理论，特别是对于哲学漠不关心。当时，在苏联共产党内也有许多实际工作者不重视理论的学习和研究。各种资产阶级、小资产阶级的理论，形形色色的唯心主义体系在党内还相当流行。为了捍卫列宁主义，坚持理论和实践相统一的原则，斯大林在斯维尔德洛大大学发表了《论列宁主义基础》这篇重要演说。

在这篇演说的第三部分"理论"一节中，斯大林着重强调了理论的重大意义。他说，在革命实践中形成的理论，是工人运动的伟大力量，"因为，理论，而且只有理论，才能使运动具有信心，使它有确定方针的能力，使它能了解四周事变的内在联系，因为，理论，而且只有理论，才使实践不仅能了解各阶级在目前如何行进和向哪里行进，而且能了解这些阶级在最近将来会如何行进和向哪里行进"。

列宁非常懂得理论的重大意义以及它对革命实践的指导作用，因此，他提出了一个十分著名的原理："没有革命的理论，就没有革命的运动。"另外，早在1902年，列宁就向全党指出："只有以先进理论为指导的党，才能完成先进战士的作用。"因为无产阶级政党只有用先进的革命的理论武装起来，才能制定正确的战略和策略，才能成为率领无产阶级和广大劳动人民去夺取胜利的领导者。

斯大林还指出，列宁之重视理论还突出地表现在他能够及时总结那个时代科学的重要成果，以发展革命的理论，并以此批判马克思主义队伍中的种种错误思潮。列宁这方面的贡献反映在他的论战性著作《唯物

主义与经验批判主义》一书中。可见,列宁不仅是伟大的革命家,而且是杰出的理论家;列宁主义也绝不是简单地"执行"原理。

斯大林紧接着又指出,列宁之重视理论与第二国际修正主义者和党内的机会主义者重视理论有着原则的不同。后者所讲的理论是脱离实践的教条,而列宁所讲的理论则是从实践中产生,反过来又指导实践的科学。马克思主义理论之所以如此有力量,之所以能够成为指导工人运动的行动领纲,正因为它是从革命实践中产生的,是与实践紧密相连的。由此,斯大林得出了这一著名结论:"离开革命实践的理论是空洞的理论,而不以革命理论为指南的实践是盲目的实践。"

现代西方哲学命题
XIANDAI XIFANG ZHEXUE MINGTI

趣读哲学

　　现代西方哲学泛指19世纪中期以来（主要是20世纪）在西方资本主义国家产生和流行的资产阶级哲学思想或哲学流派的统称。现代西方哲学的基本特征是：流派纷呈，风格各异，争奇斗艳，令人眼花缭乱；思潮起伏，朝放暮谢，更迭频繁，令人目不暇接；视野广阔，思想深邃，原创性强，令人深思不已。

新的时代要求新的哲学,正如新的时代要求新的诗歌一样。

——(英)布拉德雷

从 19 世纪中叶以来,各种因素导致体系哲学对科学、文学、宗教生活和政治的影响离奇的下降。1848 年以来,为人民自由的斗争,德国和意大利民族国家的巩固,经济的快速发展和相应的阶级力量的转变,最后还有国际政治——所有这一切都引起抽象思辨兴趣的消退。

——(德)狄尔泰

自中世纪以降,唯有 20 世纪的重要哲学家才都是学院派的。部分地由于这一原因,哲学家们才会对分析哲学投入巨大的关注。逻辑分析和语言分析的巨大发展,远远超乎以往任何人的想象。尽管如此,最重大的进步依然表现在下述两个方面:其一,20 世纪的科学发展促使人们彻底重估人类知识的本质。另一方面,人类在宇宙中的存在不再被看作是上帝的造物,或者是具有自身意义和目的的存在。

——(英)麦基

43

密尔：
自由就是用自己的方式寻求自己的利益，
并不因此而剥夺他人的利益

真正意义上的自由只有一个，那就是用自己的方式寻求自己的利益，而且，并不因此而剥夺他人的利益，或阻碍他人谋求利益的努力。

——约翰·斯图亚特·密尔

约翰·斯图亚特·密尔（John Stuart Mill，1806—1873 年）旧译穆勒，是英国实证主义哲学的最早代表人物、社会活动家、经济学家、逻辑学家。

在哲学上，除了强调感性直观的经验主义和以归纳法为中心的逻辑体系外，密尔最有影响的要数其自由主义思想。在密尔的自由主义思想体系中，"功利"（快乐）是出发点，公民自由是核心，民主政治和制度重构是体制基础和自由主义思想在实践中的应用。"自由就是用自己的方式寻求自己的利益，并不因此而剥夺他人的利益"这一命题，就是密尔对"自由"的基本解释。那么，密尔是如何来阐发其自由主义思想的呢？

——自由就是用自己的方式寻求自己的利益，并不因此而剥夺他人的利益。在《论自由》一书的引论中，密尔开宗明义，对他所要讨论的"自由"做出界定："这篇论文不是所谓意志自由"，即不是哲学家讨论的那种与必然性相对立的东西，"这里所要讨论的是公民自由或称社会自由，也就是要探讨社会所能合法施用于个人的权力的性质和限度"[1]。他给自由下的定义是："真正意义上的自由只有一个，那就是用自己的方式寻求自己的利益，而且，并不因此而剥夺他人的利益，或阻碍他人谋求利益的努力。"

——自由是对"政治统治者的暴虐"和"多数人的暴虐"的防御。密尔说："自由是与权威对立的，在旧日，它是指对于政治统治者的暴虐的防御。"[2] 他认为，过去的时代是少数人对多数人的统治，因此，要着重防止和反对少数人的独裁。在现代民主制国家中，政府或大多数人会在"人民"的名义下行使对少数人的压迫。这与少数人对多数人的压迫一样，也是一种暴虐，因为两者都是对个人自由的侵犯。他把这种民主制国家中多数对少数的压迫称为"多数人的暴虐"，并认为这是社会所必须谨防的诸种灾祸之一，而且更可怕的是这种"多数人的暴虐"会延伸至社会，形成"社会暴虐"，而"这种社会暴虐比许多种类的政治压迫还可怕，因为它虽不常以极端性的刑罚为后盾，却使人们有更少的逃避方法，这是由于它透入生活细节更深得多，由于他奴役到灵魂本身"[3]。在自由主义的历史上，密尔揭示了民主制的危险，并且第一次明确地把目光从政治领域转到社会领域，拓宽了自由主义的视野，使其具有了更深刻的

---

[1][2]　（英）约翰·密尔著：《论自由》，程宗华译，商务印书馆 1959 年版，引论。
[3]　同上书，第 4 页。

内涵。

——自由包括思想和言论自由、个性和行动自由，政府应尊重"人类自由的适当领域"。在现代社会里，个人所能享有的自由是十分广泛的，政府应当尊重"人类自由的适当领域"，它主要包括：意识的内心境地，即良心自由、思想自由、发表意见的自由等；追求个人志趣和趣味的自由；个人之间互相联合的自由。他还进一步论述了保证上述自由的必要性。

第一，思想和言论自由。密尔提出，压制人们心声的权利、压制人们发表意见的权利，"最好的政府并不比最坏的政府更有资格来运用它，应合公众的意见来使用它比违反公众的意见来使用它，是同样有害，或者是更加有害"[①]。我们永远不能确信我们所力图窒闭的意见是一个谬误的意见，即使我们确信也仍然是一个罪恶。这是因为：人因其认识局限性永远不能肯定自己不犯错误，但凭借讨论和经验，人能够纠正他的错误；受压制的意见即使是谬误的，也可能有真实的部分，只有在歧异冲突的意见中，才有寻找真理的机会；即使社会所公认的意见全部正确而且是完全的真理，也不应禁止争辩和讨论，因为一种学说或教义若不经自由讨论，其本身意义也将被忘掉，保留下来的只是"意见的外壳和表皮，其活力已尽失了"。由此可见，密尔的自由主义思想是从认识论的怀疑主义开始的，他认为承认人的"可能性错误"是自由的必要前提。

第二，个性和行动自由。如果说在论述思想言论自由时，密尔主要依据认识论上的怀疑主义的话，在论证行动自由时，密尔则将其与个性观点紧密相连。他认为，个人的自由有其本身的价值，如果没有"会伤害他人"的硬性理由就不应被限制或干涉。对个人行动的自由，只要不损害他人权益，应当让各种性格都可以自由发展，允许人尝试各种不同的生活方式。这是因为：人类未臻完善时生活应当有多种不同的试验，对于各式各样的性格只要对他人没有损害，应当给予自由发展的余地；个性自由是人性本身的需要，个性就是幸福本身，尊重人就必须尊重个性自由，个性自由意味着生活方式、个人习惯或癖好的多样化；只有具备自由而宽容的社会环境，才能培养创造天才。

——自由不是绝对的自由，个人自由要对社会负责，以不损害他人

[①] （英）约翰·密尔著：《论自由》，程宗华译，商务印书馆1959年版，第17页。

利益为前提。个性和行动自由如同思想和言论自由需要限制一样，也不是绝对的放任自由。密尔认为："每个人既然事实上都生活在社会中，每个人对其余的人也就必须遵守某种行为准绳，这是必不可少的。"① 怎样给个人统治自己的主权加以正当限制呢？他采取一种相当机械的方法，将人类生活一分为二："凡主要关涉个人的那部分生活应当属于个性，凡主要关涉社会的那部分生活应当属于社会。"② 任何公民的行为，只有对他人造成伤害时，才应被制止。除关涉社会的行为外，概不能干涉。

作为功利主义的自由主义者，密尔关心的是社会上最大多数人的最大幸福，所以，他在阐发思想、行动自由对于民主社会至关重要时，强调的是它的社会功用价值。自由是进步"唯一可靠而永久的源泉"、个性"是人类福祉的因素之一"、"人类发展所必要的条件是自由和境地的多样化"。③ 因此，从真理的获得以及知识的进步出发，社会应当保障每位公民的个性和行动自由。同时，密尔又是主张发展个性和维护个人自由的，因为它本身就是一种值得追求的绝对的价值。这看似矛盾的主张其实说明了一个事实：密尔的价值观具有多元性，即个人自由、社会进步和幸福都是人类不可割舍的价值。以这种多元价值观为基础，密尔的自由主义思想体现出前所未有的复杂性、综合性，形成了自己的独特风格。

——自由必须以良好的社会政治秩序为前提和基础，政府对个人自由可适当干预。个人与国家（社会）的关系是西方乃至人类社会永恒的研究主题之一。近代以来，在思想上，衍生为自由与平等的各种主张；在制度上，则表现为政策在市场与政府、放任与干预之间的一系列钟摆式运动。密尔认为，新型的"个人—国家（社会）"关系不应该是此消彼长的"零和竞赛"，而应把二者结合起来，建立起"发展型的互惠关系"。为此，他认为，个人无须为不受政府或他人干涉而辩护，而政府或他人要干涉个人的自由倒是必须有充足的理由。虽然他强调了"主体的独特性"，张扬了个人主义，但他并没有否定政府对个人自由的干预。在其国家适度干预理论中，他把政府职能区分为"必要职能"（或"一般职能"）与"任选职能"。前者具有很广的范围，而行使这些职能所依据的共同理由是增进普遍的便利，亦即政府在所有社会都行使的，且大家都

---

① （英）约翰·密尔著：《论自由》，程崇华译，商务印书馆1959年版，第81页。
② 同上书，第81页。
③ 同上书，第75、60、78页。

赞成政府行使的职能；后者是指跨越公认职能界限之外的政府职能，其特点是"政府有时执行这些职能，有时不执行这些职能，而且人们对于是否应该执行这些职能，也没有取得一致意见"。① 他强调政府最必不可少的职能是"禁止个人在行使自己的自由权利时明显侵害他人利益，并惩罚这种行为"。② 他比其他自由主义者高明之处正是在于明确表示其自由主义理论只适用于已有良好政治秩序的社会，而且他回答了为具备这种秩序，人们应该如何进行制度重构。在密尔那里，"解构"与"建构"、"积极"与"消极"都是自由主义的应有之义——消极自由必须以积极的态度来争取，低调的制度必须以高调的人格来创立。密尔的自由主义思想以"进步"为最终价值，体现了他对人性、对社会的深刻理解。

密尔在其生活的年代已经因为思想体系的复杂性而倍受争议：功利主义者批评密尔的叛逆，功利主义的批评者则不满他对功利原则的忠诚；自由主义者批评他向社会主义暗送秋波，保守主义者不满他学说中体现的对个人权利近乎无条件的强调，社会主义者则不满他在几乎所有问题上为自由主义辩护。当我们将密尔的自由主义思想放在当代自由主义理论的语境中加以审视时，这种综合性、矛盾性的特征显得更为明显。但是，密尔的自由主义思想并不因其综合性而成为一间陈设各派理论的学术杂货铺，其理论价值也不因其矛盾性而有所损减。虽然密尔是"世界上最容易被判定为不一致、不完整、缺乏全面而系统的人"，但是"也正因为如此，许多一致的、完整的、全面的系统都销声匿迹了，他的著作却长存不朽"。③

---

① （英）约翰·密尔：《政治经济学原理》下卷，商务印书馆1991年版，第502页。
② 同上书，第367页。
③ （英）霍布豪斯：《自由主义》，朱曾汶译，商务印书馆1996年版，第53页。

44

叔本华：世界是意志和表象的世界

我的哲学……第一次提出人的真正的本质不在意识之中，而在意志之中。这种意志究其实质与意识无关，它与意识的关系，即与认识的关系，就如同实体与偶性的关系一样。

——亚瑟·叔本华

这世界的一面自始至终是表象，正如另一面自始至终是意志。

——亚瑟·叔本华

亚瑟·叔本华（Arthur Schopenhauer，1788—1860年）是德国哲学家、美学家、唯意志论哲学①的创始人，以其生命意志论和悲观主义人生观著称于世。在耶拿大学获得博士学位后，叔本华在德累斯顿花了4年时间撰写，并于1818年出版了洋洋50多万言的唯意志论代表作——《作为意志和表象的世界》。自此，哲学的建筑群中耸立起了一座意志哲学的大厦，他后来的一切作品都只是在全力维护和完善这座大厦。他说："我活着就是为了撰写这部著作，也就是说，我活在世上，所企求和所能奉献的百分之九十九都已经完成了，其余的只是些次要的东西，我的生命和命运也是如此。"他在给出版商洛克豪斯的信中说："我的著作是一个新的哲学体系，并且是一个不折不扣的新体系，因为这不是对某种已有的哲学体系的新的阐发，而是将一系列迄今还未有人想到过的思想最高度地结合在一起的一种新的哲学体系，这部著作既决不同于新的哲学流派的过尚辞藻的、空泛的无意义的妄谈，同样也根本有别于康德以前时代废话连篇的、平淡无奇的饶舌。"在这部著作中，叔本华提出的一个核心命题就是——世界是意志和表象的世界。

"世界是我的表象"的命题，是叔本华全部哲学的出发点。叔本华在《作为意志和表象的世界》一书的开篇就说："这世界的一面自始至终是表象，正如另一面自始至终是意志。"② 叔本华认为，世界有现象或表象与主体之分，作为认识对象的现象或表象就是"客体"，作为认识者或表象者就是"主体"。"一切的一切，凡已属于和能属于这世界的一切，都无可避免地带有以主体为条件的性质，并且也仅仅只是为主体而存在。"而"主体就是这世界的支柱，是一切现象，一切客体一贯的、经常性的前提条件，凡是存在着的东西，都是对于主体的存在"③。叔本华认为，"'世界是我的表象'这是一个真理，是对于任何一个生活着和认识着的生物都有效的真理"。一个能进行反省思维的人，"他不认识什么太阳，什么地球，而永远只是眼睛，是眼睛看见太阳，永远只是手，是手感触着地球，就会明白围绕着他的这个世界只是作为表象而存在着的"④。因此，世界上万事万物的存在都是相对于人这个表象而存在。这就是说，

---

① 唯意志论哲学是一种主张意志高于理性，并且是宇宙本质的唯心主义哲学体系。这里的唯意志论哲学专指19世纪20年代产生于德国，50年代后在德、法、英和北欧一些国家流行的一种唯心主义流派，主要代表人物是叔本华、尼采。

②③④ （德）叔本华：《作为意志和表象的世界》，北京：商务印书馆1982年版，第28页。

世界万事万物之作为对象而存在，必然依赖于认识主体，它们只是存在于主体意识、观念或感觉之中。

叔本华认为，传统哲学不是从客体出发引出主体，就是从主体出发引出客体，二者各有其谬误。他认为，我们既不从主体出发，也不从客体出发，而要从表象出发，因为表象是主客体的统一，"表象已包含这主体和客体两个方面并且是以它们为前提的，因为主体客体的分立原是表象首要的、本质的形式"①。表象总是由主体以一定的观点和角度所观察的对象，是被主体用其先天的范畴构造出来的。它们不是实体，不是"自在之物"，而只能是现象。因此，如果使哲学局限于主客分立的认识论范围内，所达到的世界就只能是作为对象而存在的世界，即表象世界，而不可能是自在的世界。因此，只有抛弃主客分立这种认识论的形式，才能达到真正存在的东西——意志，自在之物的世界就是意志世界。

叔本华的"世界是我的表象"的命题，实际上是英国哲学家贝克莱的"存在就是被感知"这一主观唯心主义哲学命题的翻版。叔本华曾直言不讳地承认他的提法"并不新颖"，贝克莱是把它说出来的第一个人；在这一点上，贝克莱为哲学做出了不朽的贡献，而康德的缺点就是对这一命题的忽略。

"世界是我的意志"的命题，是叔本华全部哲学的核心。叔本华在说明"世界是我的表象"这一命题时，一再表示："客观的世界，即作为表象的世界，不是世界唯一的一面，而仅是这世界外表的一面；它还有着完全不同的一面，那是它最内在的本质，它的内核，那是'自在之物'。"② 在这里，叔本华采用了康德关于自在之物与现象的区分。他说："一切客体都是现象，唯有意志是自在之物。"③ 叔本华讲的"自在之物"就是意志。意志是一种无意识的、盲目的、不可遏止的冲动。"世界是我的意志"才是叔本华全部哲学的核心。

在叔本华看来，"整个客体的世界是表象，无可移易的表象，它自始至终永远以主体为条件"④。而作为主体自我的人的本质特征则是意志，因为决定人的行动的是动机，而动机中起决定作用的是意志，动机只是

---

① （德）叔本华：《作为意志和表象的世界》，商务印书馆1982年版，第25页。
② 同上书，第55页。
③ 同上书，第63页。
④ 同上书，第165页。

透露意志本性的一个可靠的标志。"意志是单独构成世界另外一面的东西"。这样，叔本华就将意志视为本体的东西，在他看来，世界的内在本质或内核就是意志，万事万物不过是意志客体化的产物。意志无时不在，无时不有。世界只是意志的一面镜子。可以说，叔本华的意志主义哲学是不折不扣的主体性哲学。

意志派生的万物所具有的意志客观化和可见性程度，犹如柏拉图的理念世界，有高低、大小之分。叔本华说："'客观意志化'的级别不是别的，而就是柏拉图的那些理念。"① 柏拉图的理念实质上是一种脱离了具体事物个性而独立存在的精神性的共性，它是不变的、完善的、绝对的，也是具有等级性的。叔本华用柏拉图理念的等级性来表示意志客体化的等级性，认为每一级别意志直接客体化的理念与个别事物之间的关系是共性与个性的关系，理念是"事物的永恒形式或标准模式"。②

意志是多方面的，最本质的意志又是什么呢？叔本华认为，它就是一种求生存的欲望冲动，即生存意志。获取食物、发展自身、延续生命是它的基本要求。生存意志是其他欲望之源，亦是整个世界的基础，宇宙万物都是自我的生存意志的表象。在写给 N. A. 贝克尔的信中，叔本华用下面的话表述了他的哲学的"真正的核心"所在："所有事物的本质，因而世界中唯一的实在，即自在之物，就是那个如此隐秘的、且如此深奥莫测的、在我们的自我意识中所发现的，与理智完全不同的意志……"这样，叔本华就从表象反溯到意志，又从一般意志深入到生存意志，并将生存意志抽象夸大为世界之源、万物之本，从而公开宣扬一种唯主体意志论的唯心主义哲学。

从意志论哲学出发，叔本华最终走向了悲观主义的人生观。叔本华认为，既然意志的本质就是盲目的欲望和永不疲倦的冲动，其本身就意味着痛苦。人如同一个钟摆，总是在空虚与无聊的痛苦之中不停地来回摆动，究其原因，生存意志本身固有的无穷无尽的贪欲，便是人生痛苦的根源。人生犹如在灼热的红炭所铺设的圆形轨道上不停地奔跑，直至死亡为止。要消除痛苦只有两种办法，一是通过艺术欣赏达到暂时的解脱；二是实现"意志转向"，即否定生存意志，抑制人的欲望，摆脱一切世俗的利益和要求，除去一切现实生活的理想与目的，抛弃一切理性和

---

① （德）叔本华：《作为意志和表象的世界》，商务印书馆1982年版，第190页。
② 同上书，第191页。

科学的观念及以理性为基础的一切道德规范,而进入佛教的虚无涅槃之境,达到无欲这一人生的最后目的。这也就是说,永恒的解脱是彻底地否定生存意志,是彻底的禁欲,甚至断绝生存之源。这样,悲观主义的人生观就成了叔本华哲学的最后归宿。

"世界是意志和表象的世界"是对当时占据大学神圣讲坛的黑格尔理性哲学的全力对抗。从能思想的第一个黎明起,叔本华就发现自己与其生逢的那个时代所充斥的理性主义思潮格格不入,尤其是对将理性推至极限的黑格尔哲学的"蒙昧影响",他一生倾泻了几乎全部的憎恶。他曾愤愤地强调说:"浅薄的理性主义四处蔓延,这种理性主义愈来愈明显地显露出自己叭喇狗的嘴脸。"这种哲学旗帜上写着:"凡是现实的都是非理性的,凡是非理性的都是现实的!"

总之,叔本华及其哲学是一个矛盾的集合体。叔本华熟悉"神明般的柏拉图和奇迹般的康德",但厌恶费希特和黑格尔式的德国思辨哲学,是为数不多的将东方哲学(如印度古典哲学名著《奥义书》)融入其哲学体系的西方哲学家。他将柏拉图的客观唯心主义、贝克莱的主观唯心主义、康德的二元论以及印度哲学中的悲观厌世思想混合在一起,建立了唯意志论的思想体系。从"世界是我的表象"来看,他认为世界只能存在于主体意识之中,他是一个主观唯心主义者;当他把生存意志作为脱离人而独立存在的精神实体,认为"生存意志是世界的本质"时,他则是一个客观唯心主义者。但就其哲学的性质和体系而言,客观唯心主义占据着主导地位。

叔本华的唯意志论哲学开现代西方非理性主义思潮之先河,叔本华是现代思潮从理性主义向意志主义转向的第一个推动者,但他本人及其哲学长期不为人们所重视。他曾说:"我的时代与我不合拍,这是显而易见的。""我仅能聊以自慰的是,我这个人不属于自己的时代。"1848年欧洲革命后,与资产阶级革命失败后意志消极悲观的内心情绪和心态相一致的叔本华悲观主义哲学才广为流传,叔本华逐渐名声大振,成了许多人的思想偶像,"叔本华热"随之席卷德国及欧洲思想理论界。19世纪六七十年代,随着德国资产阶级夺取国家政权,并加速对外侵略扩张,"叔本华热"迅速降温,一种张扬权力、充满征服欲的新型意志主义——尼采的"权力意志论"随即取而代之。

45

尼采：重新估价一切价值

重新估价一切价值：这就是我给人类最高自我觉悟活动的公式，这一活动在我身上已成为血肉和精神了。

——威廉·尼采

这个世界就是权力意志——岂有他哉！你们自己也是这个权力意志——岂有他哉！

——威廉·尼采

弗里德里希·威廉·尼采（Friedrich Wilhelm Nietzsche，1844—1900年）是德国哲学家、唯意志论哲学的主要代表人物，直接继承并发展了叔本华的哲学思想，以其"权力意志论"和"超人哲学"留名后世。

尼采曾说："我在本质上就是一个战士，攻击是我的本能。"① "重新估价一切价值：这就是我给人类最高自我觉悟活动的公式，这一活动在我身上已成为血肉和精神了。"② 尼采不是书斋中的哲学家，他的主要贡献在于对传统文化和现代文化，特别是传统理性主义、基督教道德和启蒙主义文化加以猛烈抨击。在新旧世纪交替之际，他提出"重新估价一切价值"的命题，旨在打倒偶像，批判一切传统和流行价值，并构建一种以"权力意志"为标准的"超人"价值观。对此，斯宾格勒曾评价说："在尼采首先写出'重估一切价值'这句话以后，我们生活其中的这个世纪的精神运动才最后找到了自己的方式。"

"重新估价一切价值"，实际上就是对西方文化的基础进行彻底的反思。19世纪，德国哲学家将经济学的价值概念引入哲学，一般用来指称道德规范或理念。但在尼采这里，价值概念有其特殊含义。海德格尔曾说："价值一词对尼采至关重要。只要看一看他赋予权力意志这一思想路径的子标题——'重估一切价值'，立刻就可以十分清楚地看到这一点。价值对尼采意味着生命的条件……"③ 这就是说，与传统哲学不同，在尼采这里，价值首先不是与道德或美学有关，而是与生命有关的一个概念。因此，价值的状况，就是生命的状况。重新估价一切价值，就是重新估价我们生命的条件。因此，尼采"重新估价一切价值"的范围十分广泛，它几乎涵盖了西方文化的方方面面，其中最主要的是以下三个方面：

首先，尼采对希腊开始的理性主义传统进行了尖锐批判。尼采在第一部著作《悲剧的诞生》中就向西方理性主义传统发动了猛烈的攻击。他认为，希腊文化中存在理性与非理性两种对立的因素。希腊人是一个极其敏感的民族，极能感受人生根本的痛苦。但他们没有像佛教徒那样否定生命的意志，因为艺术救了他们，艺术可以拯救一个民族和文化。作为希腊艺术最高成就的悲剧是理性与非理性两种因素的结合。希腊悲剧中的酒神（狄奥尼索斯）和日神（阿波罗）分别象征着艺术的这两种

---

① （德）尼采：《瞧，这个人》，中国和平出版社1986年版，第11～12页。
② （德）尼采：《权力意志——重估一切价值的尝试》，商务印书馆1991年版，第99页。
③ Heidegger, Nieztsche (San Francisco, 1987), vol. III. p. 15.

要素，也是人性中两种原始的本能。酒神象征着生命之流，代表人性中激情冲动的那一面，而日神则象征着光明的限制，代表着人性理智静观的那一面，两者在悲剧中得到了统一。悲剧揭示人真实的生存，让人直面生命本身，它的主角在最早总是代表原始生命及其苦难的酒神。酒神是人的意志力的表现、生命力的升华、人性美的象征。因此，酒神精神就成了尼采致力追求的价值道德理想。

苏格拉底主义是希腊文化消亡的工具，是典型的颓废派。苏格拉底用理性对抗本能，将生命的价值归结为对知识的追求，深信万物的本性皆可穷究，认为"知识即美德，罪恶仅仅源于无知，有德者即幸福者"。在苏格拉底这里，知识高于一切，包括生命。理性和知识成了生活的唯一主宰和目的。尼采认为，这种由理性主义支配的思想和文化的一个根本错误就是限制和扼杀了每一个人所独有的非理性的生命和本能。

其次，尼采对基督教道德观念进行了猛烈抨击。基于传统价值观的核心领域是基督教道德，尼采在"重新估价一切价值"的战斗中，将矛头直指基督教道德。他认为，基督教是堕落的，充满了腐朽的粪便一般的成分。他说："我非难基督教，我以所有责难者所表示的一切责难中最厉害的责难来反对基督教。我觉得它是一切可以想象的最大的堕落。"① 他认为，基督教的目的是驯化人心，然而，"生命本质上就是掠夺、伤害，对陌生者和弱者的压迫、压制、严酷，把自己的倾向强加于人，吞并和剥削"。② 尼采要将基督教的善恶观念颠倒过来，认为那些被基督教当作最大的恶实际上是最大的善，反之亦然。

基督教的"至善"观念就是上帝。因此，尼采特别反对上帝观念。他说："上帝的观念是迄今为止存在的最大障碍。"在《快乐的科学》中，尼采第一次发出了惊世骇俗、至今仍然回荡着历史重音的呐喊——"上帝死了！"既然上帝已死，"人类正面临着一个价值真空"，这就需要我们重新估价一切价值。在尼采喊出"上帝已死"之前，人们在心里一直虔诚地相信着上帝，而一些形而上学家更是以上帝为价值人格上的最高理想。尼采并不关心上帝的存在、上帝的人格这一类神学问题，而是在彻底否定基督教价值观念的意义上宣布上帝死亡的。他斗胆喊出"上帝死了"，这不仅需要具备深刻的洞察力和深广的学识，而且需要巨大的勇气

---

① （德）尼采：《上帝之死（反基督）》，志文出版社1985年版，第150页。
② Nietzsches Werke, ed. by K. Schlechta, vol. II. p. 576.

和强烈的战斗精神。

最后，尼采对启蒙运动以来的西方文化传统进行了彻底否定。近代欧洲哲学是理性主义占统治地位的哲学，近代欧洲哲学的主题即认识能力、认识活动是理性，其认识方法即逻辑范畴也是理性，这实际上是理性自己考察自己，这种情况发展至极是黑格尔概念运动的自我封闭。尼采反对近代理性主义哲学，用非理性的生命取代了理性，将哲学的主题变成了对生命意义的追寻，将哲学的方法变成了一种非理性的情绪体验——酒神式的陶醉，因而哲学成了一种通过某种特殊情绪状态体验生命意义的活动。他还对现代主义文化的"平等"观念进行了批驳。他认为，人可以分为强者和弱者两个等级，前者是健康、正当，后者是堕落、虚伪，两者之间的差别是天然合理的，强者与弱者是不可能平等的。在"平等"的口号下取消差别，其结果是弃强就弱，按照弱化标准把每个人都拉到平凡庶众的同一水平。启蒙运动以来的"自由、平等、博爱"等口号，都是基督教道德的变种。因此，尼采对现代主义文化的批判实际上是他反基督教道德战斗的继续。

尼采认为，真正的哲学家要有追求真实的批判精神，要"运用小刀对他们时代的美德本身的胸膛进行解剖"，甚至要成为"使一切毁灭的炸药"，哲学的首要工作就是打倒偶像，向传统挑战，"重新估价一切价值"。而"重估"的标准就是权力意志（the will to power）。在尼采那里，"权力意志"是一种盲目的非理性的永动不息的欲望或意志，或者说是宇宙万物所共有的释放和扩张自己力量的欲望，进行创造的欲望和占有支配他物的欲望。权力意志是世界的本质，是生命的原动力，是道德善恶的衡量标尺，也是艺术美丑的审视依据。世界上的一切事物都是权力意志派生的，是权力意志的表现形式；人的本质也是权力意志，对于人而言，权力意志就是生命力，也就是生命意志，"权力意志分化为追求食物的意志、追求财产的意志、追求工具的意志、追求奴仆（听命者）和主子的意志"。总之，"这个世界就是权力意志——岂有他哉！你们自己也是这个权力意志——岂有他哉！"① "重新估价一切价值"，就是要用权力意志重新衡量人类社会的一切。

"重新估价一切价值"是尼采道德哲学思想的一个重要命题，是尼采

---

① 洪谦主编：《西方现代资产阶级哲学论著选辑》，商务印书馆1964年版，第24页。

建立新价值观的基础。尼采的"价值重估"同时也是价值重建，他不但否定一切传统和流行的价值观，而且致力于建立新的价值观，这就是他提出的"超人哲学"。"超人"哲学是尼采对人的问题所进行的形而上学的思考。他通过《查拉图斯特拉如是说》及其他著作向我们展示了"超人"哲学的基本思路。在尼采这里，"超人"就是超乎一般人之上的、权力意志发扬最充分的人。"超人"的根本特色就是权力意志得到了充分发扬，冲破了一切传统思维方式和道德规范的束缚，是具有鲜明的个性和创造性的人，是具有超群的智力、坚强的意志、绝对的自主性、高昂的激情的人。尼采所说的"超人"不是现实的一般人，而是其"权力意志"的人格化。现实的人类是卑微懦弱的，而超人则勇猛刚强，他逾越一切、重估一切，是新价值的立法者和真理的化身。在权力意志的"永恒轮回"中，"'人类'不是目的，超人才是目的"。在"上帝死了"之后，人类就必须自我超越，成为"超人"，真正的哲学应当成为"超人"哲学。这便是尼采哲学的归宿。

尼采是20世纪最富争议的哲学家之一，他在自传中曾说："我是一个矛盾的人，还从来没有一个人像我这样矛盾。"尼采的生活与思想充满了矛盾，其哲学影响也是矛盾的。例如，在思想上，他对传统和流行价值观的彻底否定给人留下了虚无主义的深刻印象，但他的虚无主义又包含着积极的、肯定的结论；他主张打倒偶像，杀死上帝，但又以"超人"替代了"上帝"，建立了一个新的偶像。在哲学发展史上，尼采可以说是跨越19世纪到20世纪的最杰出、最伟大的思想家之一，它对弗洛伊德主义、现象学特别是存在主义哲学的影响非常深刻，乃至在21世纪人本主义思潮中仍然具有不可动摇的标志性地位。此外，尼采的哲学思想既为后来的纳粹政权所推崇、继承与发展，又不止一次成为激励被压迫民族、革命者和旧文化批判者的精神力量。

尼采是一位伟大的哲学家，同时又是一个疯子（他长达11年患精神分裂症，并被送进过疯人院），是一名疯子哲学家。

46

克尔凯郭尔：个人的伦理的实在是唯一的实在

假使我战死之后而愿有一块墓碑的话，我只要刻上"那个孤独者"几个字就行了。

——索伦·阿拜·克尔凯郭尔

索伦·阿拜·克尔凯郭尔（SØren Aabye Kierkegaard，1813—1855年）又译作祁克果、基尔凯郭尔，是丹麦非理性主义哲学家、宗教神学家、存在主义的先驱。

在哲学上，克尔凯郭尔的独特之处在于将人的存在与情绪体验等意识活动结合起来，运用文学、日记、书信等形式来表达关于个人存在的思想。"个人的伦理的实在是唯一的实在"是反映其哲学观点的一个命题。通过这一命题，我们可见克尔凯郭尔的如下主要哲学观点：

——个人存在是全部哲学的出发点。克尔凯郭尔被认为是促使欧洲哲学发生方向性转折的重要人物之一。这一转折的主要内容就是以孤独的、非理性的个人生存取代客观物质和理性意识存在，并将其视为全部哲学的出发点。

克尔凯郭尔明确将自己的哲学与传统哲学对立起来，尤其是将对以黑格尔为代表的理性主义的批判视为自己哲学的根本方向。对于黑格尔来说，哲学归根到底是要认识宇宙的真理；而克尔凯郭尔则相反，他要寻找的是自己生命的真理。哲学首先是个人生命的追求，真理必须与个人生命相关才有意义。克尔凯郭尔认为，黑格尔是从"绝对精神"出发，用僵硬的概念推演出一个庞大的以穷究宇宙、解释一切的封闭的哲学体系。这种追求永恒本质、建立体系的哲学家，犹如建立了宫殿而自己却住在茅屋里。他们为了永恒本质，偏偏把最重要的东西忘得一干二净，那就是人。黑格尔哲学将个人生存的具体性变成了概念的抽象性，是对人的地位和尊严的蔑视，是一种用整体来牺牲个人、使人非人化的哲学。个人——这个独一无二的、有限的、短暂的、不可重复的生命个体，应当成为哲学关注的中心。他大声疾呼人们关怀自己这个"孤独的个体"，关心个人及他的生活方式。他说："假使我战死之后而愿有一块墓碑的话，我只要刻上'那个孤独者'几个字就行了。"可见，克尔凯郭尔对黑格尔哲学的批判不是理论对理论的批判，而是从生命实践出发的批判，并且是要以此为出发点，即以个人存在为出发点，开始新的哲学。

——"存在"概念的新解释：存在是"非理性的心理体验"。在克尔凯郭尔的哲学思想中，最重要的是他关于"存在"的理论。正是从他开始，"存在"作为一个哲学范畴被赋予了特殊的含义。因此，他被公认为存在主义哲学的先驱者。

克尔凯郭尔认为，黑格尔创造了历史上最完整的思想体系，包括现

实与思想的一切，但令人感到滑稽的是黑格尔的体系却遗漏了哲学最重要的主题——"存在"。虽然"存在"是黑格尔哲学体系中的一个逻辑范畴，但思辨哲学所论述的只是抽象思想本身，而不是"存在"。"存在"不可能被逻辑地思考，也就无法下定义。他认为，建立"一个逻辑体系是可能的，一个关于存在的体系则是不可能的"。

那么，克尔凯郭尔所说的"存在"的含义是什么呢？他认为，这个"存在"，既不是唯物主义所说的物质，也不是黑格尔所说的"绝对精神"，而是一种主观的自我意识，是一种非理性的心理体验。每一个人都具有独特的情感，它们包含着各种痛苦、热情、需要、情欲、双关、暧昧、悖谬、动摇。这一切只有依靠每一个人内在的主观体验才能领会，而无法用语言来表达，不能为逻辑所确证，也不能为理性所掌握。理性、逻辑的东西总是属于某一个系统的，而任何系统都是封闭的。个人的生存却永远是开放的，把生存纳入系统中，意味着使生存窒息。人的真正存在只能依靠每一个人本身的独特的主观体验。"存在"的基本特征就在于它的"非理性"，它只可意会，不能言传。这就是克尔凯郭尔为后来一切存在主义者所规定的关于"存在"的含义。

在克尔凯郭尔看来，"存在"只能适用于个人，它意味着一个人自己的生活过程，是人的实在与情绪等精神的结合，是变易无常的过程。这种个人的"存在"包括自我参与、自由选择和实现自我三个环节。

自我参与是自己特有的生活方式，表现为积极、主动地参与人生的全过程，而不随波逐流地附从于他人的生活方式。每一个人的存在都有人的类本质不能包容的东西，因为每一个人都可以按自己选择的、类本质所不能规定的独特方式生活。但并非每一个人都在自我参与生活。

自由选择是自我参与过程中面临的选择。生活充满了各种各样的可能性，参与生活就是自主自由地选择自己的生活道路。存在就是选择并实现一种特殊的可能生活。按照无个性的理性规则和公认的道德准则行事不是自由选择。自由选择是人生的冒险，即只有在结果不确定的情况下做出选择才是自由的选择。

实现自我是把人变得越来越个体化，同时也越来越脱离社会的存在的过程。自我实现所要实现的是个人的责任感。而只有一个存在的个人才会为自己选择和参与的后果承担全部责任。人只能在冒险的选择和决定中实现自我，这就决定了人将处于一种永不停息、永不恍惚的状态。

——作为存在的个人的基本特征。克尔凯郭尔强烈关注生命和人生问题,其思想焦点始终是个人,是个人的存在。那么,在他眼中,作为存在的个人具有哪些特征呢?

首先,作为存在的个人是撇开世界的、孤独的人。克尔凯郭尔并未直接否定个人以外的他人、社会和世界的存在,他只是把个人从周围环境中分离出来,撇开压抑、制约个人的环境来考察个人。他认为,个人以外的一切存在都是无个性的存在,它们不仅不能显露反而扼杀人的个性,不仅不能表现反而模糊人与世界的牵涉。因此,为了揭示人的个性及其与世界的牵涉,应当先撇开世界。作为存在的个人是摆脱了对自然、社会和他人的依赖的人,也就是说不是作为世界整体的一个部分或一个环节的人,不是作为群众中的一分子的人,而是一个具有独特个性的孤独的人。

在克尔凯郭尔看来,人都具有自己独特的个性,是与其他一切存在物不同的独特的主体。每一个人所面对的世界都是他个人所体验到的世界,不同于其他人所体验的世界。只有从每一个独特的个人出发,才能了解这个人本身及其所关联的世界。因此,他一再强调,人们不要蔑视自己有限的生命存在,而要无限地关怀自己本身和自己的命运。

克尔凯郭尔认为,人是由灵魂、身体和精神(自我)三部分构成。人的身体使人能感知外界,人的灵魂使人具有理智,人的精神(自我)使人具有情感、意志。一个完整的人是三者的统一。当把个人当作哲学的出发点时,所指的不是人的身体和理智,而是每一个人独特的情感,也就是人的生存。人只有作为生存才具有独特性,才具有自主和独立地做出选择和决定的能力,才能直接与上帝相通,也才能作为哲学的出发点。

其次,作为存在的个人是一种为恐惧、战栗、悲观、绝望等消极情绪所支配的个人。他认为,个人总感到自己是有罪的,这种犯罪感使人处于恐惧状态之中。任何人行走在人生的道路上,都能体验到恐惧、厌烦、忧郁和绝望。这就是人的基本存在状态。这些悲观、消极的情绪是个人对自己的生存的最本真的体验。正是这种情绪驱使人采取行动,进行非此即彼的选择。因此,哲学不仅应当以孤独的个人存在为出发点,也应当把对个人的消极情绪的描述和揭示视为主要内容。

再次,作为存在的个人是作为伦理主体的人。他认为,这种个人不

是作为认识主体,而是伦理主体,它的基本特点是具有绝对自由。他既不受外部条件的约束,也不受理性和逻辑规律及规则的约束,而仅仅按照自己的愿望进行选择和决定。克尔凯郭尔在此所关注的并不是所做出的选择和决定的实际内容,而是选择和决定的行为本身。因为所选择和决定的实际内容总是外在的、对象化的,只有选择和决定的行为本身才是作为主体的个人所特有的。因此,他提出了"个人的伦理的实在是唯一的实在"的命题。

最后,作为存在的个人是从属于上帝的人。他认为,世界上存在的不只是一个而是众多孤独的个人。他们作为人群、集团、社会中的一分子都会被对象化,失去其真实的存在。但他们在一个共同的、绝对的对方(即上帝)面前则可以成为真实的存在。个人的最高的自我实现即存在于与上帝的关联之中。个人的生存是一个人不断进行的自我体验,其中包含着无限的热情、追求,无限的焦虑、忧郁和痛苦,而这一切只能在同上帝的关系中实现。一个真正存在的个人必然经常感到自己是在上帝面前,必然把上帝当作绝对的对方。个人的自由、决定、选择都是面对着上帝而发生的。个人只有在同上帝接近的过程中,在上帝面前才能完成自己真正的存在。因此,人的最高生活是宗教的生活。在宗教生活中,他只是作为自己而存在,所面对的只有上帝,人的生存只有在上帝面前才能得到体现。这样,克尔凯郭尔的把孤独的非理性的个人当作出发点的主观主义最后推向了一切从属于上帝的信仰主义。不过,他对理性化的宗教是持反抗态度的,力图将基督教变为实现人的存在的信仰。

总之,在克尔凯郭尔的思想里,非理性的存在主义、宗教神秘主义和信仰主义交织在一起,不仅有神论者能从中得到鼓舞,而且无神论的存在主义者也会从中受到启迪。虽然他生前及死后的几十年内,其哲学只流传于丹麦少数崇拜者的圈子里,但在 20 世纪存在主义在欧洲出现和盛行起来后,克尔凯郭尔则被作为存在主义的先驱者和非理性主义哲学思潮的开创者而在西方哲学界享有盛誉。

哲学家理性体系中没有个人的地位恰恰是个人在理性化社会中没有地位的哲学写照,反之亦然。在物欲横流的现代社会中,克尔凯郭尔的生存哲学也许对我们直面自己的生命问题、关注自己的生活方式有所启迪,这也许就是克尔凯郭尔哲学的价值之所在。

47

文德尔班：
哲学只有作为具有普遍价值的价值科学才有生命力

哲学的目的就是研究这些作为价值的价值，探讨它们的意义，把它们纳入一切价值的普遍的、合目的的联系之中。

——威廉·文德尔班

威廉·文德尔班（Wilhelm Wildelband，1848—1915）是19世纪德国著名哲学家、哲学史家，职业哲学教授，新康德主义弗莱堡学派①创始人。

文德尔班哲学的主要特点是试图将康德的批判主义原则推广应用于研究自然界以外的整个知识领域，从价值的观点出发重新确定哲学的研究对象和任务，构建其价值哲学。他认为哲学问题就是价值问题，任何知识都离不开价值，都要以价值为标准，甚至提出社会历史科学也不外是关于价值世界的科学。他在《哲学史教程》中提出了"哲学只有作为具有普遍价值的价值科学才有生命力"的命题，其中心意思是：哲学必须将"具有普遍价值的价值"作为自己的原则和标准。

文德尔班给自己提出的一个根本任务就是要对以往哲学进行彻底的改造。他认为，我们既应否定把哲学当作无所不包的形而上学的倾向，也应抛弃用专门科学取消哲学的企图。哲学有其本身的特有领域，那就是研究有关宇宙和人生的一般问题。哲学就是要从像自然科学那样回答"对象是什么"的问题改为研究"事物应是什么"的问题，即由判断问题改为评价问题，一句话，即把价值和评价问题当作哲学的根本问题。哲学就是一种价值论。他声称："哲学绝对不能脱离价值的观念，它总是强烈地、明显地受到价值观念的影响。"②

在文德尔班看来，除了我们日常所接触和认识到的"事实世界"外，还存在一个"价值世界"。"事实世界"是表象（现象）世界、理论世界，"价值世界"是本体（自在之物）世界、实践世界。这两个世界都不是实在的、客观的世界。"事实世界"固然只是属于主体的表象，"价值世界"作为本体（自在之物）也只不过是主体的一种公设。

与这两个世界相适应，便有两种不同的知识，即"理论"知识和实践知识，或者说事实知识和价值知识。这两类知识之间存在重要区别。一切关于事实知识的命题都是表示两种表象的内容的相互归属关系，而一切关于价值知识的命题则表示估价意识（主体）和被估价的对象的关

---

① 弗莱堡学派是新康德主义学派的一个主要分支，因曾以弗莱堡大学为活动中心而得名，后期活动中心为海德堡大学，故又称海德堡学派；由于弗莱堡和海德堡属于德国西南部的巴登州，故又称西南学派或巴登学派；还由于它着重先验心理和价值问题的研究，故有时被称为先验心理学派或价值学派。其主要代表人物是文德尔班、李凯尔特、闵斯特贝尔格、科恩、鲍赫、克罗纳等。

② （德）文德尔班：《哲学史教程》，商务印书馆1997年版，第40页。

系。事实命题都是普通的逻辑判断，它们决定着事实与事实之间的关系，丝毫不混杂主观的因素；价值命题则不同，它们不表示事实之间的关系，而表示主体对于对象的估价或态度。他认为，哲学就是作为价值的一般理论，哲学的任务就是从价值的角度出发，对知识进行估价，从而建立事实的领域（世界）与价值的领域（世界）之间的联系。这是因为事实命题与价值命题之间的区别是相对的。价值命题高于事实命题，事实命题归根到底从属于价值命题，它们要以价值观念为根据，也包含有价值的因素。他说："认识问题本身就具有某些价值性质的东西，这些东西引起由理论问题到实践问题的过渡。"①

从认识论的角度而言，对于一个命题是否为真，不再是通过将它与事实或客体（自在之物）相比较来确定，而是要由我们的直接经验是否感到有责任去相信它来确定。由此，他将认识论的根本问题归结为价值和评价问题，使哲学成了一般的价值理论。

在文德尔班那里，任何知识的标准都是价值，而价值都是由主观的情感意志所决定的。他说："价值（不论是肯定方面还是否定方面）决不能作为对象本身的特性，它是相对于一个估价的心灵而言……抽开意志与情感，就不会有价值这个东西。"② 既然价值的意义决定于主体的情感、意志，那么由于不同的人，甚至同一个人在不同情况下，对于同一事物可能表现出极不相同的情感和意志，从而就会有极不相同的估价。这样，所谓价值就完全成为主观的、相对的东西。任何知识都不仅没有客观的标准，甚至连他们所谓价值标准实际上也不是确定的东西。由此可见，文德尔班的价值论乃至整个知识论（不论是事实知识还是价值知识）都是主观主义、相对主义的。

为了回避这种主观主义和相对主义，文德尔班提出了一个哲学估价的"客观"标准问题，即他关于"特殊价值"与"普遍价值"的学说。他将价值区分为"特殊价值"与"普遍价值"。所谓"特殊价值"是存在于个别人意识中的价值；所谓"普遍价值"是存在于一般人意识中的价值。只有普遍价值才是标准价值，是估价时所依据的规范。特殊价值是心理学研究的对象，而普遍价值则是哲学研究的对象。哲学就是关于普遍价值的学说。

---

① （德）文德尔班：《哲学史教程》，商务印书馆1997年版，第217页。
② 同上书，第215页。

文德尔班之所以提出关于"普遍价值"的理论，主要是依据康德关于实践理性的学说。他的"普遍价值"不外就是康德作为最高道德原则的"绝对命令"。康德认为行为的最高准则是"应当这样"行动，即按照"良心"原则行动；文德尔班的最高估价准则也是"应当如此进行估价"，即按"良心"的原则进行估价。因此，文德尔班的"普遍价值"的标准类似康德的伦理学的标准，其"普遍价值"学说的归宿也同样是信仰主义。文德尔班说："我们相信存在着人类进行估价的绝对的标准……它就是那个最高的理性，即上帝的内容。"[①] 因此，文德尔班用普遍价值说来逃避主观主义和相对主义，实际上是使他的学说进一步走向了信仰主义。

虽然文德尔班泛化了"价值"概念，将认识问题也归结为价值问题，企图在精神内部寻找某种价值实体，按"普遍价值"来进行哲学估价，并且对"价值"的解释具有非理性主义和信仰主义的色彩。但是，他将认识活动中一个以往不为人们所注意的价值王国突出出来，开辟了一个新的价值哲学的研究领域，这在哲学史上无疑是不可抹去的一页。

---

① （德）文德尔班：《哲学史教程》，商务印书馆1997年版，第216页。

48

狄尔泰：
生命是一个基本事实，它必须形成哲学的起点

生命以及对生命的体验是对社会——历史世界的理解的生生不息、永远流动的源泉；从生命出发，理解渗透着不断更新的深度，只有在对生命和社会的反应里，各种精神获得其最高意义，而且是不断增长着的意义。

——威廉·狄尔泰

威廉·狄尔泰（Wilhelm Dilthey，1833—1911年）是德国著名哲学家、德国新康德主义者，生命哲学①和古典释义学的主要代表人物。

狄尔泰哲学的中心课题就是如何从生命哲学中发展出一种认识论，以此作为整个精神科学方法论基础。他主张生命是一切知识的基础，也是哲学乃至精神科学的起点。因而，他提出了"生命是一个基本事实，它必须形成哲学的起点"的命题。对狄尔泰"生命"概念的理解，就成了理解这一命题乃至整个生命哲学的关键所在。

狄尔泰将"生命"作为哲学研究的起点，是对康德以认识自然为主旨的认识论模式的否定与扬弃。他虽然在哲学上走过一条由黑格尔转向康德的道路，但是，他一开始就反对康德以认识自然为主旨的认识论模式，认为哲学不应以认识自然开始，而应当从阐释历史开始。他要求以历史理性批判取代康德的纯粹理性批判。

狄尔泰认为真正的哲学必须服从于反映生命的全部这样一个立足点，因为生命的起点和终点永远植根于我们生命意识的整体之中。人们总是渴望知道生命与现实的完整画卷，但是哲学永远不能完整地揭示世界的神奇，只能使我们解释和完成我们对生命和世界的体验。在这里，生命不仅是被研究的对象，而且还意味着一种由生命所产生的必然成就，也就是生命活动本身，即生命的主体同时也是客体。

狄尔泰一生致力于为精神科学寻找一个独立的方法论基础，在他看来，"一切以社会——历史现实为主题的学科都被包含在'精神科学'的门下"。精神科学是关于生命的科学。为此，他把"科学"的概念由自然领域扩大至人文社会领域，认为科学研究的对象不再是自然界的事物，而是一切有生命力的事物，科学研究的更重要的对象应当是社会和人的精神现象。据此，狄尔泰将精神科学与自然科学区分开来，强调研究人的生活的精神科学比自然科学更为根本，更为重要。生命既是精神科学的基础，也是精神科学的对象。反过来说，精神科学是我们认识和把握生命的途径。

"生命"概念不是狄尔泰的发明。但是，狄尔泰的"生命"概念有着非常独特的含义。在狄尔泰的"生命"哲学中，"生命"概念的内涵及其主要特征是：

---

① 生命哲学是19世纪末至20世纪初盛行于德法等国、以有机化的生命为研究对象的一种非理性主义思潮，主要代表人物为狄尔泰和柏格森。

——生命不是生物现象,而是一种人文现象,是原初的和基本的人文实在。与同时代的许多哲学家的"生命"概念不同,狄尔泰的生命概念没有生物学上的含义。他认为,生命不是生物现象,而是一种人文现象,是原初的和基本的人文实在。就此而言,生命是一个彻头彻尾的经验实在,而不是一个先验的观念。生命之外没有实在,我们所思、所感、所想象的一切,最终都植根于我们的生存——我们的生命经验。就其原始性和包容性来说,"生命"相当于旧形而上学的"存在"概念、康德的"物自体"概念,或黑格尔的"具体的一般"概念。但我们不能把它看作是形而上学或存在论的基础。生命是我们每个人都经历的东西,我们不是凭推理,而是直接经验它。他说:"生命是一个基本事实,它必须形成哲学的起点。我们从内部认识它。它是我们无法走到其后面的东西。生命不能被带到理性的法庭前。"

在狄尔泰的生命哲学中,"生命经验"与"个人体验"虽然是两个不同的范畴,但它们存在着密切的联系。"生命经验"是中介了的经验,"个人体验"通过公共形式(如语言)表达出来,即为普遍的经验,这也就是"生命经验"。他说:"体验首先是通过理解导致超越个人经验的狭隘范围而进入整体和普遍的领域这个事实才成为生命经验的。"生命经验是我们探究生命价值、事物价值的过程的整体结构。理解生命经验,就是理解生命本身。经验表达的过程,也就是一个理解和解释的过程。这样,狄尔泰使释义学真正成了哲学的基本方法和理论,为哲学释义学奠定了基础。

狄尔泰承认在人的主观世界以外有客观的外在事实,但是,外在世界是用来证明内在世界的实在性和自主性的。按照他的说法,人们必须对"外在的或感性的事实与内在的经验事实"加以区分。内在经验给出的材料是通过外在的自然过程的诱因而形成的,其目的是通过同等价值过程的类比给内在经验赋予一定意义。由此形成的独特经验王国在内在体验方面具有其独立的起源和材料,因此,它是特别的经验科学的研究对象。马克思主义哲学家卢卡奇曾经评价说:"狄尔泰有了这样正确的感觉:只有通过实践的道路,才能在认识论上解答人与客观外界的关系。"[1]这就告诉我们,狄尔泰对精神科学与自然科学的区分在感觉上是正确的,

---

[1] (匈牙利)卢卡奇:《理性的毁灭》,山东人民出版社1987年版,第366页。

但是，由于他把外在世界确定为依赖于内在的体验，所以，"狄尔泰根本就没有意识到客观的、独立于意识的现实"①。说到底，狄尔泰还是没有彻底摆脱西方形而上学的传统。

——生命不是个人和人类的类生命，而是一种整体关系，是自我与世界的关系整体。狄尔泰讲的"生命"不是指人类个人的生命（虽然个人的生命是它的一部分），也不是指人类的类生命或所有有机体的生命，而是泛指人类个人和集体生活的整个范围，包括它们的表现、创造以及人类的社会组织、文化成就，人心向内与向外的一切活动，等等。生命不是孤立的主体性，而是包括自我与世界的共同关系的整体。他认为，生命是一种整体关系，"生命本身是自我和世界的关系"。它不是物质，却包含物质（外部世界），它在自然界有其不可克服的基础；它不是意识，却包括意识作为自己的一个基本特征。当生命在经验中被人们经历时，就表现出自我意识的特征。总之，人的生命既有精神生活，也有生理功能，还必须与外部世界发生关系。所以，狄尔泰说："实际上每一个个人都是这样发生的，他的存在和发展都是建立在动物有机体的功能和这种功能与周围自然进程的关系的基础之上。他的生命感情至少有一部分是建立在这种功能之上的；他的印象受到感官和感官对外部世界的意向的限制；我们认为人的丰富表象及其变化、人的意志的强度及其方向都依赖于人的神经系统的变化。人的意志冲动使肌纤维变短，因此，对外在的作用受到有机体各个部分的关系变化的制约；人的意志行动的持续结果只能存在于物质世界之内的变化形式之中。"这种"生命同一性的体系才是这样的现实性，它构成历史和社会科学的对象"。精神科学关注的焦点是人，而人不是一个抽象的、孤立的个体，而是整体的人，是一个具有知、情、意的整体，在"人这一整体的事实中"，"精神生活与人心理—物理（灵和肉）生命统一体完美融合"。

——生命不是一个静止的实体，而是一种历史和传记的事实，是时间性的历史过程。狄尔泰一再重申"生命"概念是历史和传记的事实，是人类社会文化的历史过程。生命是在历史过程中展开自身的各种生命关系的整体，它具体表现为人类社会文化的各个方面，如哲学、文学、宗教、政治制度、神话、价值系统，等等。在他看来，生命不是一个静

---

① （匈牙利）卢卡奇：《理性的毁灭》，山东人民出版社1987年版，第369页。

止的实体，而是时间性的过程。历史性和时间性是生命的基本范畴。他说："生命是丰满的，多样的，是个人经验的种种相互关系。在它基本的质料上，生命与历史是一回事。在历史的每一点上都有生命。历史由在最不同的关系中一切种类的生命组成。历史只是从整个人类的角度把握的生命，它构成了一种整体关系。"可见，生命在他那里是指所有人的内在意识过程，所有意识的整体汇成历史，并且我们的内在生命与其他人的内在生命有着关联，生命永远是一个主观现象，不能从外部被给予，生命作为内在经验的主体，就如同真的发生过的那样，是历史科学的研究对象。

狄尔泰认为，生命是以人类的永恒的历史为背景的，它其实就是历史的生命、社会的生命。生命的本质只能到历史性的存在中去寻求，也就是只有在历史的进程中才能领悟生命的真谛。因为社会历史就是生命在时间里的延展。"生命，作为相互影响的、时间上相续的事件，就是历史生活。"生命的首要特征是它的时间结构。对每一个人来说，生命就在他的活动、他的态度、他对人与事的认识、他与周围环境的关系中表现出他独具的特征。但是，每一个人同时又是无数交叉系统中的一个点，无数个人聚成生命之网络，汇成生命之巨流，而生命本身就在他们中间实现为社会的、历史的实在。狄尔泰由此认为："生命以及对生命的体验是对社会——历史世界的理解的生生不息、永远流动的源泉；从生命出发，理解渗透着不断更新的深度，只有在对生命和社会的反应里，各种精神科学才获得其最高意义，而且是不断增长着的意义。"正是存在着生命的经验和意义，历史才成为可能。他认为，历史是关于在时间中人类所做的和所遭遇的一切，历史的意义就在生命的创造活动中。历史学家所研究的每一事件的境遇对他来说必须已经具有意义，而他也正是通过接受置身于历史事件中的人们所做的解释来理解这些意义的。

狄尔泰认为，个人对历史的理解必须在客观精神的广阔境遇中才能完成。所谓"客观精神"，狄尔泰又称之为"生命的客观化"，它包含语言、习俗、生活的每一形式或风尚、家庭、社会、国家和法律，乃至艺术、宗教和哲学。他认为，只有通过生命客观化的观念，我们才得以洞察历史的本质。个人是客观精神的普遍特征的承担者和代表，他既是历史的存在，创造、享受着历史，同时又理解着历史。正是在这种意义上，他肯定在个人生活经验与集体在历史上所实现的经验之间存在着一种结构性联系。他认为,每一个体的生命体验在时间中的变化迁流,没有一种生命模式不是处在短暂即逝的"现时"片刻,狄尔泰的比喻是——"我们的生命之船是在一条永远不断流淌的河流之上航行的"①。所以,历史的脉络将不断生息的过程性与系统关联的结构性统一起来,且呈现出一种有节奏的意义构成状态。我们在历史中把握意义,其实是在脉络中构成意义。

狄尔泰还认为:"理解和解释是贯穿整个人文科学的方法。"正因为生命具有意义,所以需要理解。狄尔泰把对理解和解释的研究叫做"释义学"。他认为,精神科学对于人类精神的历史表达(艺术、社会制度、各门科学和哲学等学科)应当采用特殊的释义学的和批判的技术。这样一来,历史知识变成了一种对于在一段时间内人类精神的成果的描述。他认为,我们在当下不可能充分认识现在的价值和未来的目的,我们真正能够做到的,就是可以通过回忆去把握已经流逝的生命历程,并且通过它去挖掘生命的价值和目的,也就是说,生命的意义只有通过回顾才可解读。同时,狄尔泰还从历史对现实的影响进一步分析说,如果历史是人类产品的堆积和积淀,那么,历史也同样存在于和伴随着人类的产品,因为历史不只是过去的生命,历史同时还是正在被理解的生命,这就是所谓历史和社会的现实性。

总之,狄尔泰是一个长期被人忽视的哲学巨人,是西方哲学史上承前启后、继往开来的大师级人物,是一位具有独立意义的思想家。狄尔泰生活的年代,属于西方哲学大转折的发轫期。他所开创的"精神科学体系"涉及哲学、伦理学、心理学、社会学、教育学、思想史等多门学科,几乎汇集了当时所有的思潮,形成了一种"创造性的综合"。他的这些研究成果承上启下,既继承了德国理性主义哲学的传统,又吸收了其他学科的内容,予以新的发挥和创造,独辟蹊径,自成一派,对后来的哲学、心理学、社会学的发展产生了重大影响。从哲学上讲,狄尔泰的哲学思想影响了现代西方哲学的一些重要流派和哲学家,如胡塞尔的现象学、海德格尔的存在主义、伽达默尔的解释学以及西美尔、雅斯贝尔斯、韦伯、卡西勒、卢卡奇等著名哲学家的思想。狄尔泰的生命哲学与尼采的唯意志论哲学一样,是现代西方哲学的伟大起点和奠基石之一。

---

① (德)狄尔泰:《历史中的意义》,译林出版社2011年版,第46～47页。

因此，狄尔泰被人誉为"19世纪下半叶最重要的思想家"、"人文科学领域里的牛顿"。

狄尔泰虽然早已远去，但他在认识论和方法论上大胆进行的变革，对我们今天的哲学发展仍具有现实意义；他关于哲学必须与人文科学和社会科学相结合的主张，仍然对我们当下的"哲学"产生着冲击。关于狄尔泰哲学的现实意义，德国著名哲学家海德格尔早已明示。他说，狄尔泰是一个具有开拓精神的哲学家，狄尔泰理论是现代哲学的预演，"当今一代仍然面临着学会狄尔泰的研究，并且要以开拓的姿态从自身这里推进这个研究"[①]。

让我们以与时俱进、开拓创新的意识和态度来对待狄尔泰的生命哲学，更好地认识自己，理解他人，体验生命。

---

① （德）海德格尔：《存在与时间》（德文版），图宾根，1979年，第377页。

49

柏格森：
纯粹的变化，真正的绵延，是精神的或充满了精神性的东西

我们做什么取决于我们是什么，但必须附加一句，我们是自己生活的创造者，我们在不断地创造自己。

——亨利·柏格森

当我们的自我让自己活下去的时候，当自我不肯把现有状态跟以往状态隔开的时候，我们意识状态的陆续出现就具有纯绵延的形式。

——亨利·柏格森

亨利·柏格森（Henri Bergson，1859—1941年）是法国哲学家、生命哲学的主要代表人物之一、直觉主义理论大师。

柏格森的哲学体系十分庞大，覆盖了本体论、发展观、认识论、方法论、社会历史观等各个层面，其中尤为突出的是他以生命冲动为基石，以时间为本质，以直觉为方法，突出了生成、绵延、生命冲动、时间、运动等基本特质，并依据这些生命性状确立了"直觉"在人类认识发展史上的地位。

——"生成"是正在进行中的、尚未完成的存在，是既存在又非存在的"半成品"。柏格森认为，从巴门尼德、芝诺起，存在被当成了生成的对立面。其实，存在既不是物质实体，也不是精神，而是流动与变化；生成是正在进行中的、尚未完成的存在，是既存在又非存在的"半成品"。宇宙不是孤立存在的事物的总和，不是静态、既已完成的，而是连续变化的过程，是永恒、不断的变化。这种无载体的生成状态具有流动的连续性即为"绵延"。

——"绵延"是一个连续、变化、无方向、不可预测的心理流，是万物的本原。"绵延"一词原意为持久、持续、持续期间，中译取绵延不断之意。"绵延"是贯穿柏格森哲学的核心概念。虽然这一概念在哲学史上早已出现，但柏格森却赋予了它特殊含义。

首先，绵延是指人的心理深处的一种意识状态，是意识的本质所在。柏格森认为，以往联想心理学采用理智的方法、分析的方法将人的意识视为观念的联想，其实这只是停留于意识的表面，真正的意识乃是心理的绵延。因为人的意识有表层与深层之分，表层心理是由思想上清晰存在的感觉、概念等组成。人的内心深处还存在连续不断地变化着的"流"，这种连绵不断的心理活动过程就是"绵延"。这种内心深处的绵延，才是意识的本质所在。

其次，"绵延"是没有间断的连续性、绝对的连续性。在绵延中，过去、现在、将来之间互相渗透，浑然一体，没有截然分明的界限。间断性、静止只是人们心中的假设，是人为地制造出来的。

再次，绵延是质的连续出现，其中没有量的差别。这有如钟声由远及近，人的情绪的变化和美的感受，其每一瞬间都有质的不同，并不是量的差异。绵延就是这样一个众多的质。

最后，绵延是方向不可预测的流动。绵延每一瞬间都在变化，并无

确定的流向。绵延是一种"纯"变化，其未来是不可预测的。

总之，柏格森否定了把意识归结为感觉、知觉等观念联想的经验主义，也否定了把意识的本质归结为概念、判断等理性形式的理性主义，认定感觉和概念只是人的心理的表壳，唯有"绵延"才是"自我意识状态"。这种绵延是一种连续、变化、无方向、不可预测的心理流，是无法用语言来描述的、只可意会不可言传的神秘莫测的心理状态，但"绵延"可以通过记忆、本能、意志、自由、精神等体现出来。在柏格森看来，"绵延"就是世界的本质，是最基本的实在，是永恒、绝对的。把握了"绵延"就能理解一切现象，从而也就能认识上帝。

——"生命冲动或生命之流"是人的内心绵延，是万物变化和进化的动力，是宇宙之本质。柏格森认为，在有生命的有机界中普遍存在一种类似于人的内心绵延的"生命冲动"，这种生命冲动同心理绵延一样，是持续不断的纯变化，是一个不可分割的流，因此，"生命冲动"也就是"生命之流"。生命冲动是宇宙的本原，整个宇宙是实现生命冲动的精神性的过程。这个过程是生命或意志创造过程，是无规律可循的。他认为，生命冲动创造万物，其表现形式是多种多样的，主要可分为两种倾向：一种是生命冲动向上的喷发，由于它的喷发产生多种生命形式；一种是生命冲动向下坠落——"生命冲动的自然逆转"，它产生一切无生命的事物。两种倾向的汇合点则构成生物有机体。物质只是"创造进化过程"的中断，是生命冲动被削弱、被阻塞的结果。

这个"生命之流"在柏格森那里并不是作为物质运动的一种特殊形式的现实生命，而是一个精神性的本原。"生命是心理的东西"，它同人的心理绵延一样，是精神、意识，这个意识是一种"创造的需要"，带有十分强烈的行动意志的色彩。由于这种精神力量不仅作为心理的绵延存在于人的生命之中，而且普遍地存在于诸生物体之中，构成一个连绵不断的生命之流。所以，它是一种普及于宇宙的生命意志，是"超意识"。他说："意识，或者说超意识，是生命的本原。"这样，他将人的意识中的"创造性需要"夸大为脱离人脑的精神本体、宇宙本原，认为世界的本原就是生命之流的绵延，具有了明显的唯心主义色彩。

——"真正的时间"就是绵延，运动是时间的绵延，与空间无关。柏格森以"绵延"为中心，通过对时间和空间的分析，将真实的时间归结为绵延，并由此提出了其唯心主义的本体论学说。

为了解释"生命之流"与有形事物之间的关系，柏格森区分了两种时间：一种是纯粹时间，也称"真正的时间（真时）"，即生活和具体的时间；另一种是物理时间，也称"科学的时间"，是可度量和抽象的时间。"真正的时间"是绵延、纯粹、无形、超空间的，不掺杂任何空间要素，它才是形而上学研究的对象。而物理时间则受空间概念的影响，是将绵延空间化、数量化的结果，是在"生命之流"中截取下来的静止状态，是把绵延之流分割成固定的、静止的、有形的单元的结果。

柏格森将"绵延"视为意识的内在变化，并由此推论，绵延的运动是一种心理状态，它没有广度，也没有空间位置的变化，因而也不占有空间。在他看来，空间是间断的、可以分割的，是可以表现为量的差别的，而绵延是不间断的、不可分割的、质的众多体。因此，空间不是绵延的特征，而是外在物的特征。其实，空间是心灵为了一定的需要而创造出来的，是心灵的一种动作或功能，其本身不是实在的，也不表现深层意识中真正实在的绵延。

——直觉是认识绵延的手段，直觉即在绵延中思维，直觉能够把握生命，直觉能够认识实在。在西方哲学发展史上，直觉观念虽然早已有人使用，但在19世纪末20世纪初对其进行充分论证的首推柏格森。

柏格森认为，人类认识事物有两种途径——理智和直觉。理智的特征是分析，是从整体到部分、从运动到静止的几何与逻辑的方法。理智的对象是空间中的事物，这是人类为解决日常生活问题而采取的方法，但理智没有能力处理活的、创造性的、自由的东西，它们只能是直观的对象，它根本不适用于认识以绵延为本质的生命，所以，"理智的天生特征就是不能把握生命"[①]。

直觉通过对内心意识状态的体验把握绵延，通过细密地、专心地关注自我，便可以意识到存在于内心的精神"由过去侵入未来的持续的涌进"的绵延。在直觉中，本能与实在融为一体，"精神直接地洞察精神"，达到了主观与客观的一致。直觉并非神秘的自在之物，也不是某些天才特有的禀赋，而是在任何生物中都能想象得到的一种认知力量，它与生命本身如此同一，以致凡有生命之处也就有直觉意识。直觉是哲学认识和美学认识的最高形式，直觉能把握生命。他甚至说："直觉……在一定

[①] （法）柏格森：《创造进化论》，商务印书馆2004年版，第165页。

意义上就是生命。"①

直觉就是直接意识，是把自己置身于对象之内，以便与其中独特的、无法表达的东西相符合。这种东西就是绵延、生命。每个人都具有直觉意识，只要我们的心灵能够违背自身，逆转方向进行超出人类条件的努力，就可以运用直觉方法来认识真正的实在。总之，心理绵延是真正的实在，体验绵延的方法是直觉而不是理智。

直觉主义是柏格森哲学最重要的方面之一。他力图为实证科学和理性划定一个界限，指出它们在研究生命、心理活动、人的历史和人创造的艺术方面存在的局限性。但是，柏格森进而贬低理性，认为哲学和科学由于采用理智的方法，只是顺应人类心灵的自然方向，结果使人类对世界的认识停留于表面，没有真正把握实在。这样，柏格森的直觉主义就其超越传统的理智认识方法的局限性来说有其合理性，但是他把直觉同理性完全对立起来，夸大了直觉的作用，贬低和忽视了理性的意义，从而走向了另一个极端。

柏格森以生命哲学著称于世，其哲学宗旨是建立一种以直觉为基础的新的"形而上学"，以摆脱近代科学所采用抽象的、分析的理智的方法，并借助于直觉把握真正的实在，故也称为"直觉哲学"。他虽然没有形成自己的流派，但作为生命哲学的集大成者、现代非理性主义思潮的重要代表，对20世纪西方的哲学、文学艺术、宗教和伦理思想产生了广泛影响，既启迪了具有同一思想倾向的德语国家的生命哲学家如齐美尔、奥伊肯、施宾格勒等，又影响了过程哲学家怀特海，实用主义者席勒、詹姆士、杜威等人，甚至还渗透到了远在东方的现代新儒家的思想之中。

柏格森是欧洲近代理性主义潮流向非理性主义转变的关键人物，他的直觉主义开20世纪西方非理性主义思潮之先河，因此，弄清其直觉哲学，对于我们把握西方现代哲学的来龙去脉，特别是非理性主义潮流的演变趋势，是十分重要的。

---

① （法）柏格森：《创造进化论》，商务印书馆2004年版，第195页。

50

詹姆斯：真理就是有用，有用就是真理

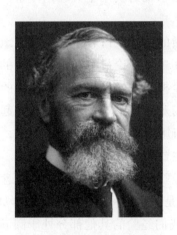

  一个观念的真理性并不是它自身固有的一种静止的特性。真理性是一个观念所遭遇到的。观念是变成真的，是事件使它真的。它的真理性实际上是一个事件，一个过程，亦即它对自己进行证实的过程，它的证实活动。

——威廉·詹姆斯

西方哲学大师的命题

威廉·詹姆斯（William James，1842—1910年）又译威廉·詹姆士，是美国实用主义哲学的主要代表之一。

19世纪末20世纪初，人们普遍认为，哈佛大学哲学系是全球最优秀的。当时三位杰出的美国哲学家进入经典大师的行列，并被称为"美国实用主义者"，其中最具创造性的是皮尔士，最好读的是詹姆斯，影响最广泛的是杜威。詹姆斯在实用主义发展中的作用，主要在于他以意识流心理学、彻底经验主义等理论，将皮尔士还只是抽象论述的实用主义方法论原则发展成为一个系统的实用主义理论体系，并用它来分析各种具体问题。

真理问题在詹姆斯的哲学中占有十分重要的地位，也是实用主义的核心部分。詹姆斯实用主义理论最有影响的是他的真理观。詹姆斯把皮尔士的意义原则（一个概念的意义在于它所引起的实际效果）进行了发挥，把观念的真理性与观念的主观效用直接等同起来，并概括为一个公式：真理就是有用，有用就是真理。在此基础上，他阐发了自己的真理观。詹姆斯真理观的主要内容为：

第一，真理就是经验和经验之间、观念和观念之间的一种联系。他说："真理的意义不过是这样的：只要观念（它本身只是我们经验的一部分）有助于使它们与我们经验的其他部分处于圆满的关系中，有助于我们通过概念的捷径，而不用特殊现象的无限相继续，去概括它、运用它，这样，观念就成为真实的了。譬如说，如果有一个概念我们能驾驭，如果一个概念能够很顺利地从我们的一部分经验转移到另一部分经验，将事物完满地联系起来，很稳定地工作起来而且能够简化劳动，节省劳动，那么，这个概念就是真的。"① 由此可见，詹姆斯否认真理是主观对于客观对象的本质和规律的正确反映，而认为真理仅仅是经验本身之间的一种联系。他说：世界只有一种本原，一切事物都由它构成，我把它称为"纯粹经验"。他把唯物主义能动的反映论等同为机械的反映论，认为真理是主观与客观的符合关系的观点是一种静止的、惰性的真理论。他还举例说：如果你闭上眼睛想那边墙上挂着的钟，那么你能"摹写"钟的表面，却无法摹写它的"内部机件"。詹姆斯把真理说成是"经验以内"的事情，是人们组织经验材料的一种能动性活动。真理只是观念和思想

---

① （美）詹姆斯：《实用主义》，商务印书馆1979年版，第32～33页。

的属性,而不是事物的属性。这样,他就否认了真理的客观性,否认了真理是人们对客观事物及其规律的正确反映。

第二,真理是经验本身的一种联系,但并不是任何经验的联系都是真理。只有当这种联系能给人带来利益、效果,帮助人们取得成功时才是真理。在詹姆斯看来,一个观念,不管是否正确反映客观存在,只要能给人带来有用的效果,就是真理。詹姆斯说:"它是真的,因为它是有用的";"它是有用的,因为它是真的"。① 第一句话表达了人们对真理的期望,第二句话表达了人们对真理作用的总结,这两句话的实质意义都是一样的。这样,他的真理观将真理归结为人的主观创造,否认了真理的客观性,将有用作为真理的唯一标志。

当然,詹姆斯并不是简单地将真理等同于有用。当他谈到真理就是有用时,他指出这是由于被作为真理的思想(观念)的对象对人有用。"真实观念的实际价值基本上是由于观念对象对于我们的实际重要性而产生的。"② 但他又提到,并非观念符合对象就是真理,只有当这种对象能为人所用时,其观念才是真理。因此,他归根到底不是把符合对象当作真理的根本标志,而是把是否对人有用当作真理的根本标志。

第三,真理是具有交换价值的,是公共的。詹姆斯将真理比作信托制度和银行发行的钞票,只要大家相信它,能够彼此交换,能够用它换到自己需要的东西,那么,它就是真的。他说:"事实上,真理大部分是作为一种信用制度而存在下去的。我们的思想和观念只要没什么东西反对它们就可以成立,像银行钞票一样,只要没有谁拒绝接受它们,它们就可以流通","我们就这样在彼此的真理上做买卖"。③ 说真理有用,就是说真理能满足人的需要、欲望和利益。按照詹姆斯的说法,检验真理的标准就是能否满足人的需要和愿望。这种说法,不但否定了真理的内容是客观的,而且也否定了检验真理的标准的客观性,从而彻底否认了客观真理。

第四,真理是人造的方便工具,是一种权宜手段,是纯粹的、相对的,没有任何普遍和绝对的意义。詹姆斯认为,既然真理是功利的,那么真理也是多元的。人们的利益、需要、兴趣各有不同,一个观念对人

---

① (美)詹姆斯:《实用主义》,商务印书馆1979年版,第104~105页。
② 同上书,第104页。
③ 同上书,第106页。

是否有益，能不能给人们带来满意的效果，不是固定不变的，而是因人、因地、因时而异的。人们都是按照自己的利益和需要来塑造真理的，真理可随意制造，也可随意抛弃。他说："我们今天只好按照所能得到的真理去生活，并且准备明天把它叫作假的。"① 他在强调真理的具体性时，却由于将其绝对化而滑向了主观主义和相对主义。

詹姆斯的真理观是有弹性的、宽泛的，这使他得以将实用主义与宗教信仰结合在一起，并为宗教辩护。他说："根据实用主义原则，只要关于上帝的假设在最广泛的意义上能令人满意地起作用，那么这个假设便是真的。"② 因此，上帝不是现实的存在，而只是一种假设，这个假设也应由它对人产生的实际效果来检验。

詹姆斯不愧为真理的追求者。"有人以比他更热烈的感情来爱真理，没有人以比他更大的激情来追求真理的了。……终他的一生，他都在观察、在实验、在沉思。而好像他还做得不够，当他在最后沉睡时，他还在梦想着异常的试验和超人的努力，就凭着这些，直到他死后，他还能继续和我们一起为了科学的最大的善，为了真理的最大的光荣而工作。"③ 不过，这并不影响他的实用主义对世界哲学所产生的影响。正如英国学者内尔·腾布尔评价说："詹姆斯的实用主义倒也确实有些积极的影响。詹姆斯写作的时候，正当德国唯心主义（尤其是黑格尔派哲学）大行其道之时。这些哲学观点大约离普通人的日常琐事甚为遥远，一如冥王星之离匹兹堡。詹姆斯对于德国唯心主义者的反应是'该死的绝对！'詹姆斯想开创一种更加现实的哲学，但他却任由世俗的动机侵蚀自己毫无疑义的哲学才能。"④

詹姆斯对实用主义的最大贡献可以说是他的真理观。但他也明白自己不曾为哲学的一些古老问题找到解决办法。他去世时，书桌上的一张纸上写着他最后的也许是最能代表其思想的几句话："没有任何结论。在应该做出结论的事物中，我们做出过结论吗？命运不可测，没有忠告。永别了。"

---

① （美）詹姆斯：《实用主义》，商务印书馆1979年版，第114页。
② 同上书，第299页。
③ 参见陈卫平、施志伟著：《生命的冲动——柏格森和他的哲学》，上海三联书店1988年版，第82页。
④ （英）内尔·腾布尔：《哲学》，戴联斌等译，生活·读书·新知三联书店2003年版，第163页。

51

杜威：经验就是生活，而生活就是应付环境

凡是有生命的地方就有行为、有活动。为了使生命得以维持，这种活动应当是连续不断的，同时也应当与环境相适应。而且，这种适应环境的调节作用并不是完全被动的，并非仅仅是有机体受环境的塑造。……为了维持生命，就要改变周围环境中的某些因素。生命的形式愈高，对环境的主动改造也就愈重要。

——约翰·杜威

西方哲学大师的命题

约翰·杜威（John Dewey，1859—1952年）是美国著名哲学家、教育家，美国实用主义哲学的集大成者，功能心理学的先驱，美国进步主义教育运动的主要代表。

杜威以改造以往哲学为己任，以"经验"为基础，以"行动"、"效果"为中心，阐发了其实用主义的哲学观。他对哲学改造的主要内容就是对"经验"做出了新的解释，其著名的一个哲学命题是：经验就是生活，而生活就是应付环境。

对"经验"的看法是杜威哲学的出发点。他特别重视经验，曾提出过一句名言："一两经验，胜于一吨理论。"那么，什么是"经验"呢？杜威的回答是：

——经验与自然是连续的，是二者相互依存、不可分割的联系。杜威企图超越包括唯物与唯心对立在内的以往哲学中各种二元对立，建立一种以人的生活、行动、实践为核心而贯通心物、主客的新哲学。他认为，传统哲学是把经验视为知识，即主体对于对象的一种认识。这意味着把经验视为不同于自然界其余部分的精神存在，即把认知的主体、经验者和被认识的对象分割开来，把经验和自然、精神和物质分割开来，归属于两个不同领域。这是一种"二元论"，唯物主义与唯心主义等的对立正是出于这种"二元论"。它们都"把经验的对象和能经验的活动与状态分裂为二"，使哲学根本问题"变成了一个调整或协调两个分开的存在领域的企图"。① 他认为，只承认自然界、客观物质世界的实在性，而否认经验、精神的实在性，是唯物主义的"片面性"；只承认经验、精神的实在性，否认自然界、客观物质世界的实在性，是唯心主义的"片面性"。唯有把经验与自然、精神与物质看作是一个"统一整体"，确定二者之间的"连续性"，才能避免唯物主义与唯心主义的"片面性"，克服"二元论"的错误。他说："经验并不是把人和自然隔绝开来的帐幕，它是继续不断地深入自然的心脏的一个途径。"② 经验与自然是连续的，不可分割的。经验不是自然之外的东西，而是关于自然的、发生于自然之内的东西。杜威把对经验和自然（主体和对象、精神和物质等）的连续性的肯定当作其哲学的一条根本原则。

从认识论角度说，经验和自然、主体和对象确实存在着相互依存、

---

① （美）杜威：《经验与自然》，商务印书馆1960年版，第46页。
② 同上书，第4页。

不可分割的联系。杜威的上述论说显然有合理之处。但这种依存和联系关系应以肯定自然、外部世界本身的客观存在为前提。从一定意义上说，杜威没有完全否定这个前提，并未把世界、自然界本身都归结为经验。他承认在人的经验之外存在着"无知性的存在"，后者正是指自然界本身的存在，即所谓自在的世界，它们"绝不是由思维或任何精神产生的"。①他认为，自然界及作为自然界组成部分的人的存在不以经验的存在为转移，而经验的存在倒是以自然界的存在为转移。这种观点显然并非像人们长期以来所指责的那样是主观唯心主义。

但是，杜威在不同程度上否定了谈论自然界、物质世界客观存在这一问题的意义。他说："物质不是事情或过程的原因或来源；不是一个绝对的君主，不是解释的原理；不是在变化背后或下面的实质……物质这个名词，系指一个活动着的特性，而不是指一个实体。"为了避免因误用物质和精神概念而陷入唯物主义或唯心主义，陷入"二元论"，杜威像某些语义学者那样主张避免使用使人感到具有实体意义的"物质"、"精神"之类名词，而代之以只有机能意义的有关形容词和副词。他实际上就是把对自然界、物质世界客观存在的问题排除在哲学研究的范围之外。这种观点归根到底必然通向唯心主义。杜威自己也承认其实用主义"从经验上说将是唯心主义的"。②

——经验是主体和对象即有机体和环境（自然或社会等）之间的相互作用。杜威不是将经验视为知识或主观对客体的反映（认识），也不是将经验当作独立的精神（意识）存在，而是将经验视为主体（生物有机体）和客体（自然或社会环境等）之间的相互作用。经验主体和自然客体之间"连续不断"地相互作用的关系，就是杜威心目中的"经验"。他接受了达尔文进化论的影响，认为作为有机体的人在生存中总要遭遇到某种环境，必须对其做出反应，以适应环境。人与环境的这种相互作用就是经验。生活和行动着的人与他的环境之间的这种相互作用，是一种将彼此联系在一起的"贯通作用"，表现为一个主动和被动的过程。经验正是这样一种"贯通作用"和过程。他写道："生物受着自己的行为后果的影响。行动和遭遇之间这种密切联系，就形成了我们所谓经验。没有联系的动作和没有联系的遭遇都不成其为经验。假定一个人睡着时被火

---

① （美）杜威：《实验逻辑论文集》，1916年英文版，第35页。
② （美）杜威：《哲学光复的必要》，引自《创造的智慧》，英文版，第29页。

烧了。火烧掉了他身体的一部分。这焚烧并不是从他所做的事情产生出来的一清二楚的结果。这里头并没有什么东西可以称为经验。……再假定一个不住地乱动的婴儿把手指放在火里。这动作是随便的,并没有目的,也没有意图和考虑,但是结果发生了事情。这孩子尝到了烫的滋味,感到了痛苦。这个动作和遭遇,亦即伸手和被烧,联系了起来。于是这一件事就暗示着、意味着另一件事。这样就有了一项意义重大的生动经验。"① 由此可见,是否发生"联系的动作的联系的遭遇",才是经验的关键所在。这意味着经验使主体和对象、有机体和环境、经验和自然连成一个不可分割的统一整体,或者说在它们之间确立了连续性。

经验是有机体和环境之间相互作用的关系,所以,经验有双重的含义。杜威在《经验与自然》中对经验概念做了如下描述:"'经验'是一个詹姆斯所谓具有两套意义的字眼。好像它的同类语生活和历史一样,它不仅包括人们做些什么和遭遇些什么,他们追求些什么、爱些什么、相信和坚持些什么,而且包括人们是怎样活动和怎样受到反响的,他们怎样操作和遭遇,他们怎样渴望和享受,以及他们观看、信仰和想象的方式——简言之,能经验的过程。"② 在这里,经验概念的"两套意义",一是经验的事物,二是能经验的过程。经验的事物包括了人们所作、所追求、所爱、相信、坚持的东西,即人们所规定、畏惧、渴望的东西;能经验的过程首先是指希望、畏惧、沮丧、欢愉、信仰等情感意志的过程。经验只是作为一种活动过程,而不是精神事物。一切事物都是作为过程、活动而产生,作为过程、活动而存在。因此,在杜威哲学中,过程、动作的观点具有决定性的意义。

当然,这并不等于把自然界的一切都说成是经验,而只是认为与人发生关系、发生相互作用的事物才是经验。没有与人发生相互作用的自然不是经验,而只是一种"原始的存在"或"粗糙的存在"。

——经验就是生活,生活就是人作为生物有机体适应环境的行为。经验不是静止的知识或事物,而是有机体和环境之间的相互作用,而后者就是生活、行动、实践。这也就是说,生活就是应付环境,即人作为生物有机体适应环境的行为。环境对有机体产生刺激,有机体对这种刺

---

① (美)杜威:《哲学的改造》,引自《现代西方资产阶级论著选辑》,商务印书馆1964年版,第165页。

② (美)杜威:《经验与自然》,商务印书馆1960年版,第10页。

激做出反应以适应环境,这就是行为。"刺激—反应"既是经验的基本含义,也是生活、行动、实践的基本含义。在这里,杜威局限于从对环境的生物学适应的层次来看待人的行为和实践,以致把人的全部认识和实践归结为有机体对环境刺激的反应,即行为。例如,他认为人的感觉本身还不是对世界的认识,而只是环境对人的一种刺激。"感觉不是那种知识的什么成分,无论是好是坏、是优是劣或完全与否,它们毋宁是归结到知识去的研究活动的一个激发者、鼓舞者、挑战者……它们全然不是认识的方法,它们只是反省和推理的刺激。"① 从一定意义上说,杜威注意了将人的行为(实践)与动物的本能行为区分开来,认为作为高级生物有机体的人具有"创造的智慧",能按照自己的意愿,对环境的刺激运用反省和推理等手段,为自己制订出行动的计划和方案,以达到自己的目的。

他还认为,人应付环境并不是消极地受环境的决定,不是徒然站着,一事不做,而是按照自己的机体构造的繁简向着环境动作,环境所产生的变化又反应到这个有机体和他的行动上去,也就是说,人受到外界的刺激做出反应便是实践。因此,"刺激—反应"是实践的基本公式。在这里,杜威强调了人不应在环境面前显得无能为力,而应主动地使环境适应自己的需要,但将人的实践简单地归结为像其他生物一样的"刺激—反应"则是错误的。

至于人们如何用"创造的智慧"来适应和改造环境,这是在杜威哲学中占有重要地位的方法论问题。由于杜威强调试验和探索的作用,他的方法论通常被称为探索方法(理论)或试验—探索方法(理论)。杜威提出的思想五步说(探索的五个阶段)是这一方法的集中表现。这五步是:出现疑难,产生问题,提出假说,推理演绎,证实假说。他的学生胡适曾将五步法概括为"大胆假设,小心求证"。从纯方法论的角度说,杜威的探索方法,特别是五步说,不无合理之处,它从事实出发,又重视反省和推理的作用,在一定程度上揭示了科学发现的程序,甚至可以说是对科学实验方法所做的一种较为客观的概括。但是,由于杜威所说的一切探索都是在经验范围内进行的,而他对经验的解释具有唯心主义倾向,因此,杜威的探索方法也未能摆脱唯心主义的倾向。

---

① (美)杜威:《哲学的改造》,商务印书馆1958年版,第48页。

西方哲学大师的命题

　　在经验自然主义的基础上，杜威还提出了工具主义的真理观。他认为，观念、意义、概念、学说和体系，既非天生的、绝对的真理，也非实在的反映，而是人们用来适应环境的行为的工具，它们的真理性的标准在于能否指引人们的行动取得成功。如果它们对达到人们预期的目标有用，能使他们成功便是真理，否则便是谬误。他说："如果观念、意义、概念、学说和体系，对于一定的环境的主动的改造，或对于某种特殊的困苦和纷扰的排除确是一种工具般的东西，它们的效能和价值就会系于这个工作的成功与否，如果它们成功了，它们就是可靠、健全、有效、好的、真的。"① 杜威的工具主义真理观实质上与詹姆斯的"有用即真理"是一致的，只是表面上具有较多科学和客观的色彩。

　　杜威一生从事的从来就不是纯哲学，而是以社会改革为其目的的实用哲学。他的经验自然主义运用于教育的具体表现是，认为教育本身是一种生活方式，教育即"生活"、"生长"和"经验改造"，我们应引导儿童"从做中学"。

　　杜威作为实用主义哲学的集大成者和实用主义教育的创始人，在现代西方哲学史和教育史上占有相当重要的位置。他一度成为美国哲学界的风云人物，甚至被誉为"美国人民的顾问、导师和良心"、"美国哲学家中最杰出的人物"。评论家 M. 怀特曾说他是"实用主义神圣家族的家长"。如果说皮尔士提出了实用主义的意义原则的话，那么詹姆斯就是将其系统化、理论化，并提出了有用论的真理观，而杜威则在皮尔士和詹姆斯的理论基础上进一步发展了实用主义学说，建造了实用主义的理论大厦，并广泛运用于政治、教育、历史、宗教、道德以及社会生活的各个领域，使实用主义成为美国特有的文化现象。

　　要了解美国，了解美国的当代哲学，那么，就去研究一下杜威吧！是美国推出了杜威，也是杜威构成了美国——这并非妄言！

---

① （美）杜威：《哲学的改造》，商务印书馆1958年版，第84页。

52

怀特海：现实世界是现实实有的生成过程

  现实世界是一个过程，这个过程就是现实实有的生成。因此，现实实有是一些创造物，它们也被称为"现实机缘"。这就是说，现实世界是现实实有的生成过程。

——艾尔弗雷德·诺思·怀特海

艾尔弗雷德·诺思·怀特海（Alred North Whitehead，1861—1947年）是19世纪末至20世纪上半叶活跃于英国和美国学术界的一位具有七张面孔的思想家，即数理逻辑学家、科学哲学家、柏拉图主义者、形而上学家、"过程哲学"① 创始人、生态学家和教育学家。

在哲学上，怀特海主张将自然界理解为活生生的、赋有生命的创造进化过程，理解为众多"事件"或"现实实有"的综合或有机的联系，而有机体的基本特征就是活动，活动则表现为过程，因此整个世界就表现为活动的过程，故其哲学被称为"过程哲学"和"有机体哲学"。在《过程与实在》一书中，他提出了一个著名的哲学命题，这就是："现实世界是一个过程，这个过程就是现实实有的生成。"② 这一命题正是其"过程哲学"的反映。理解这一命题，首先要准确理解他所说的"过程"、"事件"和"现实实有"等基本概念。

在怀特海的哲学中，"过程"概念具有三方面的意义。第一，过程在时空世界里是普遍发生的，自然界的每个点都处于变化的过程之中，有的变化快些，有的变化慢些。自然界中没有任何永恒不变的实体，没有任何固定不变的物质粒子，没有任何自足的实在。第二，过程或者生成并不是简单的流动，不是一种没有形式的连续性，而是被个别化为许多单位。正在消逝的事件引入了新的过程，新生事件的创造性活动把以前事件的许多因素带进新的事件之中，形成一种具有新质的综合物。到适当的时候，这种新的综合物又开始分解，变为未来事件的材料。世界过程的这种发展模式是没有止境的。第三，一个特定的过程并非仅仅是一个物理事件，而毋宁是经验的中心。个别化的过程是人类经验的缩影，它们具有感觉，具有一定的目标，甚至原子和分子也是由一些具有内在经验的过程组成的。在怀特海的哲学中，"过程"一直是一个核心概念。随着他的思想的发展，这个概念的内容也在不断变化和充实。

"事件"是怀特海早期哲学的一个核心概念。在他看来，自然界是一个由许多演化过程组成的结构，过程就是实在，自然界中的"事件"就是自然界的实在。他说："事件就是在任何时候和任何地方发生的事情。"③ "任何时候"和"任何地方"本身都以"事件"为前提，因为它

---

① 过程哲学一般是指20世纪20年代后期怀特海和哈茨霍恩的哲学理论。
② （英）怀特海：《过程与实在》，纽约，1929年版，第30页。
③ （英）怀特海：《自然知识原理探讨》英文版，第73页。

们都是时空观念,而时空观念本身又是从"事件"中抽象得出的。他认为,"事件"是宇宙的唯一构成要素,整个自然界除了事件就没有任何其他东西。时间—空间融合进事件之中,宇宙就是事件场。事件与事件处于相互关联之中。

"事件"是一个实体,而不仅仅是若干部分或成分组成的集合体。时间—空间不外是一个把许多集合体组合成为统一体的系统。"事件"这个词恰恰指的是这些时空统一体,一个事件具有它的现在、过去和未来。自然界在变化发展,但事件不变化,也非永恒,它们只是经过或流过,事件的流动一去不复返,不重复,故每一事件都是独一无二的。事件是自然中实际发生的东西,故必定在某个时空区域内。

怀特海还认为,宇宙可以看作是有机体,小至原子、分子和人,大到社会与自然,都可看作是有机体。而有机体是各种事件的综合统一体,它有着自身的性质、结构和自我创造能力。有机体绝不是一种质料,而是一种活动的结构,而且这种结构是进化的。

在后期哲学中,怀特海用"现实实有"或"现实机缘"代替了早期的"事件"。他认为,"现实实有"是构成现实世界的基本要素,在"现实实有"背后再也找不到任何真实的东西。"现实实有"取代"事件"成了构成世界的终极的真实事物,终极的事实就是"现实实有",世界是"现实实有"的生成过程。

怀特海认为"现实实有"在实在的世界中占有一定的位置。他说,"现实实有"既具有抽象的本质,也具有实在的本质,若干个"现实实有"可能具有同样的抽象本质,但一个"现实实有"只能具有一种实在本质,这种实在本质表现出这个"现实实有"在实在世界中的位置,而抽象本质则抹杀了这种位置的特殊性。他还强调"实有"与"过程"的密切关系,认为实有就是过程,过程是永远不停止的,过程产生于实有之间的联系,没有任何东西能超出过程之外。

那么,一个"现实实有"是如何生成的呢?根据他的"过程原理","一个现实实有是如何生成的",就构成了"现实实有是什么",二者不是独立的,现实实有的"存在"就由它的"生成"构成。[①] 强调从生成变化、过程来考察存在,这对当代西方哲学和科学思潮都具有重要影响。

---

① (英)怀特海:《过程与实在》,纽约,1929年版,第30页。

为了回答"一个现实实有是如何生成的"这一问题,他引入了"永恒客体"这一概念。

"永恒客体"包括纯永恒客体,如色、声、味等知觉的东西以及复杂永恒客体,如理想的几何形状、数学模式等概念的东西。永恒客体是自然之中不流动的因素,它们是普遍的质,但并不能独立存在。当它们脱离现实的事件之流时,只是一种抽象,组成一个抽象的世界,即"可能性的领域"(可能世界);只有当它们进入事件之流后组合起来,才能成为具体的现实的实有。"现实实有"并非物质事物,而是由"永恒客体"即知觉的东西或概念的东西进入时空事件之流组合而成。因此,怀特海的哲学成了一种唯心主义哲学。

"永恒客体"进入事件流之后的组合并非必然,故现实世界也并非必然如此,而是某种选择的结果。上帝是使抽象的"永恒客体"化为具体的"现实实有",使可能成为现实的最高原动力。上帝在无限多可能性的潜在世界中限制了(永恒客体的)无限多可能的组合方式,从而也限制了实际产生出来的世界的基本样态,使唯一的世界实际产生,即上帝从无限多可能的潜在世界中选择了我们这个现实世界,故上帝是做出选择的根据,是现实性的源泉,也是限制性的根源,它是"过程哲学"宇宙论体系的终点。上帝选择"永恒客体"所构成的现实世界是一个有层次有等级的体系,是一个变化的过程,这个过程就是"现实实有"的生成。这样,怀特海最终还是没有摆脱乞求于上帝的悲剧。

当然,怀特海现实世界是"现实实有"的生成过程,这一"生成"过程的关键因素有:①进行"把握"的主体;②被把握的材料;③该主体把握该材料的"主观形式"。所谓把握就是单一要素被占有的过程,它表示实有之间的一种动态的、主动的关系,即一物"握住"、"抓住"或"包容住"另一物。一个现实实有作为主体,与另一个现实实有发生联系,把握了其他实有,把它们包容于自己之内,从而造成一个暂时的满足,即从可能产生了现实。"把握"乃是世界的基本活动,每一事物都是以种种不同的关联程度,对宇宙中其他部分的把握,这种"机缘"即为"共生"。因此,他认为:"事件就是在任何时候和任何地方发生的事情。"① 这种万物之间相互把握的理论,逻辑地导致了怀特海的整体主义

---

① (英)怀特海:《自然知识原理探讨》,英文版,第73页。

思想。

20世纪20—40年代，怀特海在美国哲学界乃至西方文化界都具有重大影响，在美国几乎与杜威齐名，其"过程哲学"也成为美国哲学中一个具有一定影响的流派。特别是哈茨霍恩等人打出"过程哲学"的旗号，并把怀特海奉为"过程哲学"的创始人，将怀特海哲学宇宙观中的自然神学思想加以利用与扩充，成了怀特海哲学在西方世界影响较大的一部分。20世纪60年代后，怀特海的著作特别是后期著作再度受到重视，被翻译成西班牙、意大利、法国和德国等国文字出版。1965年，美国东部建立了"过程哲学研究会"，1971年创办了《过程哲学》杂志，1973年又在美国西部建立了"过程研究中心"。怀特海在一些形而上学家和宗教哲学家中间享有很高的声望。

尽管怀特海哲学的基本倾向是唯心主义的，且充满着宗教神秘主义色彩。可是，在他的哲学中，也不是完全没有合理的因素。例如，他接受进化论的思想，强调生成变化和从可能到现实的发展过程，反对机械论，否定停滞僵化、固定不变的宇宙观；他强调事物的整体性和事物之间的相互联系，反对用孤立、静止、片面的观点来观察事物。对于诸如此类的合理因素，我们应当运用马克思主义观点加以剖析，做出恰当评价，并为我所用。

罗素：逻辑是哲学的本质

只要是真正的哲学问题，都可以归结为逻辑问题。这并不是由于任何偶然，而是由于这样的事实：每个哲学问题，当经受必要的分析和澄清时，就可以看出，它或者根本不是真正的哲学问题，或者是具有我们所理解的含义的逻辑问题。

——伯特兰·罗素

伯特兰·罗素（Bertrand Russell，1872—1970年）是英国20世纪最具影响力的哲学家、数学家和逻辑学家、现代分析哲学①的创始人之一，同时也是极富个性和传奇色彩的政治活动家。

作为哲学家，罗素的主要贡献在于数理逻辑方面，是新实在主义和逻辑原子主义的主要创始人，其现代分析哲学在西方近代哲学史上具有重要的地位。他从逻辑出发创造的分析方法，开创了"现代分析哲学"这个在西方哲学中影响最大的流派，从而开辟了现代西方哲学的一个新方向。在《我们关于外部世界的知识》一书中，罗素提出了"逻辑是哲学的本质"的哲学命题（注意：他这里所讲的逻辑不是形式逻辑，而是数理逻辑）。这个命题说出了逻辑实证主义的共同本质，标志着新实证主义的问世。

在《我们关于外部世界的知识》中，罗素写道："自古以来，哲学就比其他任何学问分支做出了更大胆的断言，但获得了较少的成果。我相信，结束这种不能令人满意的状况的时机现在已经到了。"② 他认为，通过将哲学问题转化为逻辑符号，哲学家们就能够更容易地推导出结果，而不会被不够严谨的语言所误导。哲学和其他自然科学的不同只是在于其研究的方向（哲学研究更广泛的内容），但他们的研究方法应该是相同的。哲学和数学一样，通过应用逻辑学的方法就可以获得确定的答案，而哲学家的工作就是发现一种能够解释世界本质的理想的逻辑语言。哲学的主要任务就是对语言的逻辑分析，即以现代数理逻辑为工具，着重从形式方面分析日常语言和科学语言中的命题，以求得准确的哲学结论。这样，罗素清楚地认识到了逻辑分析对于哲学的重要意义。

"逻辑是哲学的本质"这一命题，是建立在实证主义理论的基础之上的。他肯定了实证主义原则，认为知识只能局限于经验领域，经验之外是否有物质存在以及物质与意识的关系等传统的哲学问题是不可知的，是没有意义的。他说，一切真正的哲学，并不提出也不企图提出关于人类或宇宙的命运问题的回答。逻辑是哲学的本质。这就是说，如果科学的任务是对经验材料做化繁为简的逻辑整理，那么哲学的任务就是对科

---

① 分析哲学是一种将广义的语言分析作为哲学研究的主要方法的思潮或流派，主要包括逻辑原子主义、常识实在论、逻辑实证主义、批判理性主义、日常语言学派、逻辑实用主义、历史社会学派等分支，还包括20世纪60年代以后出现的不属于这些分支的分析哲学家。一般将弗雷格、罗素、维特根斯坦称为分析哲学的创始人。

② （英）罗素：《我们关于外部世界的知识》，1914年版，第13页。

学的陈述进行逻辑分析，分析、检验它们在化繁为简的过程中是否完全符合逻辑规则，有没有逻辑混乱而造成的错误，以保证科学体系的逻辑严密性和正确性。这样，他就否认了哲学的根本问题是物质和意识的关系问题，而把它说成仅仅是逻辑问题。

罗素还对"逻辑是哲学的本质"这一命题做了进一步的阐述。认为认识必须局限于经验范围之内，不能超越经验的范围；哲学的任务就是逻辑分析，即对科学的陈述进行逻辑分析；逻辑分析的目的和意义是使科学的陈述逻辑清晰，不会引起思想混乱和理智的迷惑。他认为，以往的哲学之所以混淆模糊，并不是因为它们本身有什么高深难懂之处，而是由语言中的逻辑混乱所造成的。例如，哲学史上争论了几千年的关于"一般"与"个别"的关系问题，就是由于误解了"一般"这个词的逻辑意义而引起的。因此，如果人们能对"一般"与"个别"的关系做正确的逻辑分析，那么，争论就成了毫无意义的事情。"每个哲学问题，当经受必要的分析和澄清时，就可看出，它或者根本不是真正的哲学问题，或者是具有我们所理解的含义的逻辑问题。"① 不仅哲学概念，就是普通用语，罗素也主张应该用逻辑方法来分析。他说，只有这样把紧语言这一关，对每一个概念、判断推敲入微，才能排除传统哲学中的模糊和谬误，使哲学意义明确起来。因此，他宣称："逻辑是哲学的本质。"

杜威画像

根据"逻辑是哲学的本质"，罗素与他的学生维特根斯坦共同创立了逻辑原子论。这一理论的基本论点是：世界是由一些简单的特殊事实构成的，它们只有简单的性质和相互之间的简单关系，因此了解任何事物或主题的实质的途径是分析，直到不能再分析的"逻辑原子"为止。罗素认为，世界是由逻辑原子构成的。但是，这里所指的原子不是物质的，而是逻辑的。他认为，世界是经验的世界，经验世界是由许多孤立的原子事实（主观感觉的经验事实或感觉材料）机械集合而成的，所以，逻

---

① 洪谦主编：《西方现代资产阶级哲学论著选辑》，商务印书馆1964年版，第221页。

辑原子就是那种最简单的、彼此孤立的、不可再分割的经验事实或感觉材料。

罗素认为，科学语言是表述经验世界的，哲学的任务是对科学语言进行逻辑分析，而这种逻辑分析应与经验世界的逻辑分析相一致。他认为，认识经验世界的方法，就是把复杂的经验世界分解为各个基本的原子单位，然后对这些原子单位逐一认识的方法。语言是表述经验事实的，原子命题表述原子事实，分子命题表述复合事实，整个语言系统则表述整个经验世界。可见，逻辑原子论是从逻辑哲学的角度出发研究世界的构成，研究世界的终极成分，研究这种世界的构成和终极成分与语言中的命题之间的对应关系。

罗素的"逻辑是哲学的本质"的命题过分夸大了逻辑分析的作用，不适当地把数理逻辑的某些结论推广和运用到整个哲学领域，特别是本体论和认识论之中，并把人类认识过程简单地归结为各种逻辑命题进行运算，把原子命题看作与原子经验事实符合，把分子命题等看作与逻辑规则符合，这样就陷入了唯心主义。但是，罗素的逻辑分析法、逻辑原子主义是他对现代分析哲学的最大贡献，并为逻辑实证主义所继承和发展，对20年代中叶出现的维也纳学派以及30年代出现的逻辑语义学产生了重要影响。

罗素的一生曲折跌宕，人们对他的评价毁誉参半。有人把罗素比作伏尔泰，称他为"世纪的智者"、"思想真正开明的人"、"大众良知最热烈的发言人"，也有人认为罗素是"道德败坏者"、"异教教授"、"堕落的、十恶不赦的、背信弃义的、性杂交倡导者"、"邪恶的根源"。罗素身后有众神喧哗，罗素想不成为罗素都不可能。然而，罗素的自我结论是："对爱情的渴望、对知识的追求、对人类苦难不能遏制的同情心，这三种单纯而无比强烈的激情支配着我的一生。"

54

维特根斯坦：
一个词的意义就是它在语言中的用法

在多数情况下，虽然不是一切情况下，我们可以给"意义"这个词下这样一个定义：一个词的意义就是它在语言中的用法。

——路德维希·维特根斯坦

路德维希·维特根斯坦（Ludwig Wittgenstein，1889—1951年）是20世纪最有影响的奥裔英国哲学家、逻辑学家，分析哲学的创始人和主要代表之一。

维特根斯坦漫长哲学生涯的一条红线就是以语言的批判来反对传统的形而上学，其哲学思想明显地分为前后两个时期。前期，他是逻辑原子主义者，代表作是《逻辑哲学论》，核心问题是划清可言说的和不可言说的界限。"哲学要通过清楚地表现可说的东西来指出不可说的东西。"可说的东西就是自然科学的总和，不可说的东西就是超验的神秘的东西，对它只能保持沉默。通过对科学命题、语言和世界的逻辑分析来划出可说和不可说的界限，以显示不可说的东西，逻辑分析不过是用来领悟神秘东西的"梯子"。语言逻辑分析的核心理论是"图画说"，语言是实在的图画或模型，语言的逻辑形式也就是实在的内在结构。维特根斯坦的前期思想对逻辑实证主义的形成有着重大影响。后期，维特根斯坦放弃了逻辑原子主义，以日常语言的分析代替人工语言的逻辑分析，强调词和语句的日常用法，以"语言游戏说"代替了早期的"图画说"。根据语言游戏说，他要求人们从动态的观点来观察语言的意义，并得出了一个具有深远影响的结论："在多数情况下，虽然不是一切情况下，我们可以给'意义'这个词下这样一个定义：一个词的意义就是它在语言中的用法。"① 这句话的主要意思是说：语言或词的意义存在于它的用法之中，而不存在于它所代表的事物之中。我们在使用任何语词时都必须是用在某种场合之下，在某种语境之中，在这种场合和语境中必有具体的用法，这个用法也就规定了它的意义。

——语言是一种游戏。语言游戏说是维特根斯坦后期思想的核心内容。他认为，语言的使用是一种类似足球比赛的游戏，我们可以用言词做游戏，语言的意义也应该在于它们在实际中的运用，而语言的运用也应当像足球运动那样遵守规则。他写道："我将把这些游戏称之为'语言游戏'，并且有时将把原始语言说成是语言游戏。给石料命名和跟着某人重复词的过程也可以叫作语言游戏。想一想在转圈圈游戏中词的大部分用处。我也将把由语言和行动（指与语言交织在一起的那些行动）所组

---

① （英）维特根斯坦：《哲学研究》，汤潮等译，生活·读书·新知三联书店1992年版，第43节。

成的整体叫作'语言游戏'。"①

维特根斯坦把语言与游戏、语言的实际运用与游戏活动相比拟。他在《哲学研究》中描述了大量语言游戏，但他并没有对语言游戏下明确的定义，他认为正如"游戏"概念无法定义一样，"语言游戏"一词本身也无法定义。语言的运用就是语言游戏，它没有共同性，我们只能从各种语言游戏中感受它们之间的相似性。为此，他提出了一个极富创造性的新概念——"家族相似"，即在某种范围内的所有对象，如果从各个对象来看，它总与其他对象之间存在某些共同点，但不存在一个所有对象都具有的共同特点。

——语言的意义在于它的用法。维特根斯坦说，人们经常会问这样一个问题："什么是词的意义？"他说，这个问题很有"魔力"，人们总是千方百计地企图去寻求这个问题的答案。他认为，这类问题的提出本身就是错误的。人们根本就不应该提出这类问题，更不应该去寻找这类问题的答案，应该提出的不是"词的意义是什么"，而应是"词的用法是什么"的问题。例如，一个孤零零的词"火"，或者一个孤零零的词"红"，它本身并没有什么确定的含义，它也不能够告诉我们什么样的事物。只有把"火"或者"红"结合在一个具体句子中的时候，我们才能了解它的含义。我说"火是红颜色的"，或者"夕阳红似火"，这个时候"火"和"红"的含义就确定下来了。而且，在不同的场合，语词会有不同的含义。比如说"火是红的"、"他有一颗火热的心"、"像烈火在心头燃烧"，这三个句子中的"火"各有不同的含义，不能混为一谈。即便是同一个句子，在不同的场合，由不同的人讲，用不同的声态讲，在不同的气氛等条件下，它所具有的含义也不会完全一样。总之，语言是与人的活动密不可分地联系着的，对于在现实中使用的语言，至少对于它的大多数语词，是不能抽象地做出普遍解释的。因此，我们不要去问词的意义，而应问它的用法。人们通常用的语词、语句或概念、命题，没有什么确定不变的唯一的意义，它们的意义只有在语言游戏中，即根据运用语言的具体的、特殊的条件或场合来确定。

——运用语言是一种活动，是一种生活形式。"语言游戏"这个概念延伸到了人类生活的每一个角落，包括了人们日常生活中的各项活动。

---

① （英）维特根斯坦：《哲学研究》，汤潮等译，生活·读书·新知三联书店1992年版，第43节。

在维特根斯坦看来，语言并不只是静止的东西，它还应是人类生活中的一种活动。也就是说，我们不能把语言看作是语词和语句，它还应包括说话时的行为操作等活动。只有把它们与人们的生活方式联系起来，才能真正理解它们的意义。维特根斯坦"语言游戏"概念所强调的是语言和日常生活的联系以及在生活中运用语言的多样性。他说："语言游戏这个概念突出了这一事实的重要性，即：运用语言是一种活动，是一种生活方式。"语言游戏的要旨在于，语言表达式的意义在于其使用，语言游戏是人类活动的一部分，或是"生活形式"的一部分。语词、句子没有独立和自足的"真正的"意义，它们的意义要视它们被用在什么语言游戏中而定。

生活形式是我们不得不接受的东西，它结合了文化、世界观和语言。在维特根斯坦那里，生活形式首先是一个社会活动的概念，它固然包括文化传统和世界观，但也是一个群体活动的整体，它是我们语言活动的基础。这种生活形式的不同，决定了语言游戏的不同。任何语言游戏只能在它所在的那个生活形式中去理解。不懂一种生活形式，就不懂它所决定的语言游戏。所以，维特根斯坦说："如果狮子能说话，我们也不能理解它。"[①] 意思是说，狮子的生活形式，它们的行为模式我们是不理解的。同样，如果一个外星人来到地球上，也无法理解人类的语言游戏。

人类的语言活动或者说语言游戏主要应从人类的实践活动方面去理解，即使像计算这样的东西，人们之所以在这方面能达成一致，不是因为思想或精神方面的原因，而是因为人们的行为方式、生活形式一致。总之，是人的社会实践决定了语言表达式的使用及意义。语言游戏植根于生活形式，归根结底是人们生活实践的一部分。有多少种生活形式，有多少种生活实践，就有多少种语言游戏。

在早期维特根斯坦那里，语言的意义取决于它所描述的事实。但在后期，他则认为，语言的意义在于它在实践中的用法。语言的功能并非只是指称，语言表达式在不同的语言游戏中会不同的用法，因此，它们的意义也就是变动不居的，而不是确定不变的。我们要理解一个语言表达式，就要理解一种语言；要理解一种语言，就要理解一种生活形式。语言游戏的全部规则都植根于生活形式之中。"语言相关于一种生活方

[①] （英）维特根斯坦：《哲学研究》，汤潮等译，生活·读书·新知三联书店1992年版，第2部，第223节。

式。""设想一种语言（或语言的使用）意味着设想一种文化。""属于语言游戏（因而，语言）的是整个的文化。"由此可见，维特根斯坦后期是把语言作为一种生活现象、文化现象和实践形式来考察的，这就大大拓宽了人们对于语言问题的视野，拓宽了语言哲学的研究范围和途径，使得语言哲学可以与文化哲学和实践哲学结合在一起。而维特根斯坦自己的哲学也由此超出了语言哲学的范围，走向了更为广阔的领域。

——运用语言是一种遵守规则的活动。正如任何游戏都要遵守规则一样，语言游戏的关键就是要遵守规则，否则就会产生歧义。例如：在篮球赛中必须遵守篮球赛的规则，在足球赛中就必须遵守足球赛的规则。玩纸牌也是这样，同一张纸牌在不同的纸牌游戏中，它的作用是不同的。同样，语言也有说话者必须共同遵守的规则。同一个语词，在不同的情况下使用，它的意义也不一样。因此，要正确地使用语言，就不仅应认识各种语词，而且还必须懂得使用这些语词的规则，严格地遵守这些规则，并按这些规则正确地使用并领会各种语词的含义，否则就会产生各种词义的误解，从而引起语言纠纷。

在语言游戏中，我们总是以遵守规则作为先决条件，但不是先学会了规则再开始游戏。任何游戏都只有在参加者共同遵守规则的前提下才能进行，而参加者又只能在游戏中学会如何遵守规则。从逻辑上推论，这似乎是一个相互矛盾的悖论，但在实际生活中则是一个千真万确的事实。理论上的悖论正是由于忽略了实际活动，而要解决这个悖论，就必须放弃理论的解释和说明，直接投入到语言游戏的实践中。我们只有在语言游戏中才能感受到规则的存在，才能谈得上遵守规则；规则不是我们预先习得的，而是在游戏中显示出来的。强调活动，注重参与，分析语言在实际生活中的用法，这是贯穿维特根斯坦整个哲学的重要特征。早在《逻辑哲学论》中，他提出了"哲学不是理论而是活动"；在《哲学研究》中，他又提出了"不要想而要看"。这表现出他的思想不同于其他分析哲学家，他有时因此被看作是分析哲学的"陌路人"。

——哲学是一种语言批判活动，即逻辑的澄清或语言治疗活动。他说："哲学的目的是思想的逻辑澄清。……哲学的结果不是哲学命题，而是命题的澄清。"[①] 因此，哲学就是"语言批判"。维特根斯坦提出"一

[①] （英）维特根斯坦：《逻辑哲学论》，郭英译，商务印书馆1962年版，第4部，第112节。

个词的意义就是它在语言中的用法"命题的主要目的是要消除传统哲学对于语言的误解。他认为，以往的哲学家们总认为存在着一种与语言的每一个语词——对应的经验对象或性质，于是便脱离语词使用的具体背景来寻找语词背后所代表的那个事物，脱离语词使用的具体场合孤零零地探讨这个语词所具有的含义。这样，就使得传统哲学所用的语言成了一种"精神病语言"，显得语无伦次，大家都听不懂。比如"什么是物质"、"什么是精神"、"什么是时间和空间"、"什么是真理"等等，这些问题在日常生活中，都是十分清楚的，从来不会引起争论。但是传统哲学家们却离开日常生活来寻找这些词语的绝对对应物，于是，便使人会感到茫然，从而陷入无休止的争论。

维特根斯坦认为，哲学问题的产生，都是由于误解了语言的用法，传统哲学试图追求现象背后的本质、个别中的一般、差异中的一致，以致哲学家们提出了一系列无法回答的形而上学问题。其实万事万物本来就是多样的，我们使用的语言也是具体的、个别的，没有适用于一切语言用法的共同的东西。为了摆脱传统哲学上的混乱和困境，必须对哲学问题进行日常语言分析，把以往哲学家们使用语言的方法转移到日常生活中的使用方法，按照日常语言中对于词语的理解和使用来规范各种哲学范畴，而不要去探索孤零零的一个词语背后的"绝对的对应物"。这样才能"治疗他们语言的精神病"，清扫语言的基地，犹如"给苍蝇指出一条飞出捕蝇瓶的途径"，使传统哲学中许许多多争论不休的问题烟消云散，使哲学问题消失。

维特根斯坦将哲学问题的根源单纯地归结为语言的误用显然是不正确的。他那包治"哲学病"的日常语言分析方法自然也不可能根治任何"哲学病"，随着"哲学病"的继续流行，语言分析哲学终于衰落。不过，维特根斯坦一生中提出的两种迥然不同（甚至相互对立）然而同样伟大的哲学（逻辑原子主义和日常语言哲学）对分析哲学在20世纪的形成和发展都产生了极其深刻的影响。有人甚至认为他的"语言游戏说"，是促使人本主义思潮与科学主义思潮合流的汇合点。无论后人怎样评说，维特根斯坦似乎毫不在意。在去世之前，他自信而乐观地对守护在身边的人说："告诉大家，我度过了极为美好的一生。"

55

卡尔纳普：拒斥形而上学

由于形而上学既不想断定分析命题，又不想落入经验科学的范围，它就不得不使用一些无运用标准的规定的、因而是无意义的词，或者把有一些有意义的词用某种方式组合起来，使它们既不产生分析的（或矛盾的）陈述，也不产生经验陈述。在这两种情况下，都将不可避免伪陈述。

——鲁道夫·卡尔纳普

鲁道夫·卡尔纳普（Rudolf Carnap，1891—1970年）是美国哲学家、逻辑学家、维也纳学派重要成员，逻辑实证主义的重要代表之一。卡尔纳普的哲学意义不在于他提出了哪些具体的哲学理论，而在于他把数理逻辑和语义分析的方法引进哲学研究中来，与罗素、维特根斯坦等人一道开创了现代分析哲学，从而为西方哲学带来了划时代的变革。而这一切是从他"拒斥形而上学"开始的。

"拒斥形而上学"虽然不是发轫于卡尔纳普，实证主义哲学家孔德等人早就提出哲学要避免对"形而上学"问题做出结论，但在卡尔纳普那里，"拒斥形而上学"这一命题有着特别重要的意义。

"形而上学"一词来源于古希腊，是亚里士多德的弟子对亚氏著作进行编辑整理时提出的一个概念，在古希腊语中是"物理学之后诸篇"的意思，即讲述经验事情之外事情的讲稿，这些讲稿讲述的是实体、本质之类看不见摸不着的东西，也就是哲学本体论的那部分内容。到了中世纪，形而上学主要是研究上帝的存在和属性这一类经院哲学问题；进入近代以后，形而上学转而探索世界的本质和人类认识的最终根源；再到了德国古典哲学的时候，黑格尔将运用孤立、静止、片面探讨问题的思维方法称为形而上学。进入20世纪以来，卡尔纳普与多数西方哲学家一样，不赞成黑格尔对形而上学一词的新界定，主张使用其原义。在这里，卡尔纳普所要"拒斥"的"形而上学"，具有非常广泛的意义，它不仅指关于超自然的对象的学说，而且被理解为任何一种声称能够用先验的方法获得有关现实的论断或规范陈述的哲学。因此，卡尔纳普"拒斥形而上学"这一命题的提出，是以肯定人类经验为前提条件的。他认为，一切关于世界的概念和知识最终都来源于直接经验。自然科学和社会科学的全部概念都可以归结为"原初经验"，都可以被"原初经验"所检验。以这个"原始经验"为基础，卡尔纳普不仅构筑了他的科学概念体系，而且也构筑了经验论的世界体系。从此意义而言，卡尔纳普的哲学思想体现着现代认识论的基本精神，被人们称为"现代经验主义"。

为了"拒斥形而上学"，卡尔纳普提出了可证实原则。所谓"可证实原则"也叫"经验证实原则"，是实证主义原则的进一步发展。孔德的实证主义原则认为，知识来源于经验，超出经验之外的知识是独断论、形而上学。卡尔纳普把这一原则运用于语言研究方面，就是语言来源于经验，语言的表述必须局限于经验范围之内。只有表述经验事实的语言，才是有意义的。如果语言表述超出经验范围之外，就没有意义。命题是否有意义，需要经验证实。他说："一个命题的意义在于它表述了一个（可能的，未必是现实的）事实。如果一个（被认定的）命题未能表述一个（可能的）事实，这个命题便是无意义的，因而它是一个随意的认定。如果一个命题表述了一个事实，这个命题就是有意义的。而且，如果这个事实存在，这个命题就是真的；反之便是假的。"

依照可证实原则，形而上学的命题表面上好像陈述事实，但实际上并无事实与之对应，因而是没有任何意义的"伪命题"。卡尔纳普指出，形而上学的伪命题有两种：一种是在句法结构正确的陈述中运用了无意义的词，即那些不能指出它们经验特征的词，如"神"、"始基"、"自在之物"、"理念"、"无限"、绝对"、"自我"、"非我"等哲学术语，这些词语完全没有经验对象与之对应，它们所组成的句子（如"神创造世界"）也不能经受经验的检验；另一种是把有意义的词用违反逻辑法则的方式组合在一起，看起来像是句子，其实没有逻辑结构，如"恺撒是一个质数"这一命题，就是这种无意义的说法。他尖锐地指出："形而上学的虚构句子，价值哲学和伦理学的虚构句子，都是一些假的句子，它们并没有逻辑的内容，仅仅能够引起听到这些句子的人们在感情和意志方面的激动。"① 简言之，"形而上学"的命题是无法由经验证实的，因而是毫无意义的，应"拒斥"在哲学研究范围之外。

由于可证实原则在实践中会遇到很多困难，如人们要认识的事物的本质和规律是隐藏在事物内部的，是不能被经验直接证实的。为了克服这些困难和理论缺陷，卡尔纳普提出了两种经验证实方法。他说，我们必须肯定两种经验证实：直接证实与间接证实。直接证实就是直接经验证实，就是当下的经验证实。这种证实方法是把论断的命题用我当前的知觉直接地予以检验，通过听、视、闻、体验等而获得。例如，面对"这是一支红笔"这一命题，亲眼看一看就可得到证实。间接证实就是指间接经验证实，这种证实方法是指不能直接用事实来证实待证实的命题，而是在直接经验证实的基础上，通过演绎推理的方法，推导出待证的命题能够用观察、经验来检验。

在辩证唯物主义看来，可证实原则，包括直接经验证实和间接经验

---

① 洪谦主编：《现代西方哲学论著选辑》，商务印书馆1893年版，上册，460页。

证实都是唯心主义和形而上学的理论。一个命题有无意义，是真还是假，首先要看这个命题反映的是不是意识之外的客观实在及其规律。离开了这个前提，单纯地分析命题的证实方法就是唯心主义的方法。其次，卡尔纳普的知觉检验、经验证实与实践检验是有本质的区别的。前者是属主观经验主义的、形而上学的观察法，后者是唯物主义的、辩证的检验法。另外，间接经验是假设，假设没有必然性，只有或然性，它是不可靠的，因此，间接经验无法检验命题的真实性。

为了"拒斥形而上学"，卡尔纳普还提出了"哲学就是科学的逻辑，就是研究逻辑句法"的命题。与传统哲学相比，卡尔纳普的分析哲学无疑是一次哲学观上的巨大的变革。在传统哲学那里，"哲学就是世界观"，"哲学是凌驾于一切科学之上的科学之父"。这种哲学观把各种哲学理论视为神圣不可侵犯的教条，从而使传统哲学具有了思辨性、封闭性和绝对性等思维持点。在卡尔纳普看来，哲学不再是世界观，"哲学就是从逻辑的角度来研究科学"，"哲学就是科学的逻辑，就是研究科学的概念、命题、证据、理论等逻辑句法"。他认为，所有哲学问题都可归结为语言问题，哲学的唯一任务就是逻辑分析，而逻辑分析就是对各门科学的语言进行逻辑分析，看它们是否符合逻辑句法，"哲学不是理论体系而是分析活动"。这就是说，分析哲学不是向人们提供某种现成的世界观，也不是向人们提供某种现成的方法论，而是给人们以一种分析的批判精神，"通过语言的逻辑分析清除形而上学"，使人类认识免于教条和僵化。

为了"拒斥形而上学"，卡尔纳普将语言划分为对象句和逻辑句两类，前者陈述对象，是意指事物和事物的性质的陈述句；后者陈述句法，是意指语言表达式的陈述句。与此相应，说话方式也有"内容的说话方式"和"形式的说话方式"两种。"内容的说话方式"就是对经验事实的描述，因而是可以用经验加以检验的；"形式的说话方式"是主体对自己内心世界的表达，是个人情感愿望的流露，与经验事实没有关系。

卡尔纳普认为，过去的形而上学都是使用"形式的说话方式"，而大家却误以为是"内容的说话方式"。例如，传统哲学家说"世界是物质的"或"世界是精神的"，只是表达了个人的情感，而大家却误以为他们描述了某种经验事实，从而引起了不必要的争论。实际上，哲学句子所表达的只是"形式的说话方式"而已，例如，"物是感觉的复合"的哲学命题似乎是关于事物和感觉关系的陈述，实际上只是关于名称的句法的

陈述。依照此种观点，哲学命题都可以被消解为逻辑句法命题，哲学就是对科学命题的语言进行逻辑句法分析。正因为如此，以卡尔纳普为首的"维也纳学派"的哲学观点被人们称为"逻辑分析哲学"。

为了构成形式语言的规则系统，卡尔纳普提出了"容忍原则"，即将一切形式语言的规则系统看作是由人们任意选择的。他说："逻辑中没有道义，每一个人都可以按照自己的意愿自由地建立自己的逻辑，自己的语言形式。""让我们在做出判断时谨慎从事，并且批判地检验它们，但在允许使用语言形式方面却要采取宽容态度。"他虽然允许有多种多样的"形式的说话方式"，但却继续反对形而上学所用的"形式的说话方式"，因为他们混淆了内容的和形式的两种说话方式。

卡尔纳普的"宽容原则"对人类认识具有重要的意义。西方传统认识论总是局限于某种特定的选择之中，例如，培根的经验论局限在经验的范畴之中，康德哲学局限在二元论的框架内，黑格尔哲学局限在思辨的框架里，而且某种观点的认识论总是排斥甚至敌视不同观点的认识论，如哲学史上经验论与唯理论的对立，科学史上光的"微粒说"与"波动说"的对立，等等。这种非宽容的态度使得传统认识论难免片面和绝对，这是人类认识的一种偏狭的"洞穴假相"。卡尔纳普第一次肯定了哲学家在选择"语言框架"或"说话方式"方面的平等和自由权利，认为哲学家可以自由地选择任何一种哲学观，这也就意味着，任何一种哲学都具有其存在的意义。

毋庸置疑，从马克思主义哲学的角度看，卡尔纳普虽然宣称"拒斥形而上学"，但其哲学在思想方法上仍然是形而上学的，在哲学观上则属于唯心主义阵营。但是，卡尔纳普哲学对现代科学主义产生了巨大的影响，而且在整个现代西方思想中也具有举足轻重的作用，因为卡尔纳普不仅把数理逻辑和语义分析的方法引入到了哲学思考之中，而且还对其他思想倾向具有最大限度的宽容态度。对这位维也纳小组中"最有才华、最有独创见解"① 的哲学家乃至现代西方哲学，我们也许应多保留一些宽容！

---

① （德）施太格缪勒：《当代哲学主流》，王炳文等译，商务印书馆 2000 年版，第 368 页。

56

胡塞尔：
意向性表现了意识的基本性质，全部现象学问题都与之密切相关

生活世界是永远事先给予的、永远事先存在的世界……一切目标以它为前提，即使在科学真理中被认知的普遍目标也以它为前提。

——胡塞尔

胡塞尔（Edmund Husserl，1859—1938 年）是德国著名哲学家，现象学①的创立者。

胡塞尔一生思想多变，但其目标是要使哲学建立在严密科学的基础之上，即哲学必须放弃一切未经证明的前提以求其彻底性，其概念和论证必须明晰可证以求其严密性。在胡塞尔的现象学中，意向性理论或学说占有十分重要的地位，也是胡塞尔对哲学的主要贡献。他说："意向性表现了意识的基本性质，……全部现象学问题都与之密切相关。"现象学的目的就是要在意识现象中直观本质，使它得以明证。

——"意向性"概念的新阐释。"意向性"一词原意为"指向"或"对准"。一般认为，是中世纪哲学家将"意向性"这一概念引入哲学，认为意向对象就是事物本身。胡塞尔则认为，以种种形式显示出来的意向对象与实际事物是一回事，并没有一个意向对象之外的物自体，意向活动意向的就是世界上的事物。而判断意向对象是否是事物本身，就是要看这些对象是否是事物自身的显示。"意向性"就是"作为某物的意识"，是一个表示意向活动与意向内容（或意向对象）之间必然的、结构性关系的概念。当然，这并不是说不实际存在的事物（如虚构的人物或荒谬的观念）不能成为意向对象。他认为，凡是为我们意识呈现出来的东西，作为意向对象，都是同样合理的，都是世界的一部分；至于事物是否客观存在，即事物是否独立于我们的意识而存在，那是反思意识才会有的问题。"独立于我们的意识而存在的事物"或"客观存在的事物"必须以某种形式在我们的意识中显示，否则，它只能是个绝对的无。无论对于科学还是对于人的行为，意识都是根本的、基础性的东西。现象学既然以为一切科学奠定基础为宗旨，意识自然就是它的研究对象，意向性理论实际上就是一种意识理论。意向性既不是人的主观认知能力，也不是指人的经验的认知活动，而是人的意识活动的先天结构整体。以意识作为研究对象在哲学史上并不罕见，但传统哲学只是研究人的认知意识，而胡塞尔的意向理论则将一切意识都包括在自己的研究范围之内，这就使得意向性具有了普遍的意义。

——意向活动的分析。胡塞尔是通过意识的显现过程来说明现象的，因此，意向性理论主要是对意向活动的分析。他认为，意向性包含我们

---

① 现象学是一种以现象为哲学研究对象的思潮或流派，由胡塞尔所创立。一般也将马克斯·舍勒、海德格尔、萨特、梅洛-庞蒂也归属于广义的现象学范围。

的一切体验。任何意向活动都可以分为感性的层面和意向的层面。前者指感性的体验，后者指带有意向性的体验，是给予意义的层次。这种区分有点相当于传统讲的材料和性质两个方面。

在意向性结构中，任何意识活动都具有"理想的"和"实在的"之别，即意义活动的理想性和具体意识活动的实在性。"理想的"意向活动是意义活动，与这相应的意识材料是概念，对事物的认识开始于指向本质的意义活动。它们所具有的特性可用下列图示来表示：

意向性 类别	意向活动		意向对象
	性质	材料	
理想的	意义	概念	单一本质
实在的	想象	影像、幻觉	想象物
实在的	知觉	真观念	事物
理想的	范畴直观	系词、逻辑连词	本质联系
实在的	判断	知识	事物整体

"理想的"和"实在的"区分是胡塞尔意向性理论的一个基本点。他认为，"理想的"因素是"实在的"的因素的前提条件，而且"理想的"活动先于"实在的"活动而存在，具有无条件的先天性。

既然"意向性"是一个表示意向活动与意向内容（或意向对象）之间必然的结构性关系，那么，不仅意向活动有一个结构，意向内容也有一个结构。意向活动的结构是：意向行为——意向内容。意向内容的结构是：意向内容的"对象本身"（意向内容间的一致性的极）；意向内容的内核（在呈现出怎么样的规定性方面而言的意向内容）；意向内容的晕圈（被意向行为附带以为的、规定性尚未明确显示出来的东西）。意向性是一切理性乃至非理性意识的基本结构，是我们一切活动的基础。

——意向性发生学的研究。在"先验现象学阶段"，胡塞尔对意向性做了发生学的研究，力图从意识的本初状态去寻求意识结构的根据和前提，即进行了"现象学还原"。他提出的现象学还原方法主要是：①本质还原，即悬置世界存在的观点和历史的观点，在纯粹现象的基础上直观本质，将现实中存在的事物还原为意向的本质，故又称为本质直观。

②先验还原，即研究者从意识构成的活动中摆脱出来，从主客观构成之外的地位来观察全部的构成活动。胡塞尔关于"悬置世界存在"的观点实际上就是排除事物的实际内容，保留一个纯粹自我。这个我不是经验的我，而是一个先验的我。意向性没有作为意向主体的先验的我是不可想象的；世界的构造没有构造主体的先验自我也是不可想象的。自我不是存在着的精神实体，而是意识之流。这样，在胡塞尔的"先验现象学阶段"，意向性就成了一个先验意识的功能概念。

——生活世界中的"意向"。在胡塞尔后期的"生活世界"理论中，意向性出现了向与世界发生感性、具体的人的过渡，变成了"生命"。他认为，意识不是无时间的、永远不变的绝对，而是一个历史的意向性的发生、生命和创造。意向生命的时间就是历史。当下的生命体验的意义来自一个普遍的境域，这个境域就是生活世界。对于生活世界的问题，最终都要通过还原到唯一的自我才能得到解释。世界在我们之前就存在，并决定着我们的生活环境和思想，但现象学要求我们通过悬置问题前溯，一直追溯到自我的明见性。这个自我就是人类的自我，而它的成就则为生活世界。这种先验主体性的生活世界是一切认知活动，包括科学认知活动的意义源头。现象学就是要以"生活世界"为研究起点，它开始于"严格科学"，终结于"生活世界"。由此可见，胡塞尔虽然坚守的是先验哲学的阵地，成了"最后一位先验论哲学家"（瓦尔特·舒茨语），但他不再仅仅在纯粹意识的范围内论证科学的基础，而是转向构成科学背景的生活世界，并从更加广阔的精神视野来审视、批评欧洲人面临的精神危机。

胡塞尔是20世纪最有影响的哲学家之一，海德格尔、萨特、梅洛-庞蒂、加缪和德里达的出发点都是对胡塞尔哲学的反思。胡塞尔的哲学产生了世界性的影响，导致了现象学—存在主义运动的兴起。胡塞尔制定的现象学的主要方法论原则被广泛应用于哲学、美学、社会学、历史学、人类学和宗教哲学等研究领域，还影响了数学、生物学、心理学、心理病理学、精神病理学等学科的研究。胡塞尔现象学的真正意义也许不在于它给出了多少既定的结论，而在于它所提出的问题。直到当下，我们对胡塞尔所提出的问题都不能视而不顾。

57

海德格尔：
只有自由地去死，才能够赋予
存在以至高无上的目标

当你们用"存在着"这一词的时候，显然你们早已熟悉它的意思，不过，虽然我们也曾相信领会了它，现在却茫然失措了。

——马丁·海德格尔

当人思索存在时，存在也就进入了语言。语言是存在之家，人栖住于语言之家。

——马丁·海德格尔

西方哲学大师的命题

马丁·海德格尔（Martin Heidegger，1889—1976年）是德国著名哲学家、现象学—存在主义①的主要代表人物之一。海德格尔一生都在不断进行哲学探索，其目标不是建立某种固定的哲学体系，而是寻找揭示存在的道路。"只有自由地去死，才能够赋予存在以至高无上的目标"正是反映其存在主义哲学的一个典型命题。

海德格尔认为，哲学就是现象学，哲学无非就是一般的现象学本体论（即存在论），哲学的基本问题是存在问题。他认为自己一生只关注一个问题，这就是存在问题。他对存在问题的关注似乎开始于一个偶然的契机。1907年，在一次"田野道路"上散步时，中学老师格约伯送了一本《论亚里士多德关于存在多义性》（布伦塔诺著）给海德格尔，引出了他一生对"存在原义"的追求。20年后，他将自己对这一问题的思索以全新的方式提了出来。

海德格尔认为，在西方传统哲学中，"存在"是最普遍的范畴，全部西方哲学都在谈论"存在"，但实际上，人们谈论的只是"存在者"。亚里士多德提出了"存在之为存在的意义是什么"的存在论问题，但却混淆了"存在"与"存在者"这两个概念。海德格尔认为，"存在不是存在者"。"存在"的意义是过程，是动词的含义；"存在者"的意义是实体，是名称的含义。"存在者"是实际存在的那些东西，但它们并不是"存在"本身；真正的"存在"是"存在者"的前提，是"存在者"能够得以"存在"的背后的那个东西。

那么，从何处入手来追寻存在问题呢？传统哲学给人的启示是：存在论不能直接从存在的一般意义开始，其出发点必须是"存在者"，要从"存在者身上拷打出它的存在"。但这种存在者不能是任何一种存在者，而必须是这样的存在者——它的存在是其他存在者存在的基础。在所有存在者中，人才是这样的存在者。存在的本质就是人的存在，或者叫"自我存在"。海德格尔用"此在"这一名称指称人这样的独特存在者，以与日常生活、传统哲学中的人和主体概念区分开来。"此在"就是"存在于此"的意思。他认为，人是唯一关心其他存在者存在、能够对于存在的一般意义提出问题的存在者，一个与存在的意义最贴近的存在者。

---

① 存在主义是20世纪发源于德国，后广泛流传于法国、美国、意大利、北欧各国和日本等国的一种国际性哲学思潮，主要代表人物有克尔凯郭尔、海德格尔、雅斯贝尔斯、萨特、加缪、梅洛–庞蒂等人。

当人们提出存在意义的问题时他就已经成为"此在"了。以"此在"为出发点的存在论是海德格尔哲学中最有新意、最为深刻的精华。

海德格尔在《时间与存在》中描述了"此在"的两个特征:"此在的本质在于他的存在。这个存在者为之存在的那个存在,总是我的存在。"① 第一句话说明人与其他存在者的根本区别:人不像其他存在者那样具有固定的、不变的本质,其本质是由其存在的过程决定的。人的存在是一个自我显示的过程,他的本质就是这一显示过程的全部内容;只要这个过程还没有终结,他就能够改变自己,重新塑造自己。人的存在决定了他的本质。第二句话说明人与其他存在者的另一个区别:人不像其他存在者那样是一个类属,每一个人都是一个存在者。人的存在总是具体的,而不是抽象的。每一个"此在"都是一个单独的具体的自我。但是,人一经卷入喧闹不息的现代大众社会,在追逐外物和舆论的声浪中,往往将自己最真实的"自我"或"存在"忘记得一干二净。

"此在"又是以何种方式存在的呢?他认为,"此在"的存在方式首先是有所作为,与其他事物"遭遇"。人把它们作为自己生存的环境而联系在一起,便形成了"世界"概念。"此在"的存在方式是"在世之在"(即"在世界中存在"),也是"与他人共在"(即任何个人的生存本质上都是与他人共处)。而"此在"的存在是在时间中被揭示的,可以说,时间性是更普遍、更深刻的显示存在的方式。存在的意义在于时间,人的实际的生存的内在结构就是时间性,也就是说,"此在"最基本的特征之一就是它的时间性。而"此在"在时间上是有限的,他从某一时点开始,最后将在某一时点结束,不可避免地、无可奈何地死去。死亡是个人生活中的伟大事件,它使得个人在内心深处产生了一种"虚无的感觉"。人生的畏惧和烦恼多数是从这里生发出来的。

死亡问题是西方哲学家历来所探讨的重点课题之一。海德格尔认为,死亡是"此在"(人生)的自我终结,当人们真正认清了"此在"的本质之时,就不会终日对死亡栖栖惶惶,就能够获得"不受死亡约束的自由",就能够视死如归。因此,他说:"只有自由地去死,才能够赋予存在以至高无上的目标。"也就是说,只有在面对死亡的心境中,人才体验到存在的全部意义。他说:"此在本身必须承担的存在的可能性……自身

---

① (德)海德格尔:《时间与存在》,生活·读书·新知三联书店1988年版,第42页。

显示的是最合适的、无所牵挂的、超越不了的可能性。"① 可见，海德格尔是从存在主义的立场来审视死亡，来分析死亡对于生存（"此在"的存在）的意义的。

海德格尔是20世纪最有创新力和影响力的哲学家之一，他对西方学术界的影响是多方面的和深刻的。他彻底终结了传统形而上学，同时开辟了新的哲学方向。他的哲学吸引了全世界众多的哲学家，海德格尔研究长盛不衰，成了时代难得的景观。他的学说还越出了哲学领域，涉及神学、文学批评、历史学、心理分析、美学、伦理学等学科，甚至延伸至那些进行文化创造的人们，在人类文化的众多领域都留下了鲜明的痕迹。我们似乎可以说，只要"此在"存在，只要"此在"在思，海德格尔就不会被人们遗忘。不过，我们也应看到，当海德格尔成为哲学研究乃至人文研究各个领域通吃一切的王牌和法宝时，其实也就变成了一道空洞无物的吓人符咒。我们应以思想而不是造神的态度来对待海德格尔及其哲学思想。

---

① （德）海德格尔:《时间与存在》，生活·读书·新知三联书店1988年版，第300～301页。

58

雅斯贝尔斯：
存在是指无所不包的大全所代表的
那个至大无外的空间

  我们所称为存在的既不单单是主体，也不单单是对象，而毋宁说是居于分离的主客二者之上的东西，即大全、无所不包者。

——卡尔·雅斯贝尔斯

卡尔·雅斯贝尔斯（Karl Jaspers，1883—1969年）是当代德国哲学家、精神病学家和德国存在主义的主要代表人物。

对于雅斯贝尔斯，哲学从根本上来说是一种对"存在"的研究。这种存在就是人的具体历史境遇。由于每个人都有其不同的历史境遇，因此哲学必定始终处于过程之中，绝不可能完成和终结。哲学的任务不是创建一种能说明一切和推动一切的体系，而是应去揭示人的存在。他的整个哲学体系都是围绕"存在"这个中心而展开。

那么，什么是"存在"呢？雅斯贝尔斯认为："我们所称为存在的既不单单是主体，也不单单是对象，而毋宁说是居于分离的主客二者之上的东西，即大全、无所不包者。"① 他认为，我们可以给存在下一个完美的定义："存在是指无所不包的大全所代表的那个至大无外的空间。"② 揭示真正的存在，主要就是揭示大全。

在雅斯贝尔斯那里，"大全"是"无所不包者"。他是这样解释大全的："它不是我们某一时刻的知识所达到的视野边际，而是一种永远看不见的视野边际，不仅如此，一切新的视野边际又都是从它那里产生出来的。"一旦我们开始思索大全，它（大全）就变成了一种特殊的存在。因此，有关大全的任何阐述在某种意义上都是自相矛盾的。此外，如果每种阐述都是确确实实地进行的，那么我们始终面临着对大全全体作错误肯定的危险。因此，雅斯贝尔斯所思考的大全问题乃是存在的无定界或无限的问题。

大全是我们不可达到的视野边际，我们从它出发可以眺望封闭的存在全体，这个视野边际是不可超越的。对于我们来说，存在仍然是敞开的并从各个方面把我们引向新的视野边际。雅斯贝尔斯认为："我们始终在一种视野内生活和思索。但是，事实的真相是，这种视野乃是一种进一步指出某物的视野，它再次包围已知的那种视野。正是从这种状况出发，我们提出关于大全的问题。"③

雅斯贝尔斯认为，大全通过客观存在的东西和视野的边际永远只透露出一点关于它自身的信息，但它从来不会成为思维的对象。因此，我们可以从哲学思考角度领会它，但不能客观地认识它。大全自身并不显

---

① （德）雅斯贝尔斯：《哲学的远见》，1950年英文版，第18页。
② （德）雅斯贝尔斯：《生存哲学》，王玖兴译，上海译文出版社2005年版，第14页。
③ （德）雅斯贝尔斯：《理性与生存》，沃尔特出版社1935年版，第14页。

现自身，而一切其他东西却又都在大全里面并向我们显现自身，以便使思维的结果不是产生出一种关于什么东西的知识，而是呈现出一个色彩特异而又广袤无尽头的空间，从而使我们所认识的一切存在物都因与这个空间有了关系而获得一种深远的含义，它们都从它那里向我们显示其自身，借此向我们透露存在，而其自身并非就是存在。大全不仅能使一切事物按其本来面目直接显现自身，而且还使它们都成为透明的。他说："这个空间虽然不能被认识，它却显现为一种好像在透视着一切被认知的存在的东西"，因此"对哲学来说，万物同时又都被大全所渗透，或者说，万物既存在又不存在"。[①]

雅斯贝尔斯认为，大全作为一种设定问题，还无法说明任何问题，只有通过对不同的大全样式的具体化，才能真正展现他所谓的"现实"。他指出，大全是会"因某些现象的客观性而分裂成为不同的大全样式的"。他认为，从最一般意义上说，大全有两种主要形式，即"围绕着我们的存在本身"和"我们所是的存在"。

作为"围绕着我们的存在本身"的大全又表现为"世界"和"超越存在"两种形态。

世界仅仅相对人而存在着，世界不是我们本身，不以我们为转移，世界无限小部分构成人的生物学存在。世界是"我"十分生疏的东西，世界作为一个整体是不能信任的。人所知的是存在于世界上的东西，而不是世界整体。对于世界是不能用具体的事物来描述的，而必须用抽象的大全加以阐明。世界就是大全的一个样式，它代表着为我们的存在，它的特征是主观与客观相关联。雅斯贝尔斯认为，可以把世界划分为四个界域：物质世界、生命世界、心灵世界和精神世界。

雅斯贝尔斯认为，在世界的背后，在人的内心深处，有一个彼岸世界，即"超越存在"，它就是抽象的存在本身，是超越于世界和人的存在之上的。这个超越存在，只有成为生存的人才能领悟它的存在，倾听它的召唤。只有确信和信仰这个超越存在，人才能最终成为生存，成为真人。

超越存在所在的那个地方，或者说到达了超越存在的那种状况，就叫作"现实"，也可以说，超越存在就是现实。他说："现实一直往后退，

---

① （德）雅斯贝尔斯：《生存哲学》，王玖兴译，上海译文出版社2005年版，第23页。

一直退到超越存在那里才不再后退。"① 这是说，现实是意识所不能把握的，越意识越渺茫，只有到超越存在那里才能够找到它。所以，"哲学思维的最终问题，还是追求现实的问题"。②

他认为，超越存在（即现实）有三个特点，即无可能性、历史性和统一性。只有当我成为生存时，我才能达到现实，成为现实。因此，我的生存状况，完全是与现实相对应的。所以，我们可以说，现实的上述三个特点，归根结底是为了说明对生存本身的本质规定。

作为"我们所是的存在"的大全又表现为实存（或此在）、普遍意识、精神、生存四种形态。这表示人由作为普通人的实存，经过由低级阶段向高级阶段发展，升华到生存状态，即人的真正存在。这是对于与世界相对应的"我"（即人）的不同状况的一种描述。

实存（或此在）就是人的实际存在，是生活在一定环境中的特殊的人的存在，是对象化的人的存在。一方面，实存不同于空洞的普遍意识；另一方面，实存又不同于客观性的世界。因为这种实存是不能被作为客观对象加以认识和把握的，如果被视为客观对象，那么"我本身所是的实存"的大全就变成了像客观世界那样外在的东西；而一旦我们的实存成为研究对象，我们就落入了客观世界之中，在这种情况下，我们成了物，而不是真正的人。因此，"我"是一个真正的个人，一个走向现实的人的实存，其特点是既实际存在而又有其个性。

普遍意识是主客分立中的人的意识存在，是能够反思人的存在。雅斯贝尔斯认为，如果"我"是一个与其他主体本质上相同的主体，那"我"就是普遍意识。意识是第一性的东西，任何东西只有呈现于我们意识之前而成为可经验的对象时，对我们来说才是存在的。凡不呈现于我们意识之前者，凡是根本与我们无接触的认知者，对我们而言，均是一无所有。

精神较之普遍意识是人本身的存在的更高层次的形态。雅斯贝尔斯认为，精神是知性的思维、活动和情感的整体，这个整体不是知识的封闭的对象而是理念。人不仅是一个实存，也不仅是一个普遍意识，他同时还是一个整体，这就是"精神"。精神是实存与普遍意识的一个合题，它显示了人的更加完美丰富的精神性，构成了一个具有知、情、意的人

---

① （德）雅斯贝尔斯：《生存哲学》，王玖兴译，上海译文出版社2005年版，第76页。
② 同上书，第65页。

的理想形象。同时，精神又是一个趋于完成而又永不完成的整体，它体现了人的自我完善性和开放性。

生存不同于意识，它是超越向其揭示自身的"秘密根据"。生存不同于精神，它本质上是对统一性和确定性的追求。反之，精神必然是某种理智的、普遍和整体的东西，而生存从概念上说是非理智的东西，归根结底是一切知识的"秘密根据"，是时间中唯一的和确定的存在，这种存在能够把自身交给超越。雅斯贝尔斯认为，人的生存绝不能成为认识的对象。事实上，生存乃是"我所是的一切所环绕的轴心，生存乃是这个世界上对我有意义的一切的轴心"。这就是说，只有生存才能揭示人本身的真正存在以及整个世界的存在。

生存的最大特点在于其非对象性，不属于理智和范畴。生存的本质在于它对某种另外的东西的意向性，即趋向超越存在，趋向我在交往中与之发生关系的其他自我，趋向存在。这种趋向将一直继续下去，绝不可能一劳永逸地达到。作为生存的人是开放型的人，他总是面临着各种可能性。因此，生存总是保留着无穷的可能性。

生存与超越相对应，生存由超越而获得其存在。他认为，超越，即趋向唯独属于我自己的生存，超越存在包含在根本定义之中。体验"给予"我们不仅以超越存在，而且超越存在本身，这是体验最深刻的基础。人的生存是由并非生存本身的超越存在"给予"的。没有超越存在，这种体验就不能完成，从而生存就将失去根据。超越也是一种存在，它使存在由单纯的自我肯定、"一意孤行"或自由意志转化为比理智和理性承认为最高的东西、更高的存在的体现者。

生存与自由相同一，生存本身就是自由。"人是不可替代的自由的个人。""自由不是许多现象中的一种现象，而是一切人的命脉。"[①] 我们说生存具有自由或者说自由是生存的因素之一都不确切。因为生存与自由可以相互替换，二者是同一的，自由与其同义词生存一样只能在超越中实现。自由意味着超越，是个人自主地做出选择、采取行动的可能性。但人的这种自由并不意味着人可以任性，人必须听从上帝的指导。一个领悟到了自由的人是超出个人界限而与上帝融合在一起的人。

生存与交往相关联，个人只有在与他人的交往中才能获得自由。雅

[①] （德）雅斯贝尔斯：《论自由的危险和机会》，见《存在主义哲学》，商务印书馆1963年版，第222页。

斯贝尔斯在强调个人的独立性、自主性为自由的主要特征时，也强调与他人交往是实现个人自由的必要条件。他认为，人作为孤立的个体是没有意义的，个人之间的交往是他们作为人的存在的前提，交往是人的存在的普遍条件。交往也是获得自由的手段，在交往之外不可能有自由。

雅斯贝尔斯还认为，人的存在具有历史性，其表现为每一个人都处于某种处境（状态）之中，而临界处境则是对人的生存及其历史性的直接显示。他认为，存在是有限的，人的生存也是有限的，"临界处境——死亡、偶然性、罪责或世界的不确定性——使我们面对着失败的现实"①。在临界处境面前，人必须做出超越，必须朝向上帝。因而他的哲学在一定意义上走向了信仰主义。

雅斯贝尔斯认为，对大全的阐述是彻底发展哲学思维的"预备条件"，是"哲学逻辑的任务之一"。就是说，阐述大全是建构其整个哲学体系的一个基本前提。如果说存在是雅斯贝尔斯的本体论的逻辑起点，那么大全则是其实际的前提。在这一点上，大全的确是雅斯贝尔斯本体论理论的一个大全，因为他的本体论思想都无所不包地包含在这个大全之中了。雅斯贝尔斯曾以欣喜的心情总结他关于大全的学说："当我给我自己照亮了大全这个无所不包的空间时，我仿佛把围绕我的黑暗的牢墙变成了透明的；我瞭望到了远方，一切存在着的东西当下都呈现在我的面前。——然后，当我确切掌握了存在借以向我自显的那种真理时，我仿佛走到哪里就有光跟我到哪里，我就自由自在。"②

在当代德国哲学界，雅斯贝尔斯是一个独一无二的人物。他从未受过专门的哲学教育，也没有师从过任何哲学老师。直到他在1919年发表了《世界观的心理学》一书后，才开始把哲学作为自己的终身职业。然而，正是雅斯贝尔斯的"自学成才"，他与海德格尔被视为当代德国哲学史上的并峙双峰。

---

① （德）雅斯贝尔斯：《智慧之路》，柯锦华、范进译，中国国际广播出版社1988年版，第22页。
② （德）雅斯贝尔斯：《生存哲学》，王玖兴译，上海译文出版社2005年版，第84页。

萨特：存在先于本质

我对自己说："哲学真了不起。真理是从天上降落人间的，而这种技巧——哲学，就是要使更多的真理从天上降落人间。"

——让-保罗·萨特

自由乃是真正的虚无，它从无中来，又向无中去，它虚无缥缈，但又存在于我的存在中。

——让-保罗·萨特

让-保罗·萨特（Jean-Paul Sartre，1905—1980年）是法国著名哲学家、法国存在主义最主要的代表人物。像其他存在主义者一样，萨特也认为哲学的基本问题是"存在"问题，而且他对哲学探讨的中心也是人的存在问题，因此他把存在主义归结为"人学"，即研究人的存在、人的本质、人的价值的学说。在其代表作《存在主义是一种人道主义》中，萨特提出了一个著名哲学命题："存在先于本质。"它的中心意思是：人首先是一个没有本质的纯粹的存在，由它自由地选择和创造自己，然后才获得自己的本质。所以，存在先于本质。

——"存在先于本质"是萨特对宗教神学和有神论的存在主义"上帝造人"观点的否定。在中世纪经院哲学中，宗教哲学家认为，人是上帝创造的，即上帝先安排好、规定好人的本质，然后按此规定把人创造出来。上帝造出每个人只是为了实现他自己的神秘目的，人的一言一行、一举一动是上帝早就设计好的。这个人将会做什么事情，会成为一个好人还是坏人，是大人物还是个小人物，都是由上帝早就决定了的。上帝像是一个编导，躲在幕后，全部人类不过是一个个的演员，每个演员都要念那些事先由上帝准备好了的台词。这样，个人的一生就是一个漫长的参拜上帝的旅程，除此之外别无选择。因此宗教哲学家们说，人的"本质"同样是先于他的"存在"的。

在现代社会里，像雅斯贝尔斯等有神论的存在主义也肯定上帝的存在及尊严，认为人只有皈依上帝才能认识并获得自己的真正存在。但是，萨特反对宗教哲学家和有神论的存在主义的这种观点。他反对任何宿命论，认为上帝是不存在的，人的先天本质也是没有的。他说："上帝是不存在的"，上帝之外也没有别的什么"主宰"能够预先决定人的本质。对于人来说，他首先要"露面"、要"出场"，然后才能逐渐表明他具有什么样的性质。人刚来到这个世界上的时候，他空无所有，"什么也不是"，后来他才生成某种性质，成为某种人。人是按照自己的意愿造成了自身。

——"存在先于本质"是萨特对"本质先于存在"命题的否定。关于人的存在及其本质的问题，在哲学史上有过不少的论争，哲学家们对此做过不少的论证，但始终没有做出正确的解释。在萨特看来，18世纪法国的无神论哲学，虽然抛弃了"上帝"概念，批判宗教神学"上帝造人"的邪说，但是，他们承认有普遍的、共同的人性的存在，实际上仍然是坚持"本质先于存在"的思想，是从抽象的概念、本质中推演出人的存在，这是不能被接受的。他认为，不能用普遍的、共同的人性来规定个别性，因为人的存在是个别的，因此"存在先于本质"。

——"存在先于本质"是萨特存在主义哲学的第一原理。所谓"存在先于本质"，萨特指的是人最初只是作为一种纯主观性存在，人的本质、人的其他的一切都是后来由人的这种主观性自行创造的。为了说清这一命题，他进一步解释道："我们说'人首先存在着'，这意思是说，人首先是一种把自己推向将来的存在物，并且意识到自己把自己想象成未来的存在。人在开端就是一种有自觉性的设计图，而不是一片青苔、一块垃圾或一朵花，没有什么东西存在于这个设计图之前……人，只是循人的计划而成的东西。"①"人不外乎是自己造成的东西，这就是存在主义的第一原理。"这段话的意思是说，人的本质及其各种社会特征，都是由每个人按照自己意志自行选择造就的结果。

萨特认为，"存在先于本质"是人作为"人"与"物"相区别的根本标志，因为除人以外的一切事物都不可以先存在而后获得本质，恰恰相反，它们都是先有本质（或规定性），而后才有其存在的。除人以外的一切事物总是消极被动的，它们不能选择造就自己的本质，它们的本质是当它们被当作人的对象而存在的时候，由人们赋予的。萨特认为，以往哲学的一个重要失足之处在于把本质先于存在这种情况绝对化，把它扩展到人，从而把人降到了物的地位。所以，萨特声称他的哲学乃是一种真正人道主义的哲学，是唯一给人以尊严、恢复人的价值的"人学"。

——"存在先于本质"是萨特绝对自由观的基础。萨特提出人的存在先于人的本质，目的就在于说明人的自由性，但他的自由指的只是选择的自由，也即人的意志的绝对自由。人注定是自由的，因为自由与人的存在不可分割，人并没有先天的固定不变的本质，人的规定性、人的本质完全是由人的自由行动所决定的，是人自我设计的结果，人是完全自由地造就自己的。因此，人从根本上说是自由的，"人是被判定自由的"，人的自由先于人的本质，并且使本质成为可能。所以，"人的自由先于人的本质"与"人的存在先于人的本质"两者是同义的，它们都可以说是存在主义的第一原理。

在他看来，人对自己行为的自由选择的可能性是他最重要的本性，

---

① （法）萨特：《存在主义哲学》，商务印书馆1963年版，第337～338页。

否则，人就与物没有区别。他说："我们要求的是以自由为目的的自由，是在各种特殊环境下均有的自由。"① 这种自由选择的行为具有三个特征：它无处不在，无时不有；它无先验标准；它无因果联系。一句话，它不受任何客观必然性制约，人是绝对自由的，人就是自由。

在萨特看来，人之所以比物高贵，就是因为人可以自由决定自己的存在，自由地选择自己的本质。萨特说出了那个时代许多人的心理感受：世界令人失望，人生充满荒谬。但我们不能因此而绝望，人类的希望在于用自己的行动反抗荒诞的世界。人是成为英雄还是成为懦夫，全靠自己去选择。每个人都应该自由地选择自己的道路，为自己的生活创造独特的价值。选择一方面意味着自由，另一方面又意味着责任，而这两个方面又是统一的，每一个人都必须对自己的自由选择承担相应的责任。曾经流传着这样一则故事：一天，一位青年学生去请教萨特，原因是他一方面想上前线去保卫祖国，另一方面又顾念家中孤寡的老母无人照料。他无法在这两者之间做出抉择，于是就去求教萨特。萨特给他的回答是："你自由选择吧。但无论后果如何，你都要为其承担责任。"这是反映萨特自由哲学的经典实例。

萨特把自由看成是一种选择的自主性，肯定了人的主观能动作用，这种自由观是有一定积极意义的。但就其实质来说，萨特所说的自由，完全不是对必然性的认识和对客观世界的征服，而只是个体存在者的"主观性"的一种延伸，或者说，是一瞬间的纯粹意志的一种活动方式，它本身不具任何内容。因此，他有时也称自由为"虚无化"。所谓"虚无化"是指人有一种特殊的天赋，即人的想象力，人凭自己的这种想象力，可以超越一切现有的事物，从而自行于事，即自我外化、自我超越，或自我隐退、自我掩盖。他曾说："自由乃是真正的虚无，它从无中来，又向无中去，它虚无缥缈，但又存在于我的存在中。"这样，萨特就把自由推到了极端，使其变成了毫无内容的抽象的东西。

在萨特"存在先于本质"的命题中，他从根本上歪曲和割裂了人的存在和人的本质的关系，把人的本质看成完全是由个人主观性决定的东西，否认人的社会性，这都使他的哲学始终脱离不了主观唯心主义和形而上学的窠臼。不过他的不承认上帝，不承认先验的人性，坚持人只能

---

① （法）萨特：《存在主义哲学》，商务印书馆1963年版，第355页。

以自己的行动来创造自己的本质，坚信个人是一切价值的源泉的思想，则具有进步意义，特别是对战后那些仍处于悲观、彷徨中的人们，似乎指明了一条精神上的出路。

萨特是一个颇有争议的人物。对于他的学术地位与成就、人格与操守，历来存在着褒贬不一的各种声音。在现代西方社会，一方面，有人称他为"精神之父"、"最有独创的思想家之一"、"20世纪人类的良心"，并奉他为当今的伏尔泰和雨果。萨特逝世时，6万人自发参加了他的葬礼，当时的法国总统德斯坦也以私人身份加入到了送葬的行列，并认为萨特之死使"我们这个时代陨落了一颗明亮的智慧之星"。另一方面，有人说"萨特是悲观主义者"，甚至有人骂他是"神圣的恶魔"，是一个小丑，根本就不屑于一谈。然而，无论如何评说，有一点是无人能够否认的：萨特这个名字和一个狂热的时代永远紧紧地联系在了一起，他成了第二次世界大战后最有影响的存在主义哲学家。虚无的只是作为存在者的萨特，永存的是作为生存（即具有生命意义存在）的萨特！

60

加缪：
真正严肃的哲学问题只有一个：自杀

　　真正严肃的哲学问题只有一个：自杀。判断生活本身是否值得经历，这本身就是在回答哲学的根本问题。

——阿尔伯特·加缪

　　荒谬从根本上讲是一种离异。它不栖身于被比较的诸成分之中，它只产生于被比较成分之间的较量。

——阿尔伯特·加缪

阿尔伯特·加缪（Albert Camus，1913—1960年）是法国20世纪著名哲学家、法国存在主义的主要代表人物之一，也是优秀的小说家、戏剧家和散文评论家。

加缪哲学的主旨是要为现代人在"荒谬"[①]的困境中创建一种新的道德，重新肯定人类生命的价值。他在《西西弗的神话》起首就说道："真正严肃的哲学问题只有一个：自杀。判断生活本身是否值得经历，这本身就是在回答哲学的根本问题。"[②] 这一命题的意思是：哲学的根本问题就是探讨自杀问题，也就是"判断生活本身是否值得经历"，是对人生价值的怀疑，它是由荒谬感而引起的。《西西弗的神话——论荒谬》是一部哲学随笔，其副题就是"论荒谬"。加缪用西西弗神话来比喻生命本身，探讨自杀的问题及生命的价值，从而引入荒谬主义哲学。承认世界是荒谬的，人生是毫无意义的，似乎必然要导致"自杀"的逻辑结果。而加缪告诉我们说：不是。"自杀"只是回避而消除不了荒谬，唯有直面荒谬世界的反抗，才能使生命真实。因此，加缪的思想被总结为"荒谬—反抗"理论体系。

"荒谬"是作为加缪哲学思想的起点而提出来的，但他并没有对自己毕生探究的"荒谬"概念下定义，而是在《西西弗的神话》中朴实地列举了种种人生和世界的原生态，对"荒谬"做出了一系列审慎的描述。内在的哲学深意是通过表象的文学手法恰当地表达出来的。

加缪所说的"荒谬"实际上就是一种感受，类似于萨特所说的"厌恶"。这是一种人的主观一时对于外部世界的非正题的领悟。他认为世界是荒谬的，人生是无意义的。

荒谬取决于人和世界，产生于人与世界的关系之中。他说："荒谬既不存在于人之中，也不存在于世界之中，而是存在于二者共同的表现之中。"荒谬产生于人与世界之间的矛盾与对立之中，又是"人与世界之间的唯一联系"。人一旦在平庸无奇、习以为常的生活中提取出"为什么"的问题，那就是意识到了荒谬，荒谬就开始了，而人也就清醒了。一方面，人看到了这杂乱无章、毫无意义的非人的世界，它是希望的对立面；

[①] 亦译为"荒诞"，在汉语中，"荒谬"一词带有强烈的否定性，而在加缪文本中的"荒谬"（etwas）是立意的，是肯定的。

[②] （法）加缪：《西西弗的神话——论荒谬》，杜小真译，生活·读书·新知三联书店1987年版，第2页。

另一方面，人自身中又深含着对幸福与理想的希望。"荒谬就产生于这种对人性的呼唤和世界不合理的沉默之间的对抗。""非理性因素，人的怀念以及分别与这二者同时出现的荒谬，这些就是这场悲剧的三位主角。"荒谬就是这种精神和世界的分离。他说："荒谬从根本上讲是一种离异。它不栖身于被比较的诸成分之中，它只产生于被比较成分之间的较量。"

在生活中，人对永生的渴求和对世界统一的怀念，永远都被生存的有限和现实的无理性阻断，因而成为徒劳。人在遭逢离乱和不幸时，甚至是在习以为常但又枯燥无味的日常琐事中，都会感受到世界的密闭无隙和陌生，仿佛自己是被流放到茫然无路的生活当中。一旦世界失去幻想与光明，人就会觉得自己是陌路人或局外人。他就成为无所依托的流放者，因为他被剥夺了对失去的家乡的记忆，而且丧失了对未来世界的希望。这种人与世界的分离、人与他的生活之间的分离，就像演员与舞台之间的分离，真正构成荒谬感。

对荒谬的体验并不来自对一个行为或印象的简单考察，荒谬感是从对一种行为状态和某种现实、一个行动和超越这个行动的世界所进行的比较中产生的，它只产生于被比较成分之间的较量。荒谬是一堵"密闭无隙"的墙，墙内关着的是人类孜孜以求的幸福和理性，而墙外则是人相对于自然、历史、时间和空间所表现出来的有限性，这种有限性是人的内在规定，它把人和神截然分开，让人注定不能圆满。对幸福和理性的追求在得不到满足的情况下幻化成了乡愁。用诗人的话说，乡愁是一枚"邮票"，它寄去的是对已逝家园的缅怀，然而这封家书却不会有地址，因为这个家园是虚构的，它只是一个承载人类偶尔流露出的顽劣、娇嗔、忧伤、感怀等情感的乌托邦而已。但是，正因为对这二者的追求不能圆满，才使得人的有限性在对幸福和理性的永恒的较量中焕发出悲剧性的美感，而荒谬也就是产生于这场较量与所产生的美感当中。荒谬不是一个理念实体，而是个人对生活的一种主观体验，不同的人对于自身的有限性和生活无意义的体验可能存在着具体样式上的差异，但这些差异在根本上却是同质的，它们有一个共同的名字：荒谬。

既然我们面对的是荒谬世界、悲剧的人生，那么，这是否就必然要引出"自杀"以结束这种在世的生活呢？加缪的回答是否定的。他强烈地反对"自杀"，认为无论是人身的自杀（消灭肉体），还是哲学的自杀（消灭精神），都是逃避。自杀是错误的，它决不应是荒谬的必然结果。

自杀实质上是一种逃避，它是反抗的对立面，它想消除荒谬，但荒谬却永远不会被消除。自杀的根源在于"看到生活的意义被剥夺，看到生存的理由消失，这是不能忍受的，人不能无意义地生活"①。

面对荒谬世界，加缪也不同意把希望寄托于未来。他认为，人若为了寻找生活的意义，为了某种目的或为适应某种偏见而生活，那就会给自己树起生活的栅栏。其实，没有什么明天，没有什么来世，要义无反顾地生活。这就是人的深刻自由的理由。明天是虚幻的，彼岸也是虚幻的。宁可燃烧着毁灭，也不做一块冰冷的岩石。

面对荒谬世界，加缪的主张是穷尽现在——不欲其所无，穷尽其所有。重要的不是生活得最好，而是生活得最多，这就是"荒谬的人"的生活准则。他认为，荒谬是真实的存在，是人生的主宰，它不可能被消除和超越。所以重要的是穷尽现在，在这荒谬的世界中生活。人绝不能"拔一毛以利永恒"，我们要对生活回答"是"，而对未来回答"不"！就是这貌似平淡的答案不知震撼了多少麻木的心灵，又不知激励过多少破碎的灵魂。

在加缪看来，没有任何一种命运是对人的惩罚，只要竭尽全力去穷尽它就应该是幸福的。对生活说"是"，这实际上就是一种反抗，就是在赋予这荒谬世界以意义。我们完全没有必要消除荒谬，关键是要活着，是要带着这种破裂去生活。人类的高贵之处正是在这毫无意义的世界里重新获得其地位。

荒谬的内涵决定了"反抗"成为必然。加缪曾将笛卡尔的"我思，故我在"改为"我反抗，故我在"，用以说明反抗对于人的生存的头等重要的价值。荒谬既然是一场人与世界、人与其相对性的较量，当然允许人拿出自己的真本事来反抗那些企图将人非人化的力量。如果不是这样，人的存在本身都会受到威胁。在他看来，反抗"是人与其固有的暧昧性之间连续不断的较量"，"它是对一种不可能实现的透明性的追求"。加缪毕生追求的两种德性——幸福和理性即蕴藏在反抗之中。不仅如此，在反抗中，人还可以"自我超越"成为他人。在我的反抗、我的自由、我的激情中穷尽既定的一切，这是人全部的尊严和荣光。他说："诞生在一个荒谬的世界上来的人唯一真正的职责是活下去，是意识到自己的生命、

---

① （法）加缪：《西西弗的神话——论荒谬》，杜小真译，生活·读书·新知三联书店1987年版，第5页。

自己的反抗、自己的自由。"

加缪的可贵之处在于不仅提出了关于"荒谬"的哲学命题,而且还积极探索解决之道,使文学意义上的"荒谬"最终演化成哲学的理论。加缪指出:"人生的悲剧命运摆在每个人的面前,我们应该热爱生活,幸福生活,微笑生活!"在论著《反叛者》中,他写下了这样一段文字:"反叛者是什么人?一个说'不'的人。然而,如果说他拒绝,它并不弃绝:这也是一个从投入行动起就说'是'的人。"他心目中的反叛者正视现实,同时挑战自我。说"是"是求得真实,说"不"则是为了超越。反叛者既是对自己生命价值的维护,也是对他人生命价值的尊重,换言之,反叛者是对人类共有的尊严的捍卫。"反叛在原则上限于拒绝受辱,而不为他人去求屈辱。"正是在这一点上,加缪与以萨特为代表的存在主义者产生了分歧,他因此而坚决否认自己是存在主义者。不过,加缪主张反抗,但反对暴力革命。他认为反抗不同于革命,反抗自身就包含着限制,反抗要时时遵循适度的原则,要把绝对的人道主义精神贯彻始终,而革命就缺乏这种人道主义的精神。"反叛永无止境,爱也要继续。"加缪一生对处于水深火热之中的劳苦大众始终寄予深切的同情,但不加分析地反对"暴力",反对"恐怖",宣扬"纯粹的反抗",反对流血的革命和革命成功后建立的"暴政"。他真正变成了一个人类正义事业的"局外人"。这是一种令人非常痛惜的讽刺。

加缪曾是战后一代青年的精神导师,他以独特深刻的哲学思想影响了法国整整一代人,成了那个时代的历史见证人。加缪获得诺贝尔文学奖时的《授奖词》中有这样一段话:"就个人来说,加缪已经远远超越了虚无主义。他那严肃而又严厉的沉思试图重建已被摧毁的东西,使正义在这个没有正义的世界上成为可能,这一切都使他成为人道主义者,并且没有忘记在地中海岸蒂巴萨的夏日耀眼的阳光中呈现出的希腊美与均衡。他被一种真正的道德感激励着,全身心地致力于探讨人生最基本的问题,这种热切的愿望无疑地符合诺贝尔奖为之而设立的理想主义目标。他不断地确认人类处境之荒谬,然而其背后却非荒芜的否定主义。在他那里,对于事物的这种看法得到一种强有力的命令的补充,即'但是',一种将要反叛荒谬的意志,他因此而创造了一种价值。"当下,加缪的身影已远去,他脚下的路依然在延伸,希望始终在前方召唤着每一个追随其足迹前行的后来者。我们应该认为,加缪是幸福的。

61

弗洛伊德：
人的全部行为都受无意识的本能和欲望推动

你想追究你自己许多显然无意的错误和疏忽吗？请走上德尔斐阿波罗神殿门口的铭言（"认识你自己"）所照耀的坦荡大道吧！

——本格蒙德·弗洛伊德

本格蒙德·弗洛伊德（Freud Sigmund，1856—1939年）是奥地利精神病学家和心理学家、弗洛伊德主义的创始人。

弗洛伊德的最大贡献在于他创立了精神分析学，为科学研究开辟了一个新的领域。他运用精神分析学的原则和观点解释个人、文化和社会现象，从而发展成了一种哲学学说，获得了"弗洛伊德主义"的称谓，被西方学术界誉为"20世纪最伟大的思想家之一"、与马克思和爱因斯坦齐名的犹太思想家。

弗洛伊德提出的一个著名命题是："人的全部行为都受无意识的本能和欲望推动。"这一命题分解开来，就是他提出的"足以触怒全人类"①的两个基本发现：

——无意识是一种真实存在的，心理过程主要是无意识的。

弗洛伊德把人的心理结构分为处于不同层次的三个系统：意识、前意识（或下意识）和无意识（或潜意识）。意识系统是指同直接感知有关的心理结构，它面向外部世界，完成着感觉器官的作用，是人的心理状态中的最高形式和诸心理因素的统帅者。但是，意识并不代表心理的实质，不再是决定人的本质的力量，而只是一种认识工具，并且"意识的心理过程仅仅是整个心灵的分离的部分和动作"，在意识的底部还有一个更为广阔的领域。处于意识系统边缘的是前意识系统，它是由存储在记忆中的经验构成的，包括由社会规范、宗教准则、价值观念形成的良心、个人理想等。离意识更远、处于心理结构深层的是无意识系统，它是人的生物本能、欲望的储藏库，是人类精神中最原始的因素。这些被压抑的、野蛮的原始性欲、本能和欲望具有巨大的心理能量，总是按照"快乐原则"迫切地为自己寻找发泄的出路，力图渗透到意识中去以得到满足。无意识是人的心理结构的核心，"心理过程主要是无意识的"。在《梦的解析》中，他经过对无数个梦做出分析后总结道："无意识是精神生活的一般基础。无意识是个较大的圆圈，它包括了'意识'这小圆圈；每一个意识都具有一种无意识的原始阶段；而无意识虽然也许停留在那个原始阶段上，但却具有完全的精神功能，无意识乃是真正的'精神实质'。"② 简单地说，无意识与意识的关系，可以看作是源和流、原生和派生、主要和次要、支配和从属的关系。无意识总是试图通过前意识的关

---

① （奥地利）弗洛伊德：《精神分析引论》，纽约1920年版，第7页。
② （奥地利）弗洛伊德：《梦的解析》，伦敦1913年版，第486页。

口而进入意识的活动之中，意识则一再试图抑制住无意识的越轨行为。我们之所以时常感到内心的矛盾和冲突，原因就在于此。

在后期的研究过程中，为了补充和修改其早期理论，尤其是出于解释社会现象的需要，弗洛伊德将"无意识"理论进一步发展为人格结构理论（或人格学说），在个体精神世界中划分出"本我"、"自我"和"超我"三个领域。

本我类似于早期的无意识概念，它是先天本能、欲望、意向的储藏所。它包含着人类性本能的巨大能量，它像"一口充满着沸腾的刺激的大锅"，是人的精神活动的力量源泉。本我只依据"快乐原则"追求本能需要的满足，不考虑现实环境，无所谓善恶道德，也不受逻辑规律左右。

自我是一个意识系统，由认识和理智过程构成。它是精神的感觉器官，既接受外来刺激，也感受内心活动。由于本我只能从外部世界中获得本能需要的满足，所以自我就担当起协调本我与外在客观世界关系的职责。它控制着本我的活动，以便在现实的条件下使本我的本能欲望得到一定程度的满足。因此，自我用"现实原则"取代了"快乐原则"。但自我是软弱的，必须按本我的意志行事。自我不过是本我实现其意图的限定性工具。

超我也是人的一种内在精神结构，不过它在人的心理中是社会力量的代表。它是儿童在早期生活中由父母、教师的影响所建立起来的心理机能，反映着一定社会的道德规范和行为准则。它无意识地起着作用，同时作为道德化了的自我与意识相通，表现为良心、理想。超我的职能是压抑本我的本能冲动，它能引起人的内疚、自我约束乃至自我惩罚，是人类心理结构中最后形成的保障文明发展的层次。

弗洛伊德认为，当本我、自我、超我的相互作用处于平衡状态时，人的精神就是正常的；一旦这三者的关系失调，人的精神就会出现异常症状。

弗洛伊德关于"无意识"的思想是他整个精神分析学说的理论基石。他说："对于无意识的心理过程的承认，乃是对人类和科学别开生面的新观点的一个决定性的步骤"。[1] 弗洛伊德"无意识"理论动摇了西方理性主义的根基，拓宽了心理学的研究领域，揭开了长期以来被人们忽视的

---

[1] （奥地利）弗洛伊德：《精神分析引论》，商务印书馆1986年版，第7页。

人类心灵的一个广袤领域，与现代西方人本主义哲学思潮走到了一起。正因为如此，一些西方学者干脆就将弗洛伊德与哥白尼、达尔文和爱因斯坦等伟大的科学家相提并论。但是，弗洛伊德的这一理论仅以心理现象有自律性的假设为前提，其主观臆想成分过多，往往使人产生牵强附会之感。

——性本能是人的精神活动的核心。

弗洛伊德从人的整个机体是一个能量系统的观点出发，认为无意识心理过程中蕴含着为人类的本能、欲望及一切活动提供动力的能量储备，这种心理能量就是"里比多"（Libido），从根本上说就是性欲或性力、性本能冲动。弗洛伊德说："'里比多'和饥饿相同，是一种力量、本能——这里是性的本能，饥饿时则为营养本能——即借这个力量以完成其目的。"[①] 他对于性欲的理解是泛义的，除了生殖意义的性外，性欲包括所有人为了获得快感而产生的生理需要或生理机能。"里比多"是与生俱来的，它的发展分为四个阶段：①口唇阶段，婴儿从出生到一岁半左右，快感区集中于嘴唇上。②肛门阶段，一岁半至三岁左右的儿童，快感区转移到肛门。③生殖器崇拜阶段，三岁至六到八岁的儿童，快感区又转移到性器官，甚至在精神生活中也有了性的要求。在这一阶段，儿童出现了从"自恋"向"他恋"的转折，面临着"对某些人深情的偏爱"，男孩选择的第一个爱情对象往往是母亲，弗洛伊德称之为"俄狄浦斯情结"（以希腊神话中杀父娶母的俄狄浦斯取名，亦称恋母情结）。而女孩的第一个爱情对象往往是父亲，弗洛伊德称之为"爱兰克拉情结"（以希腊神话中为父报仇的爱兰克拉取名，亦称恋父情结）。这种"情结"对儿童的成长影响很大，决定着一个人终生的心理状况，过分的刺激和压抑都会导致危险的后果。④性潜伏阶段，六岁或八岁直至十二岁，儿童那种最初的、不加掩饰的追求性快感的行为冷却下来，不再发展。他往往表现为喜欢与同性相处，而把过去的性快感经历遗忘；确切地说，是在父母师长的道德观念、行为准则教育之下，把性的本能欲望压抑到无意识中去了。

弗洛伊德认为，如果"里比多"在上述各个阶段能够顺利发展，就可以实现正常的性成熟。如果在某一发展阶段上受挫，就会引起性变态。

---

① （奥地利）弗洛伊德：《精神分析引论》，商务印书馆1986年版，第24页。

"里比多"发展过程中的停滞或倒退，表现为性心理的执着或退化，这就是歇斯底里的病因。不仅精神病这种变态心理是由于性问题引起的，就是在日常生活中，"里比多"也是万事万物发展的根本推动力。总之，性支配着一切，人生的目的和动力，就在于满足性的本能需求，人的全部行为是由无意识的本能和欲望所推动的。他认为，人类又是以社会形态生存的，为了维护社会的稳定和发展，不得不对个人的本能和欲望施加压抑，文明社会就是建立在压抑无意识的本能和欲望的基础之上的。被压抑的性欲，除了做梦、过失（遗失、口误、笔误）、自由联想、移情、说笑话以及精神病等发泄途径外，还有一条通道——升华，即将被压抑的性欲转移到文学、艺术和科学等领域的激情创作中去。文学、艺术、科学乃至整个社会文明的进步，就是被压抑的性本能和欲望的升华，而道德和宗教的最终根源就在于"俄狄浦斯情结"。

由于弗洛伊德把对性欲发展阶段的描述同对人格的形成的分析结合在一起，用性欲发展阶段的进展来解释人格的形成，因而他的"原始性欲"理论具有了哲学意义。但是，弗洛伊德的泛性主义理论之荒谬是显而易见的，它只看到人在生物学上的无意识的本能和欲望，夸大了人的生理因素的作用，片面强调性本能的作用，忽视了社会文化环境对人的行为的决定性影响，陷入了唯心主义和形而上学的泥淖。尽管如此，弗洛伊德毕竟大胆地跨入了世人讳莫如深的性心理禁区，揭示了人的行为的内在动因——性本能的内驱力，从而将人的需要、动机提到了研究的首位，并试图从个体心理发展史的角度揭示人们最隐秘的性心理活动规律，这对科学和医学无疑是重大的贡献。

人的全部行为是由无意识的本能和欲望所推动的——这一石破天惊的观点经弗洛伊德之口说出，即刻引起了现代人性观念的变化。弗洛伊德一反几千年以来的理性主义人性观，在许多方面动摇了传统文化的理论根基，因而受到许多人的推崇，同时也遭到许多人的斥责。有人称弗洛伊德为"心灵的哥伦布"，认为"在弗洛伊德的作品里，你可以找到20世纪最重要、最有威力的思想，它使西方文明的思想史全然改观"，爱因斯坦也敬称他是"最伟大的导师"；有人则认为弗洛伊德是"色情鬼"、"性欲狂"，是"践踏人类知识花园的野猪"，他"玩弄的是20世纪最狂妄、最惊人的智力骗局"。教皇保罗六世视他为现代"性解放运动"的罪魁祸首，维也纳医学会断绝了与他的关系，出版界称他为肮脏琐屑的巫

师，甚至上流社会的淑女们一听见他的姓名就羞得脸红。毁誉褒贬，大相径庭。

在心理学和精神病学发展史上，弗洛伊德的精神分析学说占有十分重要的地位。著名心理学史大师波林曾说："三百年以后在写心理学史时，似乎不提弗洛伊德的名字就不能写出一本堪称普通心理学史的书。"这并非纯然是溢美之词。作为一个心理学家，一个新认识领域的开拓者，弗洛伊德是伟大的。对于精神分析学的理论意义，弗洛伊德本人有一个颇为自豪的比喻。他认为，在人类历史发展的长河中，人类的那些自以为是的信念，或者说人类的自尊心迄今受到过三次沉重的打击。第一次是哥白尼的太阳中心说，人类被迫放弃了自以为是的地球中心说，人类所居住的地球不再是宇宙的中心。第二次是达尔文的生物进化论，人类不再有作为上帝子民的自豪感，猿猴成为人类的先祖，人类的诞生问题步入了自然的规律之中。第三次就是他所创立的精神分析学，人类一贯坚守的理性主体观遭到了重创。自1917年发表《精神分析引论》以后，弗洛伊德的研究进入了新的阶段，其研究的对象从精神病患者扩大到了整个人类，他关于心理学的基本原理广泛地应用到人类社会生活和文化历史发展的各个领域。这样，精神分析的哲学化，精神分析学也就成了一种哲学，一种社会历史学说，并因此获得了"弗洛伊德主义"的称号。同时，我们也应看到，在具体学科领域中，弗洛伊德的许多观点则是主观臆测、武断和幼稚的。最早起来修正其学说的是他的两个高足——阿德勒与荣格，前者提出了所谓"个体心理学"，后者提出了所谓"分析心理学"。弗洛伊德去世后，居住在美国的以弗洛姆、霍尼为主要代表的一批年轻的精神分析学家，对弗洛伊德的学说进行了更加系统的修正，使精神分析学发展成为了"新弗洛伊德主义"。在西方，有些精神分析学家还致力于把精神分析学"嫁接于"马克思主义，于是，从"新弗洛伊德主义"中又衍生出了法兰克福学派等"弗洛伊德的马克思主义"。

在现代思想史上，弗洛伊德的名字同爱因斯坦和马克思的名字并列（他们是改变现代历史的伟大思想家，是最富于创新精神的理论斗士）。我们应该记住他的名字，应该汲取他的理论精华。在人类探索自身的漫长征途中，这位勤于思考和善于分析的精神病医生制造了一个理论亮点。正是有了这个亮点，我们对于人性的探索又可以向前迈进一步。

62

霍克海默：
哲学的真正社会功能，在于批判现存的东西

　　哲学不能被变为宣传，这绝不是最可能的目的……哲学对发号施令不感兴趣。精神状态一片混乱，以至于这种说法又被解释为，似乎它提出了决不服从任何命令的愚蠢建议，即使这种命令可能拯救我们的生命；事实上，哲学可以被解释为是一种反对命令的命令。如果哲学应该有所成就的话，那么它的首要任务就是克服这种状态。

——马克斯·霍克海默

西方哲学大师的命题

马克斯·霍克海默（Max Horkheimer，1895—1973年）亦译为霍克默尔，德国哲学家、法兰克福学派①的主要创始人、社会批判理论的奠基者。

一般认为，法兰克福学派自开创至今，已历经三代，而且每一代都有一个核心人物。霍克海默就是第一代法兰克福学派的领袖。霍克海默是一个比较特殊，也比较复杂的人物：他从不追求个人思想体系的建构，而关注社会批判；从不追求个人思想成就的宏大，而倾心于法兰克福学派理论命题的规划和奠基。

"法兰克福学派"的旗帜是"批判理论"，这种理论要求在总体上认识和理解社会生活，全面把握社会发展的脉络和源泉。霍克海默"批判理论"的"批判性"主要体现在以下方面：

——"传统理论"批判。"批判理论"一词，是霍克海默用以区别"传统理论"，试图解决传统理性主义难以解释的重大时代问题的一个专门术语。霍克海默所说的"传统理论"，是产生于现存社会制度并把现存社会制度作为自然的、永恒的东西接受下来的理论，具体而言，是指近代哲学中具有实证主义倾向的那些哲学流派。在霍克海默看来，传统理论的最大问题在于未能对自己在当代社会和历史背景中的地位进行反思，而总是假定科学家或研究人员的研究可以脱离社会和历史发展因果关系，而且是以维护现存社会制度为宗旨的。他认为，"传统理论"与"批判理论"存在根本的区别（见下表）。

"传统理论"与"批判理论"的主要区别

	传统理论	批判理论
基本立场	保守立场，不是变革而是主张以纯粹的智力劳动来维护现存制度。	革命立场，对现存制度进行根本的变革性的批判，以破坏一切既定的、事实的东西。
基本观点	科学主义观点，只从现存的经验事实出发，忽视对人的关心和人的作用，从而导致了主体与客体分离的"二元论"。	人本主义观点，重视人，将人看作是全部历史生活方式的生产者，从而得出了主体与客体同一的观点。

---

① 法兰克福学派是萌发于20世纪20年代初期、流行于50年代的一种哲学流派，是"西方马克思主义"中影响最大的一个流派，因其活动中心在德国的法兰克福而得名。主要代表人物有霍克海默、阿多诺、弗罗姆、马尔库塞、施密特、哈贝马斯等人。

（续上表）

	传统理论	批判理论
基本方法	用研究自然的方法研究社会，从固定不变的既定事实出发，忽略了社会的变化发展。	批判的方法，在主体与客体的总体化运动中研究社会，力求揭示社会的基本矛盾和人性的异化。

对实证主义哲学持反对态度的理论价值取向，使得"批判理论"表现为对工具理性的激烈批判。霍克海默在《理性之蚀》中明确区分两种类型的理性：主观理性（工具理性）和客观理性（批判理性）。他认为，主观理性也就是工具理性，其价值由对人和自然界的操纵来衡量，强调手段及其与目的的协调，是反人道的，它把人变成了物、工具和机器。与此相反，客观理性是实在固有的一个原则，是一种生活方式，即一种与生命、自然谋求和谐的方式，它强调对现实的批判和超越，以人的自由解放作为最高的目标，是一种批判或解放的理性。而现代社会按照资本必须讲究效率、进步应该讲求科学的原理，以数字化、标准化、控制论、定量化、整体化来处理一切，控制一切，工具理性顺理成章地成为发达工业社会中一切事物的根本依据和归宿。这样，人从自然和神学的支配下解放出来后，不仅没有因科学的进步和物质的丰裕而实现人类自身的彻底解放，反倒跌进一个新的、不自由的、被工具理性所主宰的野蛮状态之中，这就是现代社会发展的悖论。

另外，霍克海默对"传统理论"的批判，还包括对马克思主义理论的批判。霍克海默自称相信马克思主义，并且将自己的理论称为"批判理论"。之所以要用"批判"一词，是因为他认为早期的马克思理论中处处闪耀着批判精神，但后期的马克思，尤其是恩格斯却受到科学的诱惑，从"批判性"转到了"科学性"，从而失去了其思想光泽。因此，现在的"批判理论"就是要重新恢复马克思早年的"批判"精神，并将它发扬光大。霍克海默等人立足于当代资本主义社会与马克思所生活的"古典资本主义"的不同特点，提出要实现"马克思主义现代化"。他们认为，马克思未能预见到20世纪社会发展的某些特点，尤其是大众文化在媒体的作用下所得到的发展对于人们心理习性和文化态度的影响；马克思主义关于无产阶级与资产阶级的阶级斗争的观点并不足以解释20世纪的资本主义发展。

——"启蒙精神"批判。1947年,霍克海默和阿多诺合作出版了惊世之作《启蒙辩证法》。在这部以"哲学断片"作为副标题、堪称对科技理性的"神话化"进行了入木三分的解剖的经典著作里,他们对西方的启蒙运动进行了批判。他们所说的"启蒙精神"的确切含义是指推动人类文明发展的征服统治大自然的欲望和雄心。"启蒙的纲领是使世界摆脱魔力,祛除神话,用知识来替代幻想。"在书的开头,他们将已严重异化的理性的可怕后果置于人们的视野中:未被启蒙的理性之光照耀的地球充斥着一个个将人吞没的鬼影,而经过了启蒙的地球,在理性主义的喧嚣中却到处散发出令人恐惧的灾难;人类好不容易摆脱了与人的主体性地位和人的尊严极不相称的蒙昧和野蛮,然而理性主义和进步观念却重新将人置于了一种新的、更加难以忍受的野蛮状态。"启蒙始终是为了将人们从恐惧中解放出来并建立其统治权,但是被充分启蒙了的世界却遍布胜利的灾祸。"因此,从古希腊以来颂扬至今的"启蒙精神",不仅为20世纪的野蛮提供了基础,而且成了人类即将走向崩溃的根源。

霍克海默认为,倒退寓于进步之中,野蛮与进步结伴而来。进步越大,倒退愈甚;文明越发展,野蛮的威胁越大。这就是"启蒙的辩证法"。而启蒙的历史就是倒退的历史,自然、社会和人类都在倒退,启蒙破坏了人与自然的和谐,导致了人类的自我压抑、人与人之间关系的异化、统治的合理化以及文化的堕落,启蒙是人类自我毁灭的过程,是人与自然、人与自我、人与人之间关系的异化过程。而这一切都根源在于人类根深蒂固的自我保存本能,而服务于自我保存本能的只能是工具理性。而拯救人类只能靠艺术,因为艺术不同于科学,它不把形象消解到概念中。在艺术的统一体中,主体和客体、一般和个别、感性和理性达到了真正的和解。

——"现存社会"批判。霍克海默曾说:"批判理论的每一个部分都以对现存秩序的批判为前提,都以沿着由理论本身所规定的路线来与现存秩序进行斗争。"[①] "哲学的真正社会功能,在于批判现存的东西。"

综观20世纪的批判理论,法兰克福学派无疑是最具影响力、最有特点的批判话语之一。"批判理论"最初是在霍克海默的圈子中发展起来的,目的是要研究由于西方革命的缺席、斯大林主义在苏联的发展以及

---

① 《霍克海默集》,上海远东出版社1997年版,第200页。

法西斯主义在德国的上台而造成的政治沮丧。因此，霍克海默的批判对象不仅针对资本主义社会，也针对苏联模式的社会主义社会。

在对资本主义社会的批判方面，霍克海默认为，现代科技的发展既极大地促进了社会生产力的全面增长，也产生了许多灾难性的负面影响。随着科学技术的发展，当代西方资本主义社会的社会结构、社会关系和人的观念都发生了重大变化。现代西方社会弊病的根源已经不再是腐朽的资本主义制度，而是科学技术的进步。现代科学技术的发展意味着统治者对被统治者的统治力量的日益增大。现代科学技术已经成为压制人性、束缚人的自由的罪魁祸首。

在对法西斯主义的批判方面，霍克海默认为，在法西斯主义制度里，"合理性达到了一个新的阶段，在这个阶段上，它已经不再仅仅满足于简单地压制自然；合理性现在是在敲诈自然，为此他吸收了自然的造反力量，用以充实自身。纳粹操纵了德国人民被压制的愿望。当纳粹及其在产业界和军界的走狗们兴风作浪时，他们一定会赢得大众的，尽管他们并不代表大众的利益。""我们可以认为法西斯主义是理性与自然之间邪恶的组合——而这正是哲学梦寐以求的调和的反面。"这个观点不仅澄清了法西斯主义掌握政权的阶级基础，而且也说明了法西斯主义所起的历史作用。

——"文化产业"批判。"文化产业"（亦译为"文化工业"）也是霍克海默着力批判的对象。霍克海默所使用的"文化产业"概念，是在其"批判理论"的总体倾向下阐述的，具有强烈的批判性和否定性。霍克海默指出，在现代资本主义社会，"整个世界都要通过文化工业的过滤。""文化工业的地位越巩固，就越会统而化之地应付、生产和控制消费者的需求，甚至会将娱乐全部剥夺掉。这样一种文化进程势不可挡。"[①]

文化产业是资本主义统治集团虚假的意识形态欺骗。"文化产业"作为资本主义国家机器的一部分，时刻在扮演着自己既定的角色，其文化欺骗与意识形态统治的目的隐匿在大众娱乐和技术制造的新的感性对象之中。"文化产业"时刻都在利用自身媒体的技术优势及其商业背景进行"公开的欺骗"，从而使大众获得一种"摆脱思想的解放"，而遭受统治阶级意识形态的欺骗。

---

① （德）霍克海默、阿多诺：《启蒙辩证法》，上海人民出版社 2003 年版，第 141、160 页。

"文化产业"还从根本上泯灭了人的个性。由于资本主义社会的垄断结构,"文化产业"制造了一种"普遍的东西与特殊的东西之间的虚假的一致性"。这里,技术违背了它的驾驭者的意愿,使个人在"文化产业"启蒙下的每一个进步,都以牺牲个性为代价,个体与个性的分离,个体被作为独特的个性而得以保留和承认,实质上意味着个性本身已在个体的突现中名存实亡。同时,"文化产业"是现代科学技术的产物,不同于以往任何时期的文化形态。"文化产业"是以现代技术为依托的。现代传媒技术是"文化产业"的根本性标志。"文化产业"用"技术的无比威力"以及标准化、统一性等的科学意识瓦解了艺术本身所需求的个性,从而造成了艺术在资本主义社会里的"终结"趋向。"文化产业"制造了一种"机械上可以进行再生产"的现实通行的文化风格,这种风格就是粗陋的"统一的文化概念"。"大众文化"由此滋生,并呈现出取而代之之势。这种堕落的"大众文化"受商品价值的支配,操纵大众意识,扼杀个性和自由,成了资本主义社会极权主义的帮凶。

霍克海默的"批判理论"就其本质而言,"不同于传统的哲学形态,它不是纯思辨的、形而上的哲学沉思,而是对人的现实生存境遇的一种文化批判",是"一种注重于现实批判的社会哲学或文化哲学"。[1] "批判理论"对西方思想乃至全球思想文化的影响,是极为巨大和深刻的,以致人们断言"不研究和理解法兰克福学派的社会批判理论,就不可能十分全面与深刻地理解 20 世纪人类文化精神的演进"[2]。其实,在霍克海默乃至整个法兰克福学派那里,"批判理论"的意义和可能性始终是一个悬而未决的问题,仍然需要我们将着眼点放在具体、变化的社会批判的实践之上,不断探索,勇于批判,大胆变革,与时俱进,开拓创新,以促进经济的繁荣、社会的进步与人的全面发展。

---

[1] 衣俊卿等著:《20 世纪的新马克思主义》,中央编译出版社 2001 年版,第 165 页。
[2] (德)霍克海默:《批判理论》,李小兵译,重庆出版社 1989 年版,第 164 页。

阿多诺：矛盾即是非同一性

在批判本体论时，我们并不打算建立另一种本体论，甚至一种非本体论的本体论。假如那是我们的目的，我们就纯粹是设定另一种彻头彻尾的"第一"——不是绝对的同一性、存在、概念，而是非同一性、存在物、事实性；就是在使非概念性的概念实在化从而违反它的意义。第一哲学，必然带有概念的第一性，任何回避概念第一性的东西都是在脱离据说是第一的哲学思维形式。

——特奥多尔·W. 阿多诺

特奥多尔·W. 阿多诺（Theodor Wiesengrund Adorno，1903—1969年），德国著名哲学家、社会学家、音乐理论家。

阿多诺作为法兰克福学派第一代的主要成员，在哲学方面的主要贡献是系统地阐述了法兰克福学派的理论基础——"否定的辩证法"，提出"矛盾即是非同一性"的命题，主张用"非同一性"代替"同一性"。在此基础上，他将"非同一性哲学"运用于社会批判理论方面，认为真正的社会批判就是要揭示社会的永恒本质，揭露社会中非正义的根源，打破资本逻辑的同一性，对一切同一性进行彻底破除。至于他的艺术理论，则是其哲学思想和社会批判理论的反映。这就是阿多诺的所谓"星丛"学说。

阿多诺"否定的辩证法"的主要内容有：用"非同一性"代替"同一性"；"矛盾即是非同一性"；用绝对否定代替否定之否定；怀疑一切同一性，消除对一切概念的崇拜。他在辩证法之前冠以"否定的"三字，是为了显示与以往辩证法的区别，以表示自己的彻底性。他在《否定的辩证法》序言中开宗明义地指出："否定的辩证法是一个蔑视传统的词组。""矛盾即是非同一性"是阿多诺在《否定的辩证法》中提出的一个重要命题。

"非同一性"（nonidentity），亦称"非同一性逻辑"或"非同一性思维或认识"，是对传统的"同一性逻辑"的破除。"非同一性"与"同一性"是一个相对应的概念。二者有何区别呢？阿多诺说："非同一性认识想说出某物是什么，而同一性思维则说某物归在什么之下，例示或表现什么以及本身不是什么。"[①] 例如，当我们说"梧桐是一种树"时，这里面就同时有两种意向，一是说梧桐作为它自己是什么，二是说梧桐不是自己而归属于树（类）。前者是非同一性思维，后者则是同一性思维。在阿多诺看来，"同一性"一词是多义的，同一性至少可以是指"每一思想对象与自身的等同"或"主体与客体的和谐一致"。在过去的思维传统中，人们只是过多地关注了归并式的"同一性思维"并将其抽象地绝对化，而恰恰没有关注那种指认对象自身特质的"非同一性"。否定的辩证法是对同一性逻辑的破除，并不是简单地抛弃同一性。阿多诺认为，纯粹的同一性是由主体设定的东西，是从外部带来的东西，而不是事物自

---

① （德）阿多诺：《否定的辩证法》，张峰译，重庆出版社1983年版，第146页。

身的特征，事物自身恰恰是异质的，包含了种种不同于他物的特性。当然，同一性也有其合理性。思维就是同一，概念就是同一，没有同一就不可能有思维。所以，在理性的层面，固然"人们可以看透同一性原则，但没有同一性人们就不能思维。任何规定性都是同一化"。[①]"思维就意味着同一"，思维按其本性和内在形式就是一种同一性力量，而事物本身则是差异的、异质的和否定性的。在这种情况下，思维总是表现为对统一与一致的诉求，即用自己的总体性要求来衡量和规训一切与自己不同一的东西，让作为内容的异质的东西服从思维的先验的统一形式。在他看来，"传统思维的错误在于把同一性当作终极目标"，这才形成了绝对的专制性的同一性逻辑。阿多诺认为，辩证法在其本来意义上正是对思维的这种同一性要求的一种反抗意识。辩证法就要消解这种绝对的同一性，要将"非同一性"作为否定辩证法的思考起点。"辩证法就是对非同一性的一贯认识。"这样，阿多诺将辩证法的"同一性"解释为排除一切差异的"绝对的同一"，而现实中一切包含差异的同一性，即"对立面的同一"则是不真实的、虚假的同一性，实质上是"非同一性"，也就是说，"客体自身是非同一性的"。这是因为，个别事物不可能和自身同一，它总是既是自身又是他物，因而必然是非同一的。由于事物都是矛盾体，所以，论证了事物的非同一性，也就论证了矛盾的非同一性。现实中的矛盾都是作为一种否定性的力量在起作用的。正因为如此，他提出了"矛盾即是非同一性"的著名命题。阿多诺强调矛盾的"非同一性"，发展了辩证法，但他"怀疑一切同一性"，用"非同一性"代替"同一性"则是偏颇的。

"矛盾即是非同一性"的命题，是对哲学追求"同一性"的批判。他认为，传统哲学总认为自己拥有一个无限的对象，总是要寻找事物的终结性的本质，即物质与意识的"同一性"或"本原"。传统哲学是在不同的事物中抽象出了同一的质，从而把整个世界看作一个总体，哲学体系则成了与这个总体相对立的思维总体。他认为，同一性是一个虚假的哲学原则。但哲学概念却把这个虚假的原则实在化，并在虚拟的实在之上建构总体。所以，在传统哲学那里，同一性是总体性的基础，正是因为哲学建立起了同一性的观念，才出现了世界的总体性。在阿多诺看来，

[①] （德）阿多诺：《否定的辩证法》，张峰译，重庆出版社1983年版，第146页。

哲学所寻求的秩序和不变性是不可能的，因为根本不存在绝对的第一性，哲学所强调的任何事物都是与它的对立面相互依存的。古往今来，"第一哲学"寻求"同一性"、"本原"的努力都是徒劳的。这样，在对"同一性逻辑"和"第一哲学"的否定性反思中，阿多诺几乎宣判了全部人类文化和思想史的死刑。他认为，哲学需要在世界物质面前有一种无能为力之感，以便它保持创造性和开放性。世界的物质性是哲学难以回答的问题，哲学的本质特征仅仅在于清楚地意识到它起作用的概念的有限性。"概念的去魅是哲学的解毒剂。"实际上，对阿多诺来说，真正有创造性的哲学是寻求那些对思想本身具有挑战性东西的哲学。这些东西就是"异质"，或更明确地为"非同一性"。"辩证法倾向于不同一的东西。"①阿多诺反对任何本体论的构建，反对任何"第一哲学"。阿多诺痛斥"一切体系的故弄玄虚"，认为它"已经严重地瘫痪了哲学"。"凡是宣扬某种绝对'第一性'之物的地方都会谈到次于它的东西，谈到和他绝对异质的东西。"这种"异质的东西"，即"非同一性"，可能是哲学隐藏的否定目的。哲学是最明显意义上的否定辩证法，简言之，哲学本身就是寻求概念化的非同一性。因此，阿多诺凭借其"非同一性"，否定了"第一哲学"，使"非同一性"成了新哲学的基础。

"矛盾即是非同一性"构成了阿多诺否定辩证法的一条主线，是他对黑格尔的矛盾观点乃至辩证法的反叛。在黑格尔那里，矛盾的历史性展开即是否定之否定，但否定之否定却成为肯定。阿多诺指出：辩证法的精髓实际在于从差异到非同一的矛盾关联。"否定之否定等于肯定"是反辩证法的原则。肯定与否定是不存在任何联系的。肯定就是绝对的肯定，凡是肯定的地方就没有否定；否定就是绝对的否定，凡是否定的地方就没有肯定。黑格尔的否定是带有肯定的否定。显然，阿多诺所理解的辩证法只有一个原则，即绝对的否定。阿多诺说："否定一个否定并不导致肯定，这只能证明否定得不够彻底。"这种不彻底性，使得哲学只能进入持续的否定状态，并对任何确定性的状态持怀疑态度。他宣称，"否定辩证法的宗旨就在于力求使辩证法摆脱肯定的特征"，即"用那种不被同一性所控制的事物的观念来代替同一性原则"。在这里，同一性即我们对事物的理性的、肯定的状态，而非同一性则意味着持续的"瓦解"这种肯

---

① （德）阿多诺：《否定的辩证法》，张峰译，重庆出版社1983年版，第150页。

定状态。他认为,真正的否定性始终是否定的,它不会"认可现存事物"。非同一性的本质是永远的否定,只有永远的"他者对同一性的抵抗,这才是辩证法的力量所在"。①事物的发展过程不是肯定、否定、否定之否定,而是否定、否定、再否定。"否定的东西一直是否定的,直到它消失为止,这是与黑格尔的根本分歧所在。"总之,阿多诺是通过强化辩证法内部的否定、对立的一面来取消其内部的肯定、统一的一面,并认为辩证法的根本特征是否定性,且这种否定是不包含任何肯定性的否定,是绝对的否定。

阿多诺还将"非同一性"贯穿于其社会批判理论,在诸多方面对现存的资本主义社会进行了批判。他认为,在现代资本主义社会,"文化工业参与了消灭个体的过程,它在满足人的同时使人痴呆化"。文化工业(即现代大众文化的商业化生产)形成了有机的系统。这种系统论背后隐藏的工具理性是把人作为社会机器上的一个零件,大众成为被整合的对象,同时又成了统治意识形态的合作伙伴。它的哲学根源仍然是同一性思维。文化工业的"同一性"及"同一化"艺术或技术风格使个人在"文化工业"下的每一个进步,实质上都意味着个性本身已在个体的突现中名存实亡。与此相反,真正的现代艺术应当是体现非同一性原则的,始终采取与社会相对的立场,在表象的背后体现否定的本质。以非同一性哲学思维反对同一性统治一切的世界,避免人变成工业化时代的社会机器的毫无主体性的零件,这是阿多诺的远见卓识。阿多诺揭露了现代工业社会是一个压抑人,造成人性分裂、人格丧失的全面异化的社会。人类变成非人,现代社会是野蛮的。因此,人类需要一种精神性的补偿来消除绝望、拯救心灵、拯救现实。只有现代艺术才能拯救人性、拯救现实。阿多诺作为西方马克思主义理论的杰出代表,在现实面前坚持"讲真话",在学术领域高擎"批判"大旗,渴望找到拯救现实苦难的力量和途径,是值得肯定的。然而,他毕竟是书斋里的批判家,尤其是在政治上奉行保守、不介入的立场,误解甚至反对社会革命,其社会批判理论只能是夸夸其谈。加拿大学者阿格尔在《西方马克思主义概论》中黯然指出:阿多诺的辩证法"失掉了实践成分"。在1969年的德国学生运动中,当阿多诺的社会批判理论被付诸实践时,他却发表声明称:"当

---

① (德)阿多诺:《否定的辩证法》,张峰译,重庆出版社1983年版,第158页。

我建立我的理论模式时，万万没想到人们会用燃烧弹来实现它。"从此，他与方兴未艾的学生运动之间的关系日益恶化，甚至出庭作证反对他的学生、造反运动的领袖克拉尔。最后，他在青年学生的羞辱下被迫离开了社会研究所。

列宁说过："真理超越一步就会变成谬误。"阿多诺的"否定的辩证法"就是绝妙的例证。辩证法是一个完整的理论体系，它的任何一个方面、范畴都不应被突出到凌驾于这个体系之上。否则，辩证法就会变成反辩证法。阿多诺为了强化辩证法对现代资本主义社会的批判，极力推崇"非同一性"，否定"同一性"，这不仅不能真正地为社会批判理论提供坚实的哲学基础，反而因践踏辩证法而失去了哲学底蕴，使社会批判理论成了充满激愤的、牢骚满篇的漫骂和诅咒，甚至走向了绝望的道路。面对人创造出来的东西直接导向了人本身"自我毁灭"的现实，他曾激愤地高呼："奥斯维辛之后写诗是野蛮的！"然而，当面临社会的出路之时，他只有伤心地叹息："除了绝望能拯救我们之外就毫无希望了。"

以今天的眼光来看，阿多诺的哲学思想无疑包含一些偏激或片面之处，但我们不应苛求前人，更不能全盘否定阿多诺，而应从中汲取有益的东西。在人们痴迷于科学技术的进步、陶醉于征服自然的喜悦的时候，阿多诺的否定辩证法可以说是使其保持清醒的一剂良药。另外，阿多诺在法兰克福学派里的地位是任何人也无法替代的。托马斯·曼曾说："阿多诺是当今产生影响最精妙、最敏锐和最有批判深度的头脑之一。"霍克海默也说："在我们这个过渡时代，如果有哪个有才智的人应该有天才这个名称的话，那就是阿多诺。"英国左派教授伊格尔顿则评价说："阿多诺与解构主义恰似两条平行线。早在解构之先，他已反复把玩观念网络之外的异质性碎片，以此拒绝哲学同一性。而后来流行的所有解构主题，都已在其著作中得到了充分阐发。"1990年，美国左翼领袖杰姆逊发表《晚期资本主义：阿多诺对辩证法的坚持》，称赞《否定的辩证法》为"批判理论后期纲领、90年代辩证法楷模"。在西方，阿多诺被冷落20年后，"返回阿多诺"的口号一度响彻欧美，否定的辩证法又成了时髦的话题。走到今天，人们依然怀念阿多诺，更不会忘记他那振聋发聩的反法西斯主义的名言："奥斯维辛之后写诗是野蛮的！"

64

马尔库塞：
技术越进步，人们受奴役越深

  人对人的最有效征服和摧残恰恰发生在文明之巅，恰恰发生在人类的物质和精神成就仿佛可以使人建立一个真正自由的世界的时刻。

——赫伯特·马尔库塞

赫伯特·马尔库塞（Herbert Marcuse，1898—1979年）是德裔美籍哲学家和社会理论家、第二代法兰克福学派的领袖和西方马克思主义的重要代表人物。

法兰克福学派对当代资本主义社会在政治、经济、文化诸领域的批判，在很大程度上是通过马尔库塞的理论与实践才广为人知的。正如曼克莱伦所说："马尔库塞是法兰克福学派中最著名的，也是研究所成员中唯一没有放弃他的早期革命观点的人。"

如果说法兰克福学派第一代领导人霍克海默以"批判社会理论"见长的话，那么，马尔库塞则以其"发达工业社会理论"闻名于世。马尔库塞在生前和死后的名望，很大程度上得益于他的惊世之作《单向度的人》。这部著作对资本主义所做的"批判"，其深刻程度远远超过了任何一位思想家的文本。"技术越进步，人们受奴役越深"正是马尔库塞对发达工业社会进行批判的一个典型命题。

在"发达工业社会理论"的阐发中，马尔库塞将批判的目标指向了当代科学技术。他将当代科学技术当作一种新的控制形式，当作造成发达工业社会及其思想文化"单向度"的根源，当作工具理性和实证主义思想基础加以批判，正是在此基础上形成了一种以剖析科学技术的消极社会功能为着眼点的科技伦理观。

"发达工业社会理论"也就是关于现代资本主义社会的理论。在马尔库塞眼中，"当代技术和科学取得统治地位，成了理解一切问题的关键"①。他认为，发达工业社会是按技术的观念和结构而运转的政治系统，它利用技术和结构统治自然，通过统治自然来统治人。他说："在现存社会中，越来越有效地被控制的自然已经成了扩大对人的控制的一个因素，成了社会及其政权的一个伸长了的胳膊。""大气污染、水污染、噪声污染，工业和商业强占了迄今公众还能涉足的自然区，这一切较奴役和监禁好不了多少。"因此，"技术本身就是对自然和人的统治"，"技术越进步，人们受奴役越深"。

马尔库塞认为，科学技术的统治也就是科学技术的异化。在他看来，科技进步本应使人类生存环境改善，使社会结构趋于合理，使人获得自由，进而更好地发挥人的自主性和创造性，从必然王国进入自由王国。

---

① （德）哈贝马斯：《作为意识形态的技术和科学》，《哲学译丛》，1978年，第6页。

然而，实际情形正好相反，技术创造了一个富裕的当代工业社会，提高了人们的物质生活水平，但并未改变人的命运，使人获得自由，反而使人日益变成技术、物质资料的生产和消费的奴隶，人与社会的关系、人与人的关系、人与自身及其工作的关系被异化。因此，发达工业社会是人全面受压抑的社会，技术和文明对人实行了全面的统治和管理。

在马尔库塞看来，正是由于现代科学技术的发展，才使现代资本主义社会成为了一个"病态社会"。"当一个社会的基本制度、关系和结构，不能有效使用物质资源和精神资源、使人性充分发挥出来并使个人的真实需要得到满足时，这个社会就是病态的。"① 在发达工业社会里，整个社会的统治形式发生了变化，它不仅通过物质生产，而且通过大众传媒对人的本能需要进行操纵和控制，其实质是把社会需要、政治需要变为个人需要。"在这个社会里，生产设备不仅决定着社会需要的职业、技艺和态度，也决定个人的需要和欲望，就此而言，它倾向于成为极权主义。因此，它消除了私人生活和公共生活、个人需要和社会需要之间的对立。"② 他还说："技术进步扩展到了整个控制与调节系统，并创造了这样一些生活（和权力）形式，这些形式看起来调和了与这个系统对立的力量，击败或驳倒了所有以摆脱劳役和控制的历史前景之名提出的抗议。"③ 总之，西方发达资本主义社会既是"富裕社会"，又是"病态社会"，人们过的是一种"物质丰富、精神痛苦"的被异化了的人的生活，物质生活的丰富和满足以牺牲人的精神生活为代价，人异化为物和物的奴隶，这正是人的精神之所以痛苦的主要原因。

马尔库塞还认为，发达工业社会作为压抑性文明发展的顶峰，已经到了完全背离人的本质的地步。人类文明根据它是基本压抑还是额外压抑，可以划分为压抑性文明与非压抑性文明。所谓基本压抑，就是为使人类生存、建立文明而不得不对本能进行的必要压抑。在为生存而进行的、克服匮乏的劳动过程中，人的心理结构发生了变化，从"本我"发展到"自我"乃至"超我"。由于有了这种基本的压抑，才产生了文明。而从文明的社会历史根源看，文明又产生于额外压抑。所谓额外压抑，

---

① （美）马尔库塞：《爱欲与文明》，黄勇、薛明译，上海译文出版社1987年版，第251页。

② 同上书，导言。

③ （美）马尔库塞：《单面人》，庄晓斯等译，湖南人民出版社，1988年版，第3～4页。

就是统治者为了维护统治秩序而对本能进行的过多压抑。"超我"不仅压抑"本我"还压抑"自我",导致额外压抑。由于额外压抑,产生了压抑性文明。

在人类文明史上,基本压抑与额外压抑交织在一起。不过,在前工业文明阶段,由于生产力水平低下,物质生活资料匮乏,对人施加的压抑多是为保证人类生存所必需的基本压抑;而在工业文明阶段,科学技术高度发达,物质生活资料极为丰富,对人施加的压抑则是为维护统治秩序所强加的额外压抑。在一定意义上说,工业文明的产生是人类历史进步,但是,西方工业文明作为压抑性文明,是通过异化而取得进步的。这样,文明每前进一步,压抑就强化一步,发达工业文明是压抑性文明发展的顶峰。他说:"人对人的最有效征服和摧残恰恰发生在文明之巅,恰恰发生在人类的物质和精神成就仿佛可以使人建立一个真正自由的世界的时刻。"①

当代资本主义社会不仅是压抑性文明发展的顶峰,而且已经不同于以前的社会,成了一个"单向度"的社会。所谓"单向度"的社会是指无对立面或否定面的社会,这是现代科技进步和相应的统治制度、统治方式的完善化所造成的。发达工业社会是在工厂里进行机械化、自动化商品生产的社会,它的明显标志是技术进步,其特点是"社会控制是一种新意义上的技术控制"。这是一个舒适、不生硬、合理、民主但不自由的社会。当代发达的工业社会已经成为一个具有强大的同化和整合能力的系统,它使一切对立面和否定因素都消解了,社会失去了对立面,变成了"单向度"的社会。在这种"单向度"社会中,"个人同他的社会,因而同整个社会直接同一"。这是理解当代资本主义社会一切现象的关键。

在这种"单向度"的社会里,人们在大众文化的诱导、欺骗下,去追逐社会强加个人的虚假需求,从而使人失去其选择能力,成为屈从社会需要而又麻木地自感幸福的人,人成了劳动的工具和商品的奴隶,丧失了个性,其思想也变成了丧失否定性、批判性的"单向度"思想,人变成了"单向度"的人,即人丧失了对现存社会否定和批判的原则这种"第二向度",而只剩下屈从于现存社会制度的"单向度"的人。这也就

---

① (美)马尔库塞:《爱欲与文明》,黄勇、薛明译,上海译文出版社1987年版,导言。

是说，现代科学技术消解了人的反抗意识，成了全面统治人的工具，造成了对人性的更深压抑，对人的本性造成了摧残。他总结说："资本主义进步的法则寓于这样一个公式：技术进步＝社会财富的增长（社会生产总值的增长）＝奴役的加强。"概言之，科学技术的发展导致了这样两个严重的后果：第一，科学技术在物质领域把人变成纯粹的经济动物，以攫取物质财富的多寡作为人感知幸福、自由的唯一尺度，把物质享受作为人的本质所在。人与社会之间、人与人之间、人的思想与机能之间都被物质化、一体化、数量化。第二，科学技术在精神领域对人同样实施同一化、专业化、标准化控制，其标志就是文化工业的产生。在科学技术的操纵与塑造下，文化不再肩负审美与社会批判的神圣职责，却成为经济效益与票房收入的创造者，人成为虚假的消费主体，在精神上失去了反叛社会的任何能力。

马尔库塞并没有仅仅停留在对技术理性的描述上。事实上，马尔库塞揭示了技术理性背后更为深刻的合理性根源：生存。为什么人类会接受技术理性的统治，自甘沦落为非本质力量的工具呢？在马尔库塞看来，唯一的解释是生存的需要。他认为，由于物资的匮乏，人类为了维持生存，不得不进行合作，而接受一种劳动组织方式和资源分配方式对本能的压制。但是，为了维持这种分工形式，人类不得不引进一系列产生于"特定统治机构的附加控制"，即所谓"额外压抑"，它是"为特定的统治利益而维持的特定社会条件的结果"，其作用只是把人束缚在特定的合作框架之中，从而导致了人类劳动的异化。他说，在发达工业社会中，"负责组织个体生活的是这个整体，是这个'制度'，是决定、满足和控制着他的需要的全部机构"[1]。

既然发达工业社会已经成为一个"病态社会"，且完全背离人的本质，那么，就有必要进行一场"新的革命"来改变这种状况。在柏林自由大学所做的题为《乌托邦的终结》的演讲中，马尔库塞曾说出惊人之语："所有实现一个自由社会所需的物质和智力的力量今天都已经具备。它们之所以没有被利用，完全归罪于现存社会对于它自身所具有的解放可能性的反动。但这状态还根本不足以使变革社会的计划成为'乌托邦'。"资本主义社会所面临的不仅是经济或政治危机，而且是人类本质

---

[1] （美）马尔库塞：《爱欲与文明》，黄勇、薛明译，上海译文出版社1987年版，第69页。

的一场灾难，这就需要通过"新的革命"来消除资本主义社会的灾难。那么，这场"新的革命"具有哪些特征呢？他认为：

第一，革命方式是总体革命，主要是文化、心理革命。所谓"总体革命"，是指革命包括社会的所有方面，即包括政治、经济、文化、社会关系、意识形态等方面的变革。它不仅注意所有制、国家政权等宏观问题，同时注意夫妻关系、家庭教育等日常生活的微观问题，并努力创造一种新的文化——包含人的生活、文化的一切方面变化的文化。

第二，革命道路不是从空想走向科学，而是从科学走向"乌托邦"。由于科学技术的发展，已经出现了这样的可能性——走上自由文明的道路不是从"乌托邦"到科学，而是从科学到"乌托邦"。他认为，"乌托邦"是一个历史概念，其原意是不可能实现的社会形态，而在发达工业社会里，原来被认为不可能的社会历史阶段，随着科学技术的发展成为可能实现的阶段。因此，"乌托邦"不是一种空想，而是具有了实现的可能性，而这种可能性的实现要依靠人的主观努力。

第三，革命主体是"社会的边缘人"。马尔库塞认为，被马克思看作社会变革载体的工人阶级今天已被资本主义——通过不断在他们身上培植唯有它才可以满足的需求的方式——同化得没有任何反抗的欲望，所以，眼下反抗的力量只能来自社会的边缘人：他们可以是劣势群体，在美国尤其是作为二等公民的有色人种，他们所具有的"生机的需求"即使是发展到顶极的资本主义也无法满足也不愿满足；他们也可以是优势群体，包括当时新生的"智力劳动者"（即资本主义企业中的科学家、工程师）和政治激进的青年——大学生，乃至嬉皮士。

第四，革命目标是重建非压抑性文明，实现人的"爱欲"解放，促进人的非压抑性升华和自由发展。他说："在非压抑性条件下，性欲将'成长为'爱欲，就是说，它将在有助于加强和扩大本能满足的持久的、扩展着的关系（包括工作关系）中走向自我升华。"[1] 这也就是说，真正推动文明进步的是人的自由的自我实现。人将真正作为个体而存在，个人各自塑造着自己的生活，即每个人具有真正不同的需要、真正不同的满足方法，即具有自己的取舍自由。

马尔库塞从多元视角对科学技术在当代资本主义社会中应用和发展

---

[1] （美）马尔库塞：《爱欲与文明》，黄勇、薛明译，上海译文出版社1987年版，第164页。

进行反思，提出了一些独到、合理而深刻的见解，当然也有超越现实的浪漫，甚至存在许多错误之处。例如，他将社会问题归结为并且诉诸抽象的人性和本能的觉醒，主张进行精英加流浪汉的"文化革命"来拯救世人，这只能是"乌托邦"的空想。他将技术进步、社会财富的增加与对人的奴役的加强等同起来，将资产阶级运用科学技术进行统治和科学技术本身的作用等同起来，从而对科学技术采取了否定性和激进的批判态度；认为无产阶级同资本主义制度已经"一体化"，从而否定马克思主义的阶级和阶级对立；主张运用非无产阶级化的、以心理革命作为途径的现代"乌托邦"革命来实现人的"爱欲"解放。这些观点都是错误的。当然，马尔库塞对科学技术应用和发展的反思对我们也有一定的启示。在我国社会主义现代化建设的过程中，科学技术的发展和应用，必须对马尔库塞所指出的科学技术可能给人造成的负面效应保持高度的警觉，必须坚持科学发展观，以造福人类为宗旨，以人——社会——自然的协调发展和社会的进步以及人的全面发展为最终目标。

马尔库塞始终站在资本主义社会实践斗争的最前列，始终把对哲学、文化、意识形态理论的批判与对资本主义社会的现实状况的批判结合起来，并且企图将存在主义、新黑格尔主义、弗洛伊德主义和马克思主义"杂糅"在一起。通观马尔库塞的一生，我们可以说他是一个浪漫的理性主义者。为了实现心中所理解的人的解放，即"无压抑的文明"的梦想，他探索了一生，奋斗了一生。"从最经典的含义来讲，他不失为一位伟大的哲学家。"

65

哈贝马斯：科学技术已成为第一生产力

　　科学技术今天具有双重功能，它们不仅是生产力，而且也是意识形态。

——尤尔根·哈贝马斯

尤尔根·哈贝马斯（Jurgen Habermas，1929—　），德国当代最著名的哲学家和社会学家，法兰克福学派第二代的主要代表人物，当代西方马克思主义的主要代表人物。

哈贝马斯知识渊博，学术兴趣广泛，有着强烈的现实关怀，其理论涵盖了哲学、经济学、国际关系学、政治学、伦理学、法学、文学、语言学等多种学科，是一位百科全书式的学者。哈贝马斯是个相当入世的思想家，对现代资本主义社会的商业文化、意识形态和合法性危机等问题皆有深刻入微而引人反思的分析和批评。哈贝马斯对现代资本主义社会的批判，是同科学技术在现代社会中的社会功能的分析联系在一起的，可以说，哈贝马斯对科学技术社会功能的分析是其整个社会批判理论的核心。

第二次世界大战后，科学技术的迅猛发展加剧了西方现代资本主义社会的一系列矛盾。科学技术的极大成功，在深刻地改变社会与人类生活的同时，却陷入了异化之中，现代科学技术并未像人们所期待的那样，为人们带来空前的自由与全面发展，科学技术正在成为统治人的物质力量，并进而强化了工业社会对人的统治。对此，哈贝马斯在继承法兰克福学派的基本传统的基础上，把"社会批判理论"发展到了一个新的阶段，其基本特征之一就是用对科学技术的批判取代对资本主义社会的批判。他认为，法兰克福学派虽然强调理论的主要功能是批判，但并没有正确地确立批判的对象。在现代社会里，科学技术渗透到了社会生活的各个领域，生产力空前大发展，科学技术已成为了第一生产力。在这种情况下，如何正确估价科学技术的作用、如何正确看待"科学技术获得了合法的统治地位"，便成了理解一切问题的关键。

"科学技术是第一生产力"是马克思主义历来的观点。科学技术是生产力系指科学技术属于一般生产力，而一般生产力只能是一种潜在或间接的生产力，不是现实的直接的生产力。科学技术从潜在生产力转化为现实生产力，必须经过一定的中间环节。

哈贝马斯是西方世界第一个明确提出在现代社会中"科学技术已成为第一生产力"的思想家。那么，在现代社会里，科学技术是如何成为第一生产力的呢？哈贝马斯认为，"科学技术化"、"科学研究与科学技术之间相互依赖"、"科学、技术及其应用结成一体"是科学技术已成为第一生产力的主要根据和重要标志。他认为，科学与技术不是同一个概念。科学侧重于脑的范畴，技术侧重于手的范畴。在现代资本主义社会之前，科学与技术往往是分离的,而到了现代资本主义社会,科学与技术的发展常常是交织、渗透在一起的。科学成了技术之母,而现代技术又决定着生产的内容与周期,"科学技术化"、"科学研究与科学技术之间相互依赖"、"科学、技术及其应用结成一体",使科学技术成为第一生产力。他还认为,在现代社会里,科学技术成了一种独立的变数,即成了经济增长所依赖的变数。所谓"独立的变数",按照他的解释包括两层含义:一是可以撇开生产力的其他要素(包括劳动者)独立地创造价值;二是唯有它才是价值、社会财富的创造者和源泉。哈贝马斯强调科学技术在经济发展中的重要作用无可厚非,但是,认为科学技术可以独立创造价值和社会财富则是错误的。

哈贝马斯提出"科学技术已成为第一生产力"这个命题,并不是为了推崇、赞颂科学技术的积极作用,而是旨在揭露其所产生的消极的社会政治效应,对之展开批判。哈贝马斯对科学技术所产生的消极的社会政治效应的批判主要体现在以下方面:

第一,科学技术执行意识形态的职能,实现了对人的统治。哈贝马斯认为:"科学技术今天具有双重功能,它们不仅是生产力,而且也是意识形态。"[①] 科学技术作为生产力,实现了对自然的统治;科学技术作为意识形态,则实现了对人的统治。他说:"在我看来,更为重要的是,技术统治论的命题作为隐形意识形态,甚至可以渗透到非政治化的广大居民的意识中,并且可以使合法性的力量得到发展。"[②] 在哈贝马斯看来,意识形态就是虚假意识,其主要功能就是维护现存的社会关系,顺应既定的社会存在,当社会的一个严肃而听话的孩子。这种"意识形态"更具操纵性、统治更直接、更具辩护性,因此,具有很大的危害性。他认为,资产阶级的统治主要是一种意识形态的统治。在"自由资本主义"社会中,资产阶级意识形态的核心是"公平交换"的观念。在现代资本主义社会中,由于实行国家干预,"公平交换"观念破灭,一种新的意识形态应运而生,并履行着原来意识形态的职能,这就是科学技术。在现代社会里,科学技术作为意识形态力量比以往的意识形态更令人难以抗拒。新意识形态实际上表达的就是"技术统治的意识",这种技术统治的

---

① (德)哈贝马斯:《文化与批判》,美因河畔法兰克福,1993年,第86页。
② (德)哈贝马斯:《作为"意识形态"的技术与科学》,李黎、郭官义译,学林出版社1999年版,第63页。

意识通过非政治力量的科学技术潜移默化地发生作用，既有效地维护了现行政治统治的合法性，又成功地压制了人们寻求解放的愿望与努力。科学技术成了统治、奴役人的工具，是人的解放的"桎梏"。哈贝马斯对科学技术的批判，其出发点与宗旨是以人的发展为目标，以人的主体地位的确立为核心，力图全面弘扬人类理性，将科学技术与人性相互沟通，促使两者在生活世界的基础上达到一致，是颇有见地的。但是，将意识形态等同于"虚假意识"，完全从否定意义上来理解意识形态的功能则是片面的。另外，将科学技术与意识形态混为一谈，也是站不住脚的。

第二，科学技术使资本主义统治合法化、合理化，滋生了"明哲保身主义"。哈贝马斯认为，所谓"合法性"指的是一种政治秩序值得被人们承认。他说：一种政治秩序总要求人们把它当作正确、正义的存在物加以认可，而合法性意味着它有充分的理由这样去做。在资本主义社会里，政府并不能使人们摆脱最严重的经济危机，其政治统治的合法性就会受到限制。随着科学技术已成为第一生产力并执行意识形态职能，现代资本主义社会逐步摆脱了合法性危机，重新获得了合法性。

哈贝马斯认为，科学技术已成为第一生产力对现代资本主义社会最大的影响是产生了"合理化"。"合理化"这一概念原来在韦伯那里是一个中性概念，经马尔库塞的改造变成了一个批判概念，即用来揭露科学技术在现代资本主义社会如何维护现存秩序、操纵大众意识的工具的概念。在现代资本主义社会里，科学技术的合理性导致了政治的合理性，也就是说，技术的进步及其理性的扩展，已经成了巩固现成秩序的政治手段。哈贝马斯在继承法兰克福学派社会批判理论的基础上，对现代资本主义社会的批判走得更远。他认为，人的行为可分为"工具行为"和"交往行为"。所谓"工具行为"，就是通常所说的劳动，它关涉人与自然的关系；所谓"交往行为"，是指人与人之间的相互作用，它以语言为媒介，通过对话，达到人与人之间的相互"理解"和"一致"。人类的奋斗目标就是"交往行为"的合理化，因为它意味着人的解放。而"工具行为"的合理化并不是人类奋斗的目标，因为它意味着科学技术控制的扩大。在现代社会中，随着科学技术已成为第一生产力，人完全按照科学技术的要求进行劳动，像机器人那样机械地进行着，人变成了劳动的工具，"工具行为"越来越合理化，科学技术本身变成了对人的统治。他说："在这个世界上，技术也使人的不自由变成非常合理的，并证明技术使人不可能成为自主的，不可能决定他自己的生活。"① 这也就是说，技术的合理性演变成为具备受统治的合理性。"技术的合理性不是取消统治的合理性却是保护了统治的合理性。"随着科学技术的发展，科学技术与社会操纵结合为一体，人们保存自己的私人空间由于技术的发展而遭到侵占，自我深化的多样性的过程在工艺过程和机械反应的状态下被固定化、单一化，个人只能模仿世界，再也不能对社会提出抗议。在这个意义上，"合理的技术社会"也就是"合理的极权社会"。尤其是科学技术这种意识形态的职能可以使广大人民群众"非政治化"，滋生"明哲保身主义"，安于维持现状，接受和认可科学技术发展所带来的物质财富。

第三，科学技术异化的原因在于科学技术自身。哈贝马斯认为，科学技术就是导致人的异化与奴役的根源，科学技术异化在于科学技术自身。他说道："假如科学确实保持着现代科学技术所具有的那种必然是走向技术控制的含义，那么，所谓新的科技观念同新技术观念一样，经不起逻辑的检验，没有什么更为'人道的'东西可以代替进行技术控制这种功能，正像没有什么东西可以代替整个科学技术的发展一样。"② "哈贝马斯坚持赋予科学技术以'原罪'性质，也就是说，科学技术之执行意识形态功能，科学技术之产生消极的社会功能，是其自身固有属性使然，是由它自身发展的逻辑所决定。"③ 可以说，正是科学技术自身决定了它的命运。

第四，解决"晚期资本主义社会"的"合法性危机"，关键在于改善社会、改善人际交往关系。哈贝马斯认为，现在的资本主义社会是"晚期的资本主义社会"，马克思根据自由资本主义社会的现实正确提出政治经济学的重要条件消失了，我们不能像马克思那样通过政治经济学的批判来认识现代社会，而必须对现代社会进行批判。科学技术成了第一生产力意味着价值不再是由劳动而是由科学技术创造，科学技术成了一个独立的价值和剩余价值的源泉。这样，马克思在考察中所得出的价值和剩余价值的创造者即作为直接生产者的劳动力，就愈来愈不重要了。我们可以把自动化条件下的价值创造源泉归结为机器体系本身，机器体系

---

① （德）哈贝马斯：《作为意识形态的技术与科学》，载《走向一个合理的社会》，波士顿，1970年，第100页。

② 同上书，第86页。

③ 傅永军等：《批判的意义》，山东大学出版社1997年版，第156页。

是科学技术"物化"的产物，归结为机器体系也就是归结为科学技术。因此，马克思所说的劳动价值学说过时了，建立在劳动价值学说基础上的剩余价值学说也就失效了，马克思的阶级斗争和意识形态的范畴也就不适用了，马克思提出的历史唯物主义必须加以修正和重建。于是，哈贝马斯以交往行为理论为基础，开始了对历史唯物主义的修正和重建。

"哈贝马斯的全部计划，从批判当代科学主义到重建历史唯物主义，都在于说明交往的可能性，这种说明既是理论的又是规范的，超越了纯释义学又不能归约为严格的经验——分析科学。"美国哈贝马斯研究专家麦卡锡的这段话说出了哈贝马斯交往行为理论的意图特征。哈贝马斯认为，人总是社会的人，不能没有交往行为，不能脱离种种交往关系，而必须生活在交往行为的联系之中。他提出要重新考虑马克思的"生产力与生产关系的辩证法"学说。他从交往行为理论出发，认为"生产关系"作为关涉对生产资料的支配与产品分配的关系，应属于"劳动"领域，而"社会的制度结构是从支配着以语言为中介的相互作用的规范中产生的"，因此，我们"应该用劳动和相互作用之间更加抽象的联系来取代生产力与生产关系之间的联系"。在这里，他提出社会的制度结构不是建立在经济基础、生产关系之上，而是以交往行为（相互作用）为基础，这是对马克思主义的修正；他提出用劳动与相互作用的联系来取代生产力与生产关系的联系，更是对马克思主义的曲解。

不过，我们应看到，哈贝马斯提出重建历史唯物主义，旨在通过"交往行为"的重建来消除现代资本主义社会存在的弊病，实现一种"无暴力和统治"的社会秩序，即实现"社会的合理化"。这是值得肯定的。他说："在人际关系和人际交往中，在国际关系和不同文化类型的交往中，实现一种无暴力、无强权的平等、公正的状态，是人类唯一的选择，除此之外别无道路可走。"在他看来，人的解放就是实现其"交往行为的合理化"，而"交往行为合理化"的基本措施是：选择恰当的语言对话，承认和尊重共同的规范标准。这是因为"进行交往的主体始终是在生活世界范围内相互理解的"，而语言是交往行为的杠杆，规范标准则影响和约束着每个人的行为。他说："制度框架层面上的合理化，只有在以语言为中介的相互作用的媒介中，即只有通过消除对交往的限制才能实现。"[①]

[①] （德）哈贝马斯：《作为"意识形态"的技术与科学》，李黎、郭官义译，学林出版社1999年，第76页。

交往必须对话，交往就是对话，而对话过程就是理解过程，对话是走向理解之路。而交往、对话、理解，必须由共同的、普遍的规范标准来指导，必须要遵循"商谈伦理学"（即现代社会相互理解并为交往共同体成员所同意的道德规范体系）。他把自己的这种学说叫作"激进的改良主义"，强调以语言为核心的交往活动在社会规范建立过程中的作用，主张通过民主方式达成的话语共识来否定矛盾与冲突，主张用共同的道德规范来约束人们的交往行为，从而实现"社会的合理化"。

哈贝马斯提出"科学技术已成为第一生产力"的命题，深刻地揭露了科学技术在现代社会中的种种负面效应，从人类交往与生活世界方面为技术的人道化提出了有益的启迪，具有积极意义，从而受到了人们的广泛称道。但是，哈贝马斯关于科学技术社会功能的理论也存在不足乃至错误之处。他将科学技术视为价值和剩余价值的源泉、夸大科学技术的社会意识形态作用、对科学技术的社会功能持全盘否定的态度、将科学技术的负面效应归结于科学技术本身、用改良主义代替对现代资本主义社会的批判、否定无产阶级革命的必要性，则是片面乃至错误的。在当今国际学术界，虽然对哈贝马斯的评价褒贬不一，但他的影响却是不容忽视的。他被誉为"当代的黑格尔和后工业革命的最伟大的哲学家"和"西方学界的领袖人物"。2001年10月14日，德国书业界和平奖基金会授予了哈贝马斯年度和平奖。和平奖基金会评奖委员会的评语是：哈贝马斯是具有时代代表性的德国哲学家，他以批评与积极参与的态度伴随了联邦德国的发展，给几代人指出了时代精神的主题，继续了批评的启蒙运动精神，将自由、公道这些约束国家权力的基本理念带回到了人们的记忆中。

让我们记住哈贝马斯，在运用科学技术为人类谋福利的同时，摆脱科学技术的奴役，实现人的真正解放！

后　　记

　　我既不是学哲学出身的，更不是哲学理论研究者，甚至不敢自诩为一名自觉的哲学爱好者。只是因为教学实践需要的缘故，我在哲学园地里与大师们相遇、相识、相交，并为其深邃的思想所吸引和折服，从而整理、诠释了西方哲学大师们的部分哲学命题，其中难免牵强附会，乃至画蛇添足。然而，我问心无愧，因为自始至终我是用心去做的。

　　人贵有自知之明。作为一名中学教师的我来做此项工作，所付出的辛劳是常人无法想象的。如若写作之初即为了成书出版的话，我是不敢贸然行事的。我出版本书是被不知不觉地"逼上梁山"的。经过多年的辛勤劳作，现在总算有了一个较为满意的结果。此书付梓之际，我只有一种如释重负之感。尼采曾言："人类的伟大之处，正在于它是一座桥而不是一个目的。人类的可爱之处，正在于它是一个过程与一个没落。"我企盼的只是为筑"桥"而铺垫一块砖，我注重的只是辛勤劳作的"过程"。其实，我从哲学大师们那里得到的惠泽是无法估量的，更是无法言表的。

　　编著此书，我只有一个心愿：愿你结识西方圣哲，与大师们品茗共话，促膝谈心，领会哲人深邃的思想，体悟人生的真谛，谱写好自己的生命交响曲。

　　至于如何正确解读和对待这些哲学命题，其实先哲们早已有过精彩的论述。

　　著名哲学家维特根斯坦曾自我解嘲似地说："任何了解我的人终究要认识到我的命题是无意义的。这些命题只是他用来攀登的阶梯，当他超越了这些阶梯之后，他必须抛弃这个梯子。他必须超越这些命题，然后才能正确地看这个世界。"

　　著名德国哲学家尼采在《查拉图斯特拉如是说》中有如下一段话语："查拉图斯特拉决心独自远行，在分手时，他对自己的弟子说：'你们忠心地追随我，数十年如一日，我的学说你们已经可以出口成诵了。但是，你们为什么不以追随我为羞耻？为什么不把我的著作撕毁？为什么不骂

我是骗子呢?只有在这时,你们才真正地掌握了我的学说!'"

请听从先哲们的忠告,赶快扔掉此书,投入到火热的现实生活中去吧!那里深藏着的鲜活哲学命题等待你来发现、释义、理解和运用。

本套丛书为我主持的"广东省中小学教师工作室:胡兴松工作室"和"深圳市首批教育科研专家工作室:胡兴松工作室"的科研成果,特此衷心感谢给予我殷切关怀的各级领导及有识之士,感谢那些一直热情帮助我的同仁、始终支持我的家人、精心校改书稿的编辑以及施予我滴水之恩的人。在此,我还要特别感谢胡兴松工作室的全体成员为本书的出版所付出的辛劳,他们是:王立群、王敏、孔令启、吴姣、吴熙龙、陈小莉、陈美英、杨柳、胡亚敏、高永新、段梦妤、郭云奎、梁慧芳、熊汉生、彭珏。

胡兴松
2015 年 5 月 12 日于前海湾畔